Manual for ~~Survival~~

Supported by | Unterstützt von

Bauhaus of the Seas Sails

Funded by the European Union

NORDMETALL Stiftung

ART FOUNDATION MENTOR LUCERNE

FÖRDERKREIS DEICHTORHALLEN HAMBURG

KÖRBER

European Cultural Foundation

Culture of Solidarity Fund

Supported from the Exhibition Fund |
Gefördert aus dem Ausstellungsfonds

Hamburg | Behörde für Kultur und Medien

Partners of |
Partner der Deichtorhallen

Hapag-Lloyd Stiftung

WHITE WALL

Media Partner |
Medienpartner

arte

Cultural Partner | Kulturparner

NDR kultur

KULTUR STADT HAMBURG

KUNSTMEILE HAMBURG

Manual for ~~Survival~~

Editors | Herausgeber:
Georg Diez, Dirk Luckow,
Nicolaus Schafhausen

DEICHTOR HALLEN
INTERNATIONALE KUNST UND FOTOGRAFIE
HAMBURG

HIRMER

Contents | Inhalt

Foreword
Vorwort

Dirk Luckow

General Director |
Intendant Deichtorhallen Hamburg

The exhibition ~~Survival~~ in the 21st Century in the Hall for Contemporary Art of Deichtorhallen Hamburg is comprised of works by some forty international artists that address aspects of survival in our current century. The show explores the pluralities of people's lived experiences and presents cultural techniques that enable us to survive together as beings, with a focus on art and artistic practice. Using multimedia, the works reflect on nature, food, the planetary world, community, and shared experiences through culture, giving equal weight to the personal, issues of welfare, vulnerability, and sensuality as to geopolitics and the politics of the digital age. Curated by Nicolaus Schafhausen and Georg Diez in close collaboration with Deichtorhallen Hamburg, the exhibition has the ambitious aim of creating a space for learning, collaboration, and negotiation—both in theory and in practice.

The search for new ideas and models of life for the twenty-first century is expanded by injecting older, darker, more romantic, and spiritual dimensions of the world back into contemporary artistic discourse. At a time dominated by nihilism fueled by the notion of the impending end of humanity, the selected works encourage us to reclaim hope. The crossed-out word "Survival" in the exhibition title is intended to remind us of

Die Ausstellung ~~Survival~~ in the 21st Century in der Halle für aktuelle Kunst der Deichtorhallen Hamburg umfasst Werke von rund vierzig internationalen Künstler*innen, die Aspekte des Überlebens im gegenwärtigen Jahrhundert behandeln. Die Schau erforscht plurale Lebensrealitäten und präsentiert kulturelle Techniken, die es möglich machen, als Lebewesen gemeinsam zu überleben, wobei Kunst und künstlerische Praxis im Mittelpunkt stehen. Multimedial setzen sich die Kunstwerke mit Natur, Nahrung, dem Planetaren, mit Gemeinschaft und den gemeinsamen Erfahrungen durch Kultur auseinander. Das Persönliche, Fragen der Fürsorge, Verletzlichkeit und Sinnlichkeit sind dabei ebenso wichtig wie die Geopolitik und die Politik des digitalen Zeitalters. Von Nicolaus Schafhausen und Georg Diez in enger Zusammenarbeit mit den Deichtorhallen Hamburg kuratiert, verfolgt die Ausstellung das ehrgeizige Vorhaben, einen Raum des Lernens, der Zusammenarbeit und der Verhandlung zu schaffen – sowohl in der Theorie als auch in der Praxis.

Die Suche nach neuen Ideen und Lebensmodellen für das 21. Jahrhundert wird dabei ergänzt durch ältere, dunklere, romantischere und spirituellere Dimensionen der Welt, die in den zeitgenössischen künstlerischen Diskurs zurückgeholt werden. In einer Zeit, die angesichts der Vorstellungen vom drohenden Ende der Menschheit oft von Nihilismus geprägt ist, regen die ausgewählten Werke dazu an, Hoffnung wiederzugewinnen. Das durchgestrichene Wort „Survival" im Titel der Ausstellung soll in diesem Kontext an die Opfer aktueller

the victims of current wars, and serves as a sign of solidarity with all those who support peace.

The international artists examine alternative ways of living, thinking, feeling, and acting in works that are, nevertheless, neither dystopian nor utopian. They raise fundamental questions that build a structure for both the exhibition and the catalogue. These include: What is time? What is beauty? What is the digital? What is technology? What is politics? What is civilization?

The artworks in the exhibition are intended as a starting point for reflection, while potential solutions are discussed and developed in the workshops of the incorporated "School of ~~Survival~~." ~~Survival~~ in the 21st Century should therefore be seen as a comprehensive project that, much like a laboratory, provides narrative and experimental spaces and addresses pressing issues of the twenty-first century.

I would first like to thank the artists for their invaluable contributions, as well as all lenders for their generosity in making works available to the exhibition. I am particularly grateful to the show's two curators, Georg Diez and Nicolaus Schafhausen, who developed an extraordinary concept, selected the artists, and contributed the texts to the catalog. They have worked closely and successfully with Deichtorhallen for more

Kriege erinnern und dient als Zeichen der Solidarität mit allen, die sich für Frieden einsetzen.

Die internationalen Künstler*innen beleuchten mit ihren Werken Alternativen des Lebens, Denkens, Fühlens und Handelns. Dabei sind ihre Arbeiten weder dystopisch noch utopisch. Sie werfen grundlegende Fragen auf, die die Struktur der Ausstellung und des Kataloges bestimmen. Zum Beispiel: Was ist Zeit? Was ist Schönheit? Was ist das Digitale, was ist Technik, was ist Politik? Was ist Zivilisation?

Die Kunstwerke der Schau dienen als Ausgangspunkt für Reflexionen, während in den Workshops der integrierten „School of ~~Survival~~" Lösungsansätze diskutiert und erarbeitet werden. Die Ausstellung versteht sich von daher als Gesamtprojekt, das, ähnlich einem Labor, einen Erzähl- und Experimentierraum bietet und sich mit drängenden Fragen des 21. Jahrhunderts auseinandersetzt.

Ich möchte zunächst den Künstler*innen für ihre wertvollen Beiträge und allen Leihgeber*innen der Ausstellung für ihre großzügige Bereitstellung der Werke danken. Mein besonderer Dank gilt den beiden Kuratoren Georg Diez und Nicolaus Schafhausen für ihr außergewöhnliches Konzept, die Auswahl der Künstler*innen und die Texte im Katalog. Auch für die über dreijährige gute und vertrauensvolle Zusammenarbeit danke ich ihnen sehr. Dieser Dank schließt ausdrücklich die Research-Kurator*innen Lena Baumgartner und Frances Fürst ein, die sich ebenfalls unermüdlich für das Zusammenkommen der

than three years now, and I am very thankful for that. I would also like to include research curators Lena Baumgartner and Frances Fürst in my thanks: they, too, have worked tirelessly to bring this complex exhibition to fruition. Together, the curatorial team has developed a powerful concept with impressive artistic contributions.

I am indebted to Roger Bundschuh and the Berlin office of Bundschuh Architekten for their compelling, smoothly heterogeneous exhibition architecture. Special thanks are due to Kerstin Ludolph and Hirmer Publishers for all the work they put into producing the catalog, and to Nicha Keeratiphanthawong and Potch Auacherdkul of Recent Practice for their innovative design concept for the exhibition and catalog.

I would like to extend my thanks to Katinka Versendaal for the superb food workshops she designed as part of the Bauhaus of the Seas Sails (BoSS) program, as well as Nuno Jardim , the coordinator of "BoSS", for the excellent cooperation in this project. I would like to thank the NORDMETALL Foundation for their generous support of the overall project as well as for their major input, and cooperation in setting up the vision workshops. And I would like to thank the Art Mentor Foundation

komplexen Ausstellung eingesetzt haben. Gemeinsam hat das Kurator*innenteam ein überzeugendes Konzept mit beeindruckenden Kunstbeiträgen entwickelt.

Ebenso möchte ich Roger Bundschuh und dem Berliner Büro Bundschuh Architekten für die gelungene, fließend heterogene Ausstellungsarchitektur danken. Besonderer Dank gilt des Weiteren Kerstin Ludolph und dem Hirmer Verlag für die gute Zusammenarbeit bei der Erstellung des Kataloges sowie Nicha Keeratiphanthawong und Potch Auacherdkul von Recent Practice für ihr innovatives grafisches Konzept für Ausstellung und Katalog.

Mein herzlicher Dank geht an Katinka Versendaal für die von ihr konzipierten Food-Workshops im Rahmen des Bauhaus of the Seas Sails-Programms sowie an Nuno Jardim Nunes, dem Koordinator von „BoSS", die exzellente Zusammenarbeit in diesem Programm. Besonders möchte ich auch der NORDMETALL-Stiftung für ihre großzügige Förderung des Gesamtprojekts sowie für den wichtigen Austausch und die Zusammenarbeit bei den Vision-Workshops danken. Ein weiterer herzlicher Dank geht an die Art Mentor Foundation Lucerne, besonders an Karin Ebling, für die großzügige Unterstützung der Ausstellung aus der Schweiz.

Das Projekt wurde darüber hinaus von unseren Hauspartnern White Wall, der Hapag Lloyd Stiftung und der Körber AG großzügig unterstützt, sie haben wesentlich zur Realisierung der Ausstellung

Lucerne, Switzerland, notably Karin Ebling, for their generous support of the exhibition.

Additional generous support for the project has been provided by our main partners, White Wall, Hapag Lloyd Foundation, and Körber AG, who contributed significantly to the realization of the exhibition. We also received crucial support from Deichtorhallen Hamburg through the European Cultural Foundation, the Culture of Solidarity Fund, the Hamburg Ministry of Culture and Media, and Förderkreis Deichtorhallen Hamburg under its chair, Julia von Jenisch. We value our partnerships with NDR Kultur, ARTE, and Kulturstadt Hamburg and would like to thank them for the trust they place in us trust and the stimulating collaborations.

I owe a special debt of gratitude to the entire Deichtorhallen team, especially to my colleague in management, Commercial Director Bert Antonius Kaufmann, who as always has exercised great prudence in the implementation of this major project. I would also like to single out Annette Sievert for her outstanding project management; Lydia Jung for her excellent work as registrar and head of the art handling team; and Valerie Ludwig for the dedication she has brought to her work

beigetragen. Wesentliche Förderungen erhielten wir außerdem durch die European Cultural Foundation, den Culture of Solidarity Fund, die Hamburger Behörde für Kultur und Medien sowie durch den Förderkreis Deichtorhallen Hamburg unter dem Vorsitz von Julia von Jenisch. Wir schätzen die Partnerschaften mit NDR Kultur, ARTE und der Kulturstadt Hamburg und bedanken uns für das Vertrauen und die anregenden Kooperationen.

Ein besonderer Dank gilt dem gesamten Team der Deichtorhallen, insbesondere meinem Kollegen in der Geschäftsführung, dem kaufmännischen Direktor Bert Antonius Kaufmann, der wie stets eine enorme Umsicht bei der Umsetzung dieses Großprojektes bewiesen hat. Besonders hervorheben möchte ich auch Annette Sievert für die herausragende Projektleitung, Lydia Jung für ihre exzellente Arbeit als Registrarin und Leiterin des Art Handling Teams sowie Valerie Ludwig für ihre ebenfalls hochengagierte Arbeit als Volontärin und Umsetzung der „School of Survival“ in enger Zusammenarbeit mit den Kuratoren.

Des Weiteren danke ich Angelika Leu-Barthel für ihre wie immer perfekte Presse- und Öffentlichkeitsarbeit, insbesondere für das Marketingkonzept zur Ausstellung. Ebenso danke ich Zoë Dix und Willi Mend für ihre vielfältige Unterstützung bei den Vorbereitungen zur Ausstellung sowie Sabine Seidel, Maren Willenbrock, Nele Schmidt,

as a trainee and to setting up the "School of ~~Survival~~" in close collaboration with the curators.

Lastly, I would like to thank Angelika Leu-Barthel for her usual consummate press and PR work and especially for the marketing concept for the exhibition. I am also grateful to Zoë Dix and Willi Mend for their wide-ranging support during preparations for the exhibition, as well as to Sabine Seidel, Maren Willenbrock, Nele Schmidt, Caroline Huzel, Henning Best, Jutta Wasser, Birgit Hübner, Matthias Schönebäumer, Gabriela Basso, and the entire art handling team, the carpenters, and the media installation team for their great dedication. Without all of their efforts, this exhibition about the present and future of life and survival in the twenty-first century would not have been possible.

Caroline Huzel, Henning Best, Jutta Wasser, Birgit Hübner, Matthias Schönebäumer, Gabriela Basso und dem gesamten Art Handling Team, den Tischlern und dem Medienaufbauteam für ihren großartigen Einsatz. Ohne sie alle wäre diese Ausstellung über die Gegenwart und Zukunft des (Über)-Lebens im 21. Jahrhundert nicht denkbar gewesen.

What Does ~~Survival~~ Mean?

In the years that we worked on this exhibition, words changed their meaning—or became clearer and more urgent. This project had several titles. It started as: Speculations; it became: Survival in the 21st Century; and now it is: ~~Survival~~ in the 21st Century. Why?

At the beginning, around 2019, the idea of the exhibition project was to react to the ongoing climate breakdown and the general sense of crisis by accessing a variety of epistemic systems: indigenous knowledge, the latest science, culinary and other practices, using speculation as a tool for world-making.

Around 2020 to 2022, when Covid happened but also the climate discourse became more bleak, something shifted for us as curators—the sense of crisis became more personal, even in Europe: in this context, the word "survival" was meant as a signal, a turning point, an invitation to analyze history, to access the future, together.

After the war of Russia against Ukraine in 2022, after the attack of Hamas of October 7, 2023, and the war of Israel in Gaza, something shifted again: the question of "survival" took a darker, a more directly political turn—the speculative approach with a sense of open-endedness gave way, in part, to the more existential question of what survival actually and literally means.

We never intended to curate an exhibition about this question, but we cannot and will not ignore what is going on in the world. We chose the horizontal line to mark that change, to start a process of communication and reflection, to signal the ambivalence of this term. We had many conversations with artists about the title. For us, this is not a signal of resignation, no crossing out. To the contrary, we see it as a sign of openness—this is still an invitation.

We never intended to make a dark exhibition; we were looking for hope. And we are still optimistic, but it is becoming more complicated. Discussions become divisive, unless you are able to listen. We hope that this exhibition can be a place for listening.

Georg Diez & Nicolaus Schafhausen

Curators of the exhibition | Kuratoren der Ausstellung

Was bedeutet ~~Überleben~~?

In den Jahren, in denen wir an dieser Ausstellung gearbeitet haben, änderten die Worte ihre Bedeutung - oder wurden klarer und dringlicher. Dieses Projekt hatte mehrere Titel. Es begann als: Speculations; es wurde zu: Survival in the 21st Century; und jetzt heißt es: ~~Survival~~ in the 21st Century. Warum?

Zu Beginn, um 2019 herum, war es die Grundidee des Ausstellungsprojekts, auf den fortschreitenden Klimakollaps und das allgemeine Gefühl der Krise zu reagieren und dazu verschiedene epistemische Systeme zu befragen – indigenes Wissen, neueste wissenschaftliche Erkenntnisse, kulinarische und andere Praktiken; Spekulation als Werkzeug eines Weltentwurfs.

Zwischen 2020 und 2022, als die Corona-Pandemie die Welt im Griff hielt und auch der Klimadiskurs düsterer wurde, änderte sich für uns als Kuratoren etwas – das Gefühl der Krise wurde persönlicher, sogar in Europa: In diesem Kontext war das Wort „Überleben“ ein Signal, ein Wendepunkt, eine Einladung zu verstehen, die Geschichte zu analysieren und gemeinsam in die Zukunft zu gehen.

Seit dem Krieg Russlands gegen die Ukraine im Jahr 2022, seit dem Angriff der Hamas am 7. Oktober 2023 und dem Krieg Israels in Gaza hat sich wieder etwas verschoben: Die Frage nach dem „Überleben“ hat eine dunklere, eine direktere politische Wendung genommen – der spekulative, ergebnisoffene Ansatz ist zum Teil der existenziellen Frage gewichen, was Überleben eigentlich und buchstäblich bedeutet.

Wir hatten nie die Absicht, eine Ausstellung über diese Frage zu kuratieren, aber wir können und wollen nicht ignorieren, was in der Welt vor sich geht. Wir haben die horizontale Linie gewählt, um diese Veränderung zu markieren, um einen Prozess der Kommunikation und Reflexion in Gang zu setzen, um die Ambivalenz dieses Begriffs zu signalisieren. Wir haben viele Gespräche mit Künstler*innen über den Titel geführt. Für uns ist es kein Signal der Resignation, kein Durchstreichen. Im Gegenteil, wir sehen es als ein Zeichen der Offenheit – es ist immer noch eine Einladung.

Wir hatten nie die Absicht, eine düstere Ausstellung zu präsentieren, wir waren auf der Suche nach Hoffnung. Und wir sind immer noch optimistisch, auch wenn es immer komplizierter wird. Diskussionen spalten, wenn man nicht in der Lage ist, zuzuhören. Wir hoffen, dass diese Ausstellung ein Ort des Zuhörens sein kann.

Speculative
Spekulative

Tools
Werkzeuge

Speculative Tools

Spekulative Werkzeuge

Georg Diez &
Nicolaus Schafhausen

Why Speculate?

What comes after the end?

As we worked on this exhibition and a lot of things changed, in the world, in us, this question remained. It stuck with us, in its contradictory nature, in its direct urgency, in its speculative openness: If the end is an option, what is the goal, what is the concept, what is the prize of survival?

And: Should humans survive?

This was the question one artist asked when we approached her for this exhibition.

Well, yes. Right?

When we started to think about this exhibition, a few years ago, the question was framed in a different way. There seemed to be more optimism, there seemed to be ways that fundamental change could happen, and if the systems that govern the lives on this planet seemed entrenched in their logic, art could point towards a way of doing things differently, thinking about life differently, engaging with each other differently.

It was this word, differently, that stayed with us.

But is that really true? Is that what art can do? We had many discussions within the team, and this

Warum spekulieren?

Was kommt nach dem Ende?

Während unserer Arbeit an dieser Ausstellung veränderte sich vieles, in der Welt, in uns; doch diese Frage blieb. Sie stellte sich in ihrer Widersprüchlichkeit, unmittelbaren Dringlichkeit und spekulativen Offenheit: Wenn das Ende eine Option ist, was ist das Ziel, das Konzept, der Preis des Überlebens?

Und: Sollen die Menschen überleben?

Diese Frage stellte eine Künstlerin, als wir mit ihr über die Ausstellung sprachen.

Doch, schon. Oder nicht?

Als wir vor einigen Jahren begannen, über diese Ausstellung nachzudenken, stellte sich die Frage noch ganz anders. Damals schien es mehr Optimismus zu geben und Chancen für einen grundlegenden Wandel. Und auch wenn die Systeme, die das Leben auf unserem Planeten bestimmen, in ihrer Logik festgefahren wirkten, konnte die Kunst doch einen Weg aufzeigen, wie man Dinge anders machen, das Leben anders denken und anders miteinander umgehen kann.

Dieses Wort, anders, begleitete uns.

Aber stimmt das überhaupt? Kann Kunst das leisten? Wir haben viele Diskussionen in unserem Team geführt, und immer wieder kam die

question kept coming up: What is the potential of art, what is the role of art, at this time and age and since the beginning?

Can art, should art point towards pathways, practices, potential futures (let's not call them solutions!)—and could it be a space where politics is conceived and conceptualized differently, bypassing the impasses of thinking and acting that hold us back, approaching the problems we face on this planet from an aesthetic perspective, where critique of power and a sense of dignity, even morality meet?

Or should art be seen as a space of its own, reacting to the world around, depicting, compressing, unveiling maybe, providing the tools rather than the possible answers—a method rather than an idea, a place of potential, but in a very concrete way?

And what were we looking for, in art, in the world?

The changes that we saw had to do with the climate crisis, one of the points of departure of this exhibition: the end of the world—or the "ends of the world" in the words of Déborah Danowski and Eduardo Viveiros de Castro—moved from a biblical meme to an everyday experience, even in the so-called West,

Frage auf: Welches Potenzial hat Kunst, welche Rolle hat Kunst, in unserer heutigen Zeit und seit ihren Anfängen?

Kann und soll Kunst uns Möglichkeiten, Praktiken und mögliche Zukünfte aufzeigen (wollen wir es nicht Lösungen nennen!) – und könnte die Kunst ein Raum sein, in dem Politik anders gedacht und konzipiert wird, Sackgassen des Denkens und Handelns umgangen werden, weil uns das zurückhält, und können wir uns den anstehenden Problemen aus einer ästhetischen Perspektive nähern, einer Perspektive, in der Kritik an der Macht und ein Sinn für Würde, ja für Moral zusammenfinden?

Oder sollte Kunst vielmehr als ein Raum für sich betrachtet werden, wo auf die umgebende Welt reagiert wird, sie abgebildet, verdichtet, vielleicht enthüllt wird, und Kunst eher Werkzeuge liefert als etwaige Antworten – mehr eine Methode als eine Idee, ein Ort der Möglichkeiten, aber in sehr konkreter Weise?

Und wonach suchen wir, in der Kunst, in der Welt?

Die Veränderungen, die wir sahen, hatten mit der Klimakrise zu tun, einem Ausgangspunkt dieser Ausstellung: Das Ende der Welt – oder die „ends of the world", um den englischen Buchtitel von Déborah Danowski und Eduardo Viveiros de Castro zu zitieren – ist von einem biblischen Konzept zu einer Alltagserfahrung geworden, auch im

creating the catastrophe, long sheltered from the consequences.

"If the prospect of the climate crisis is less spectacular than that of the nuclear threat," Danowski and Viveiros de Castro write in *The Ends of the World*,[1] "its ontology is more complex, both in what regards its connections to human agency and its paradoxical chronotopics."

Time, in other words, is one of the testing grounds for both human imagination and human extinction. How can we think a world that is getting hotter and hotter? How far does the horizon of time reach? What happens at a rise of temperature of 1.5, of three, of four degrees Celsius?

When does imagination cease; and where does speculation set in?

Speculation is in its own way a function of time; but it is de facto freed from its constraints as it creates a deviating reality that builds on existing patterns, extrapolating and expanding into the partly unknown.

A common term for this occurrence these days, both in academia and in everyday life, is uncertainty; this is the space where change happens, the new arises, openness can be per-

sogenannten Westen, der die Katastrophe verursacht hat und lange vor ihren Folgen geschützt war.

„Wenn die Gefahren, die von der Klimakrise ausgehen, weniger spektakulär sind als jene aus den Zeiten nuklearer Aufrüstung", schreiben Danowski und Viveiros de Castro, „ist ihre Ontologie doch komplexer, sowohl im Hinblick auf ihre Beziehung zum menschlichen Handeln als auch in Bezug auf ihre paradoxe Chronotopie."[1]

Anders gesagt: Die Zeit ist ein Versuchsfeld sowohl für die menschliche Vorstellungskraft als auch für die menschliche Vernichtungskraft. Wie können wir eine Welt denken, die heißer und heißer wird? Wie weit reicht der Horizont der Zeit? Was geschieht bei einem Anstieg der Temperatur auf der Erde von anderthalb, drei, vier Grad Celsius?

Wo endet die Vorstellungskraft; und wo beginnt die Spekulation?

Spekulation ist eine Ableitung der Zeit; faktisch aber ist sie befreit von deren Zwängen, denn sie erschafft eine abweichende Wirklichkeit, die auf bestehenden Mustern aufbaut, sie extrapoliert und ins teils Unbekannte erweitert.

Dieser Vorgang wird heute in der Wissenschaft wie im Alltag mit dem Begriff der Unsicherheit beschrieben – als Raum, in dem sich Veränderung vollzieht, Neues entsteht, Offenheit als Leere wahrgenommen werden kann, Tole-

ceived as a void, tolerance for staying with the unknown is trained, or not—fear is created, and regression is an option.

We see this exhibition—in this context—as a testing ground for the unknown, for learning how to live with it, for learning and unlearning alike.

All we can do in this time of crisis, says artist and author James Bridle, is to learn. But what does learning mean in an age when unlearning the world, the way we understand it and conceive of it, seems the most plausible attempt at common survival?

Unlearn and learn—how we lead our lives, how we construct our politics, how we organize society, how we organize our economies: the epistemics are just not sustainable, on a material and theoretical level.

We need to unlearn and learn—to embrace uncertainty, to reconceive agency, to practice social resilience in an age of fragility, to test society's ability to cooperate and act collectively for common goals.

We need to see survival as an exercise in commonality and togetherness, as a collective quest. Deichtorhallen Hamburg will become a place of planetary learning.

For James Bridle, learning means practice, mainly building

ranz für das Ausharren im Unbekannten geübt oder Nicht-Angst aufgebaut wird; und Regression eine Option ist.

In diesem Kontext sehen wir die Ausstellung als ein Versuchsgelände für das Unbekannte, wo wir lernen, damit zu leben, wo wir lernen und verlernen.

Alles, was wir in dieser Zeit der Krise tun können, ist zu lernen, sagt der Künstler und Autor James Bridle. Was aber bedeutet Lernen in einer Zeit, in der das Verlernen der Welt und der Weise, wie wir sie verstehen und uns vorstellen, für das gemeinsame Überleben als der plausibelste Ansatz erscheint?

Verlernen und lernen – wie wir unser Leben führen, unsere Politik gestalten, unsere Gesellschaft und Wirtschaft organisieren: Die epistemischen Grundlagen sind nicht nachhaltig, weder auf materieller noch auf theoretischer Ebene.

Wir müssen verlernen und lernen, Unsicherheit annehmen, Handeln neu denken, soziale Resilienz in einer Zeit der Fragilität üben, die Fähigkeit der Gesellschaft zu Zusammenarbeit und kollektivem Handeln für gemeinsame Ziele erproben.

Wir müssen das Überleben als eine Übung in Gemeinsamkeit (commonality) und Zusammengehörigkeit begreifen, als eine kollektive Suche. Die Deichtorhallen Hamburg werden zu einem Ort planetarischen Lernens.

things, a small windmill to create our power or a house made from old wood, scrap materials, natural weeds.

For others, like the artists Sharon Lockhart or Yalda Afsah, learning means waiting, looking, searching maybe, being open for the yet unknown.

For others again, learning might mean resistance, might mean organizing, might mean adaptation without resignation; it might mean learning how to grieve or how to let go or how to reconnect, how to be more human and how to be less human in a time when the more-than-human is the new paradigm.

The thinker Federico Campagna invites us as humans to imagine "an idea of the world that is multidimensional"—because, as he writes, "a multidimensional understanding of reality might allow post-future people to take up the challenge of making a new world."[2]

What are the tools for this new world-making? What are the practices, between life and death, hope and doubt, health and disease, care and destruction, faith and failure, the local and the planetary, work and extraction, community and the individual, power and powerlessness, wealth and poverty, joy and sadness, production and waste?

Für James Bridle bedeutet Lernen Praxis, Dinge bauen, ein kleines Windrad zur Stromerzeugung oder ein Haus aus Sperrholz, Schrott und Gestrüpp.

Für andere, wie die Künstlerinnen Sharon Lockhart oder Yalda Afsah, bedeutet Lernen Warten, es bedeutet Hinsehen, vielleicht auch Suchen, Offensein für das noch Unbekannte.

Für wiederum andere könnte Lernen auch Widerstand bedeuten, sich zu organisieren, Anpassung ohne Resignation; es könnte bedeuten, zu lernen, wie man trauert oder loslässt oder sich wieder findet, wie man menschlicher wird und weniger menschlich in einer Zeit, in der das Mehr-als-Menschliche das neue Paradigma darstellt.

Der Denker Federico Campagna lädt uns ein zu einer „mehrdimensionalen Vorstellung der Welt" – denn, so schreibt er, „ein mehrdimensionales Verständnis der Wirklichkeit könnte bewirken, dass die Menschen der Post-Zukunft die Herausforderung annehmen, eine neue Welt zu erschaffen".[2]

Über welche Werkzeuge zur Gestaltung dieser neuen Welt verfügen wir also? Über welche Praktiken zwischen Leben und Tod, Hoffnung und Zweifel, Gesundheit und Krankheit, Fürsorge und Zerstörung, Glaube und Versagen, dem Lokalen und dem Planetaren, Arbeit und Ausbeutung, Gemeinschaft und Individuum, Macht und

What is the role of art here; and what goes beyond artistic practice?

Which tools?

What comes after the end?

As philosopher Timothy Morton writes: “In a funny way, it’s as if the end of the world has already happened, if by world we mean a stable set of reference points that guide our actions. We should boldly proclaim that the world is dead. Now that there is a bewildering variety of scales on which to think and act. It’s already the end of the “world.” This is actually a relief. It means we don’t have to hold on to a fantasy for dear life, the fantasy of anthropocentrism. If you are already dead, there is nothing to be afraid of, is there?”[3]

What comes after the end?

And is survival an option? Survival for whom? Under which conditions? The planet will survive, nature will survive, long after humans are gone.

Billions of years without humans are in the past, billions of years without humans are in the future. What does survival mean in

Ohnmacht, Reichtum und Armut, Freude und Traurigkeit, Produktion und Verschwendung?

Welche Rolle spielt dabei die Kunst; und was führt über die künstlerische Praxis hinaus?

Welche Werkzeuge?

Was kommt nach dem Ende?

Philosoph*in Timothy Morton schreibt: „Komischerweise scheint das Ende der Welt bereits eingetreten zu sein, wenn wir mit Welt ein stabiles System von Bezugspunkten meinen, das unser Handeln leitet. […] So sollten wir vielleicht ausrufen, die Welt ist tot. Jetzt, da es eine verwirrende Vielfalt an Größenordnungen gibt, entlang derer wir denken und handeln müssen […], sehen wir uns bereits dem Ende der Welt gegenüber. Eigentlich eine Erleichterung, die bedeutet, dass wir uns nicht mehr an die Fantasie des nackten Überlebens klammern müssen, die […] Fantasie des Anthropozentrismus. […] Wenn man bereits tot ist, hat man nichts mehr zu befürchten, oder?“[3]

Was kommt nach dem Ende?

Und ist Überleben eine Option? Überleben für wen? Unter welchen Bedingungen? Der Planet wird überleben, die

view of deep time? What does survival entail, considering the climate emergency? How does survival relate to humanity's role in destroying itself?

To survive literally means to "live beyond," from the Latin "super," which means above, over, beyond, and "vivere," which means to live. How can we look beyond?

This exercise—to look beyond—becomes a necessary task in our current conditions of crisis and upheaval.

The question is: What is really a crisis? What is just the rhetoric of crisis creating a sense of urgency without agency? Does the constant barrage of crisis conversation help to see the causes? Or does it mask the deeper questions of power, accountability, and justice?

Art—in this context—becomes a tool for deciphering what lies underneath and what is waiting beyond; an attempt at both creating and questioning a common sense; a training in sense-making in all directions.

That's why we propose the School of ~~Survival~~ as an integral part of the exhibition—an experimental learning space for the twenty-first century, the

Natur wird überleben, lange nachdem der Mensch verschwunden ist.

Milliarden Jahre ohne Menschen liegen in der Vergangenheit, Milliarden Jahre ohne Menschen liegen in der Zukunft. Was bedeutet Überleben gegenüber der Tiefenzeit? Was beinhaltet Überleben im Angesicht des Klimanotstands? Welcher Zusammenhang besteht zwischen dem Überleben und der Rolle der Menschheit bei ihrer Selbstzerstörung?

Überleben oder über-leben, jenseits des Lebens, über das Leben hinaus: Wie können wir den Blick weiten?

Diese Übung, den Blick zu weiten, wird in dieser Situation der Krise und des Umbruchs notwendig.

Die Frage ist: Was genau ist eine Krise? Was ist nur Krisenrhetorik, die ein Gefühl von Dringlichkeit vermittelt, ohne Handlungsmöglichkeiten aufzuzeigen? Hilft die unablässige Flut von Krisendiagnosen, die Ursachen zu erkennen? Oder verdeckt sie tiefergehende Fragen nach Macht, Verantwortlichkeit und Gerechtigkeit?

Kunst wird in diesem Kontext zu einem Werkzeug der Entschlüsselung dessen, was im Untergrund verborgen ist und in der Zukunft wartet; ein Versuch, das gemeinsame Verständnis unserer Zeit zu befördern und zu befragen; ein multidirektionales Training der Sinnesschärfung.

Vor diesem Hintergrund ist die „School of ~~Survival~~" ein integraler Bestandteil der Ausstellung und das Angebot

prototype for a new institution that combines theory and practice to prepare for the new times humanity is entering.

The museum becomes an open, inclusive, collaborative, experimental, and democratic space where the public can engage with some of the key topics and challenges of tomorrow's world: climate change, complexity thinking, technology, food, new economic models, a new language for democracy—with an emphasis on learning, the practical and personal use, the tools that we need to survive, together.

Tools can be ideas or crafts like writing, cooking, coding. The tools are developed in collaboration with experts in the fields, chefs, philosophers, economists, artists, writers, technologists, social workers, fishermen.

The School of ~~Survival~~ expands the way the art in the exhibition addresses fundamental questions facing humanity and beyond: How can we make survival an exercise in commonality and togetherness—a collective quest with an open-ended manner and diverse voices?

The just transition of industrialized societies cannot be a project of the political class alone—there needs

eines experimentellen Lernraums für das 21. Jahrhundert – der Prototyp einer neuen Institution, die Theorie und Praxis verbindet, in Vorbereitung auf das neue Zeitalter der Menschheit.

Das Museum wird zu einem offenen, inklusiven, kollaborativen, experimentellen und demokratischen Raum, in dem sich die Öffentlichkeit mit einigen Kernthemen und Herausforderungen der Welt von morgen beschäftigen kann: Klimawandel, Komplexitätsdenken, Technologie, Ernährung, neue Wirtschaftsmodelle, eine neue Sprache der Demokratie – die Betonung liegt auf dem Lernen, auf praktischer und persönlicher Anwendung und den Werkzeugen, die wir für ein gemeinsames Überleben benötigen.

Werkzeuge können Ideen oder Praktiken sein wie Schreiben, Kochen oder Programmieren. Diese Praktiken werden entwickelt in Zusammenarbeit mit Fachleuten: Köch*innen, Philosoph*innen, Ökonom*innen, Künstler*innen, Schriftsteller*innen, Technolog*innen, Sozialpädagog*innen, Fischer*innen.

Die School of ~~Survival~~ schafft einen weiteren Raum für die Kunst in der Ausstellung und widmet sich den grundlegenden Fragen an die Menschheit und darüber hinaus: Wie können wir das Überleben zu einer Übung von Gemeinsamkeit und Zusammengehörigkeit machen – eine kollektive Suche mit offenem Ausgang und einer Vielfalt an Stimmen?

to be a broader societal approach which combines a network of grass-root activities and the most advanced practices of knowledge production.

Part of the problem of the step into the new world is that it feels like a step into the void; it is difficult to leave the old behind and trust that the new will be good or even better.

We lack, as aging Western societies, the ability to imagine a different world after what we call the end; the School of ~~Survival~~ aims to fill this void with what the philosopher Jonathan Lear calls "radical hope."[4]

The aim is to open a space for reflection and understanding, to engage in emancipatory practices, to enable learning along four distinct lines of practices:

- local practice,
- democratic practice,
- transformative practice,
- planetary practice.

We live in an epoch that is in many ways a new renaissance with leaps in technology and knowledge. To create institutions, to adapt to these new circumstances, is the realism of the possible and the necessary.

Die gerechte Transformation der Industriegesellschaften kann nicht allein ein Projekt der politischen Klasse sein – wir brauchen einen breiten gesellschaftlichen Aufbruch, der Basisarbeit und die fortschrittlichsten Praktiken der Wissensproduktion verbindet.

Der erste Schritt in eine neue Welt ist schwer, es ist, als träte man in einen Abgrund; es ist schwierig, das Alte hinter sich zu lassen und darauf zu vertrauen, dass das Neue gut oder sogar besser wird.

Als alternde westliche Gesellschaft fehlt uns die Vorstellungskraft für eine Welt nach dem, was wir das Ende nennen; diese Lücke möchte die „School of ~~Survival~~" füllen mit dem, was der Philosoph Jonathan Lear „radikale Hoffnung" nennt.[4]

Das Ziel ist es, einen Raum für Reflexion und Verständnis zu schaffen, um emanzipatorische Praktiken einzuüben und ein Lernen auf vier Ebenen der Praxis zu ermöglichen:

- lokale Praxis,
- demokratische Praxis,
- transformative Praxis,
- planetarische Praxis.

Wir leben in einer Epoche der Technologie- und Wissenssprünge – in vielerlei Hinsicht eine neue Renaissance. Mit dem Realismus des

It remains a struggle. “The world has no permanent structure,” writes the philosopher Roberto Mangabeira Unger, we need to be open to “a future without end.”[5]

We can only do this by constant reinvention, by institutionalized change. We need to practice.

“We experience our finitude and go to our deaths as individuals. It is, however, through social practices, including the practices of natural science, that we push back the boundaries of finitude. The ability to push them back is granted to the individual as well as to the collectivities to which he belongs and to the entire human race. But it is only by acting through and against those practices—the methods of the different sciences and disciplines, the institutional arrangements of society, the roles and practices available to us, and the symbolic world in which all our activity is enveloped—that the individual can develop and exercise that power.”

Möglichen und Notwendigen stellen wir uns darauf ein und schaffen neue Institutionen.

Es bleibt ein Kampf. „Die Welt hat keine dauerhafte Struktur“, schreibt der Philosoph Roberto Mangabeira Unger, wir müssen offen sein für „eine Zukunft ohne Ende“.[5]

Dies gelingt uns nur durch ständige Neuerfindung und institutionalisierten Wandel. Das müssen wir üben.

Wie Unger schreibt: „Wir erleben unsere Endlichkeit und sterben als Individuen. Doch verrücken wir die Grenzen der Endlichkeit durch soziale Praktiken, auch aus dem Bereich der Naturwissenschaften. Die Fähigkeit, diese Grenzen zu verrücken, sind sowohl dem Individuum gegeben als auch den Gemeinschaften, denen es angehört, und der gesamten Menschheit. Das Individuum aber kann diese Macht nur dann entwickeln und ausüben, wenn es durch und gegen diese Praktiken handelt – die Methoden verschiedener Wissenschaften und Disziplinen, die institutionellen Strukturen der Gesellschaft, die Rollenmuster und Praktiken und die symbolische Welt, in die all unsere Aktivitäten eingebettet sind.“

What practice?

What comes after the end?

Art is the oldest form to reflect on one's own existence—to describe what is, to design what could be. Art has always been practice, compressed experience, condensed time, knowledge of the basics of what makes people human, in beauty as well as in horror.

Art in this context becomes the starting point for a reflection on our common past and future. Art can offer a different perspective on power as well as on the possible.

The analysis of how we got here is as important as the outlook on where we go from here. In some ways, the first question is important to gather possible answers to the second—power, injustice, inequality: all of this has a prehistory, and when necessary, these aspects will form part of the narrative.

And in its very different forms and philosophies, in the various aesthetic and social practices, the art in this show will form a narrative, a story, will give a sense of direction.

Welche Praxis?

Was kommt nach dem Ende?

Kunst ist die älteste Form, die eigene Existenz zu reflektieren – zu beschreiben, was ist, und zu entwerfen, was sein könnte. Kunst war seit jeher Praxis, komprimierte Erfahrung, verdichtete Zeit, Wissen um die Grundlagen dessen, was Menschen menschlich macht, im Schönen wie im Schrecklichen.

In diesem Sinn wird Kunst zum Ausgangspunkt für das Nachdenken über unsere gemeinsame Vergangenheit und Zukunft. Kunst kann eine andere Sichtweise auf Macht und auf das Mögliche anbieten.

Die Analyse, wie wir den Punkt erreicht haben, an dem wir uns befinden, ist ebenso wichtig wie der Ausblick darauf, wohin es von hier aus gehen könnte. In gewisser Weise ist die erste Frage wichtig, um mögliche Antworten auf die zweite zu finden – Macht, Ungerechtigkeit, Ungleichheit: All das hat eine Vorgeschichte, und diese Aspekte werden, wenn nötig, Teil der Erzählung.

In ihren verschiedenen ästhetischen und sozialen Praktiken wird die Kunst in dieser Ausstellung durch die Formen und Philosophien ein Narrativ, eine Erzählung bilden, eine Richtung vorgeben.

In other words, the new emerges from a new combination of the old, combined with a leap into the unknown, the invisible.

With this exhibition we want to show the invisible, to make it tangible. We want to create a common story of how change works, a narrative for tomorrow.

We want to open the space for speculation, a necessary training of the senses, of sensuality, for the brain as well as for the body, as a comprehensive exploration of our possibilities and limits—only finitude, as the philosopher Martin Hägglund put it in his book *This Life*,[6] creates sense and meaning.

Art can offer the power of observation, art can supply a level of energy and inspiration which goes beyond the realm of the possible.

The art in this exhibition will reflect on the nature, the planetary, transcendental questions of global connectivity as well as on community, a sense of playfulness, togetherness, shared experiences through culture.

The personal, matters of care, vulnerability, and sensuality are as important as the virtual, the geopolitics and politics of the

Anders gesagt: Das Neue entsteht aus einer neuen Kombination des Alten, verbunden mit einem Sprung ins Unbekannte, ins Unsichtbare.

Dieses Unsichtbare wollen wir mit dieser Ausstellung sichtbar, wir wollen es greifbar machen. Wir wollen eine gemeinsame Erzählung davon entwickeln, wie Wandel funktioniert, ein Narrativ für morgen.

Wir wollen den Raum der Spekulation eröffnen, ein notwendiges Training der Sinne und der Sinnlichkeit, für den Kopf wie für den Körper, als eine umfassende Erkundung unserer Möglichkeiten und Grenzen. Denn erst die Endlichkeit, so der Philosoph Martin Hägglund in seinem Buch *Dieses eine Leben*[6], stiftet Sinn und Bedeutung.

Kunst hat die Kraft der Beobachtung, Kunst kann Energie und Inspiration liefern, die über das Mögliche hinausweist.

Die Kunst in dieser Ausstellung wird sich mit der Natur beschäftigen, mit planetarischen und transzendentalen Fragen globaler Verbindung und Gemeinschaft, mit einem Sinn für das Spielerische und Gemeinschaft durch die Erfahrung von Kultur, die uns verbindet.

Das Persönliche, Fragen der Fürsorge, Verletzlichkeit und Sinnlichkeit, ist genauso wichtig wie das Virtuelle, Geopolitik und Politik im digitalen Zeitalter, „die Frage nach der Technik", wie der Philosoph Yuk Hui schreibt.[7]

digital age, "the question concerning technology" as the philosopher Yuk Hui calls it.[7]

We have to learn to live and think in contradictions without losing ourselves.

In the age of adaptation, the right kind of answers are necessary to get to the right sort of solutions. Empathy and emotions are crucial, loss is a common experience, and the anger is real.

Where is the balance to be found here, between melancholy and resistance, between adaptation and revolution? And what role does art play in finding this always shaky balance? How can we learn to see and think differently, how can we exercise the power of speculation, individually and socially, that is necessary to look beyond today?

Utopia in the twenty-first century is a place sometimes to be found in ruins, and out of these ruins the new will emerge. As Frédérique Aït-Touati asks: "Is the ruin the loss that we have not been able to control, or is it a natural process of reintegration into a cycle, a system of order?"[8]

In a way she sums up a lot of what we want to do with this exhibition: "Traditionally, ruins indicate a narrative that is coming to an end, an accumulation of traces

Wir müssen lernen, in Widersprüchen zu leben und zu denken, ohne uns zu verlieren.

Im Zeitalter der Anpassung brauchen wir die richtigen Antworten, um die richtigen Lösungen zu finden. Empathie und Emotionen sind entscheidend, Verlust ist eine Erfahrung, die wir teilen, und Wut ist real.

Wo bleibt dabei das Gleichgewicht zwischen Melancholie und Widerstand, Anpassung und Revolution? Und welche Rolle spielt die Kunst für die Suche nach dieser stets fragilen Balance? Wie können wir lernen, anders zu sehen und zu denken, als Individuen und als Gesellschaft, wie können wir die Macht der Spekulation trainieren, die erforderlich ist, um über das Heute hinauszublicken?

Das Utopia des 21. Jahrhunderts ist zuweilen auch in Trümmern zu finden, und aus den Trümmern geht wiederum das Neue hervor. So fragt Frédérique Aït-Touati: „Ist die Ruine ein Verlust, den wir nicht kontrollieren konnten, oder ein natürlicher Prozess der Wiedereingliederung in einen Kreislauf, in ein Ordnungssystem?"[8]

Auf ihre Art fasst Aït-Touati zusammen, was wir mit dieser Ausstellung erreichen möchten: „Traditionell verweisen Ruinen auf eine Erzählung, die zu Ende geht, auf eine Ansammlung von Spuren, die keinen Sinn mehr ergeben. Aber ebenso gut könnten wir Ruinen auch als Teil einer

that no longer make sense. But we could just as well think of ruins as part of a motion that begins with construction and moves to the generation of ground."

What became clear for us, in this process of curation: the knowledge that we need for the future can be new, it can be old, it can be forgotten cultural techniques, of a social nature, an ecological nature, a practice of togetherness that develops social cohesion.

Commonality can best arise through shared experiences. The local, the concrete is of particular importance; new possibilities for a different economic and political practice are being created, through local economy, through experienced democracy—art opens this practice, it drives it forward.

What we need is a radical curiosity, we need openness and empathy to understand how we craft a future together.

Climate change makes it clear that our way of doing business, geared solely towards growth, must be fundamentally re-thought—this is where artistic and economic practice come together; the experiences of First Nations, such as those implemented on Fogo Island in Canada are just as important here as forms

Entwicklung betrachten, die mit dem Bau beginnt und weiterführt zur Produktion von Erdschichten."

Was im Prozess des Kuratierens für uns deutlich wurde: Das Wissen, das wir für die Zukunft benötigen, kann neu oder alt sein, können vergessene Kulturtechniken, kann sozialer oder ökologischer Natur sein, eine Praxis des Miteinanders, die sozialen Zusammenhalt begründet.

Gemeinsamkeit entsteht am ehesten durch geteilte Erfahrungen. Von besonderer Bedeutung dabei ist das Lokale und Konkrete; durch die lokale Wirtschaft und gelebte Demokratie entstehen neue Möglichkeiten für eine andere ökonomische und politische Praxis. Kunst vermittelt Zugang zu dieser Praxis, sie treibt sie voran.

Was wir brauchen, ist radikale Neugier, ist Offenheit und Empathie, um zu verstehen, wie wir gemeinsam eine Zukunft gestalten können.

Der Klimawandel macht deutlich, dass unsere allein auf Wachstum ausgerichtete Wirtschaftsweise von Grund auf überdacht werden muss – an dieser Stelle finden künstlerische und wirtschaftliche Praxis zusammen. Die Erfahrungen der First Nations, wie sie auf Fogo Island in Kanada integriert wurden, sind hierbei ebenso wichtig wie Formen der Kreislaufwirtschaft und weitere Alternativen zum Wachstumsprimat, von Degrowth bis zu Formen der Tauschwirtschaft oder Schenkökonomie.

of the circular economy and other alternatives to the primacy of growth, from degrowth to forms of the barter economy or the gift economy.

In an extremely complex world, we need new, old thinking and new, old cultural techniques that enable us to survive together.

How can we build and live differently, travel differently, eat differently? How can we use technology for the people? How can we learn from non-Western societies when it comes to climate change and much else? How can human and non-human coexistence be organized differently? How can ecology become a unifying idea? How can we change our democratic processes and institutions so that they are more transparent, become more direct, more democratic?

This exhibition is a tool to approach these questions. It is intended as an open process, and we are aware of the contradiction that these problems of a globally fragmenting world are to be discussed here in a very Western location, in the center of Hamburg.

We see this exhibition as a laboratory in which to test different realities and techniques, Western, non-West-

In einer äußerst komplexen Welt brauchen wir neues, altes Denken und neue, alte Kulturtechniken, die uns ein gemeinsames Überleben ermöglichen.

Wie können wir anders bauen und wohnen, anders reisen, anders essen? Wie kann Technologie für die Menschen da sein? Wie können wir von nichtwestlichen Gesellschaften lernen, im Hinblick auf den Klimawandel und vieles mehr? Wie können wir das menschliche und nichtmenschliche Miteinander anders gestalten? Wie kann Ökologie zu einer verbindenden Idee werden? Wie können wir unsere demokratischen Prozesse und Institutionen so gestalten, dass sie transparenter, direkter und demokratischer werden?

Diese Ausstellung ist ein Werkzeug dafür, sich solchen Fragen anzunähern. Sie ist als offener Prozess gedacht, und wir sind uns durchaus des Widerspruchs bewusst, dass die Probleme einer global auseinanderfallenden Welt an einem sehr westlichen Ort, inmitten von Hamburg, diskutiert werden sollen.

Wir verstehen diese Ausstellung als ein Labor zur Erprobung verschiedener konstruktiver Realitäten und Techniken, westlicher und nichtwestlicher, künstlerischer und intellektueller, ohne dabei in linearen Optimismus zu verfallen.

ern, artistic, intellectual, constructive, without falling into linear optimism.

The knowledge of the future is scattered, and so it is often seen as a problem rather than an opportunity. We create a place where the knowledge of the future becomes accessible and thus available, usable, democratized.

One thing is sure: There is no clear path, and so playfulness and propaganda will mix, introspection and immersion with social practices and investigation into our way of feeding ourselves.

Plants and computers will be as important as intimacy in artificial worlds.

The transcendental will have its space, preserving culture and memories; craft will become more meaningful, necessary, urgent.

The consequences of colonialism and exploitation cannot be separated from the concept of capitalism as we know it.

Bodies, shapes, transgressions will remain the medium in which to pursue the new. Art is a method, we need to find our way together.

The exhibition is an invitation, a space for understanding and

Das Wissen um die Zukunft ist verstreut, was häufig als Problem statt als Chance gesehen wird. Wir schaffen einen Ort, an dem dieses Wissen zugänglich und verfügbar, nutzbar und demokratisiert wird.

Eines ist sicher: Es gibt keinen vorgezeichneten Weg, und so werden sich Verspieltheit und Propaganda, Introspektion und Immersion verbinden mit sozialen Praktiken und einer Erkundung unserer Ernährungsweisen.

Pflanzen und Computer werden ebenso wichtig wie Intimität in künstlichen Welten.

Transzendenz bekommt Raum, um Kultur und Erinnerungen zu bewahren; Handwerk wird wichtiger, notwendiger, dringlicher.

Die Folgen von Kolonialismus und Ausbeutung sind untrennbar verbunden mit dem Konzept von Kapitalismus, wie wir ihn kennen.

Körper, Formen, Grenzüberschreitungen werden Medien bleiben, um das Neue zu suchen. Kunst ist eine Methode, wir müssen unseren Weg gemeinsam finden.

Die Ausstellung ist eine Einladung und ein Raum für Verstehen und Verhandeln, kollaborativ, konstruktiv, kreativ in Theorie und Praxis.

Das 21. Jahrhundert wird nicht von Ideologien, sondern von Lösungen bestimmt; dieser Pragmatismus prägt auch die Ausstellung, die in experimenteller und solidarischer Weise nach Möglichkeiten für ein gemeinsames Überleben sucht.

negotiation, collaborative, constructive, creative in both theory and practice.

The twenty-first century is not determined by ideologies, but by solutions; this pragmatism also runs through the exhibition, which researches ways of surviving together in an experimental and solidarity-based manner.

We want to make other world designs accessible through and beyond artistic practice. We see this exhibition as a social offer to learn together and from each other, as a constructive public—in workshops, lectures, classes.

In a world that is in danger of collapsing, knowledge is a form of world-making, of world salvation. Art is the medium, survival is the goal.

Wir wollen andere Weltentwürfe durch und über künstlerische Praktiken hinaus zugänglich machen. Wir verstehen diese Ausstellung als ein gesellschaftliches Angebot an eine konstruktive Öffentlichkeit, mit- und voneinander zu lernen – in Workshops, Vorträgen und Kursen.

In einer kollabierenden Welt ist Wissen eine Form der Weltgestaltung, der Weltrettung. Kunst ist das Medium, Überleben ist das Ziel.

1 Déborah Danowski and Eduardo Viveiros de Castro, The Ends of the World (Cambridge: Polity 2016).
2 Federico Campagna, Prophetic Culture (London: Bloomsbury 2021).
3 Timothy Morton, Being Ecological (London: MIT Press 2018).
4 Jonathan Lear, Radical Hope. Ethics in the Face of Cultural Devastation (Cambridge, MA: Harvard University Press 2008).
5 Roberto Mangabeira Unger, The World and Us (New York: Penguin Random House 2024).
6 Martin Hägglund, This Life. Secular Faith and Spiritual Freedom (New York: Pantheon 2019).
7 Yuk Hui, The Question Concerning Technology in China. An Essay on Cosmotechnics (Falmouth: MIT Press 2016).
8 Frédérique Aït-Touati, Alexandra Arènes and Axelle Grégoire, Terra Forma. A Book of Speculative Maps (Cambridge, MA: MIT Press 2022).

1 Déborah Danowski und Eduardo Viveiros de Castro, In welcher Welt leben? Ein Versuch über die Angst vor dem Ende, Übers. Clemens u. Ulrich van Loyen, Berlin 2019.
2 Federico Campagna, Prophetic Culture, London 2021.
3 Timothy Morton, Ökologisch sein, Übers. Dirk Höfer, Berlin 2019.
4 Jonathan Lear, Radikale Hoffnung. Ethik im Angesicht kultureller Zerstörung, Übers. Jens Pier, Berlin 2023.
5 Roberto Mangabeira Unger, The World and Us, New York 2024.
6 Martin Hägglund, Dieses eine Leben. Glaube jenseits der Religion, Freiheit jenseits des Kapitalismus, München 2024.
7 Yuk Hui, Die Frage nach der Technik in China. Ein Essay über die Kosmotechnik, Übers. David Frühauf, Berlin 2020.
8 Frédérique Aït-Touati, Alexandra Arènes und Axelle Grégoire, Terra Forma: A Book of Speculative Maps, Cambridge (MA) 2022.

Artists

Künstler*innen

Abareshi's deeply personal narrative, shaped by their experiences with chronic illness, challenges the viewer to reconsider the body as a site of struggle, resilience, and self-discovery. Going through layers of vulnerability and strength, Abareshi in their video dismantles pre-existing frameworks that dictate how bodies should be perceived. They find freedom where others see limitations—a pair of crutches or a walker—and points towards the origins of resistance: control is exercised through corporeal means. In a very contemporary way, Abareshi explores the understanding that the personal is political—in the age of biopolitics, our reflection of independence, interdependence, intradependence starts with the body. Unlearning the body becomes a practice that goes beyond the individual—in balancing abstraction and their own experience, Abareshi creates a perceptual space to question not only the domination by humans over humans. Theirs is an existential liberation.

Abareshis zutiefst persönliches Narrativ ist geprägt durch das Leben mit einer chronischen Erkrankung und fordert von uns, den Körper in Kampf, Resilienz und Selbstfindung neu zu verstehen. In der Video-Arbeit legt Abareshi Schichten der Verletzlichkeit und Stärke bloß und widerlegt, was es heißt, den Körper in einem vorgefertigten Blickwinkel zu sehen. Abareshi findet Freiheit, wo andere Einschränkungen sehen – Krücken etwa oder andere Gehhilfen –, und verweist damit auf den Ursprung allen Widerstands: mit körperlichen Mitteln erzwungene Kontrolle. Auf sehr zeitgenössische Weise erforscht Abareshi, was es heute bedeutet, dass das Persönliche das Politische ist: Im Zeitalter der Biopolitik beginnt unser Nachdenken über Unabhängigkeit, wechselseitige und übergreifende Abhängigkeit beim Körper. Das Verlernen des Körperlichen wird zur Praxis, die über das Individuum hinausgeht. In der Balance von Abstraktion und Erfahrung eröffnet Abareshi einen Wahrnehmungsraum, der nicht nur die Dominanz von Menschen durch Menschen hinterfragt. Es ist eine existenzielle Befreiung.

Panteha Abareshi

What is the body?

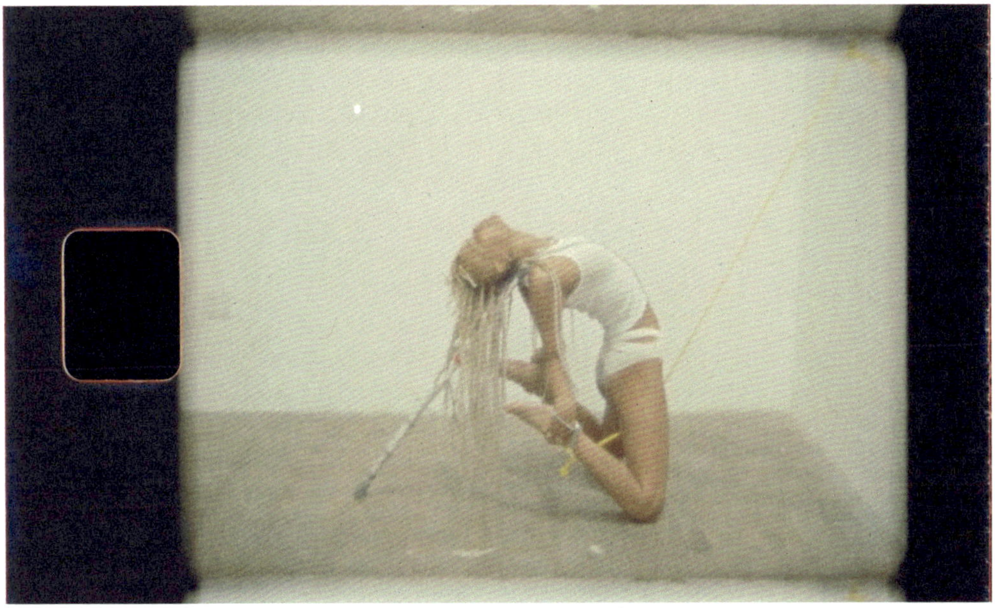

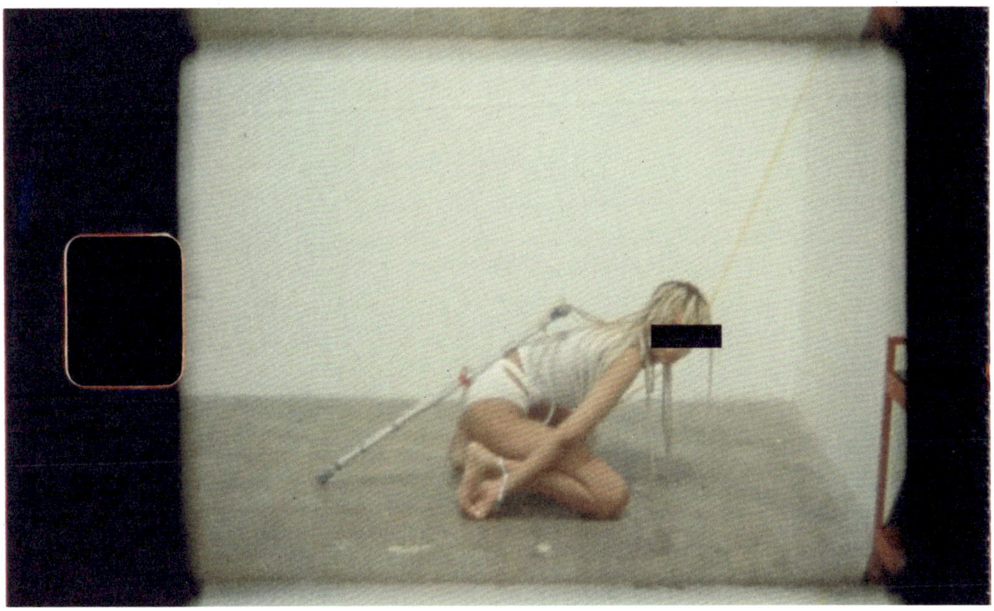

Unlearn the Body, 2021

What is murder?

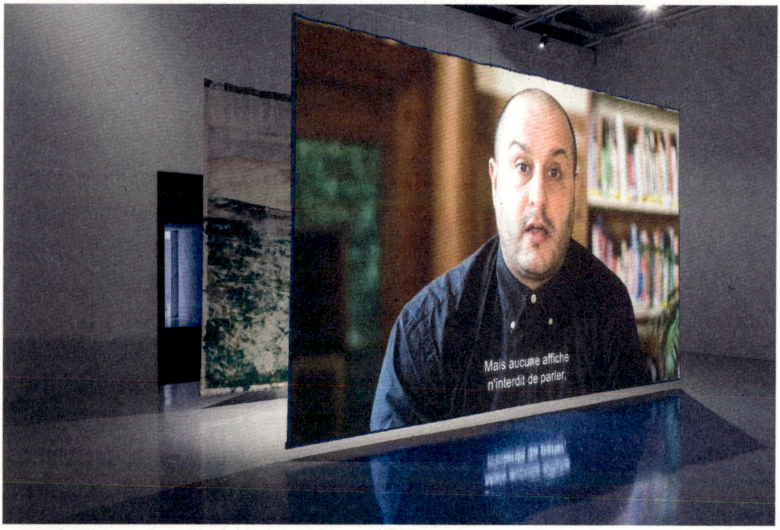

45th Parallel, 2022

If a bullet crosses a border, if death is sent from nation to nation, who is to judge? The work of Lawrence Abu Hamdan explores questions of individual and global justice, starting at a unique place of cross-border reality: the Haskell Free Library and Opera House which straddles the jurisdictions of Canada and the United States. Built in 1904, the building allowed anyone inside unchecked—you could exit to the other country in an act of poetic and political freedom; at least in theory. In practice, the opera stage "as a strange set of parallel worlds," is being used to tell the story of an unarmed fifteen-year-old Mexican national who was fatally shot in 2010 by a US Border Patrol agent. The case went to the US Supreme Court and opened questions regarding extraterritorial killing in general—exactly at the time when the usage of drones in military actions became a contentious issue in reflecting on the changing geopolitical and moral landscape of the twenty-first century. In the last years the US have killed with drone strikes thousands of militants as well as thousands of civilians in Yemen, Syria, Afghanistan, Pakistan, Iraq, Somalia, Libya. This might be militarily sound—or not—but it leaves the moral project of Western universalism in tatters.

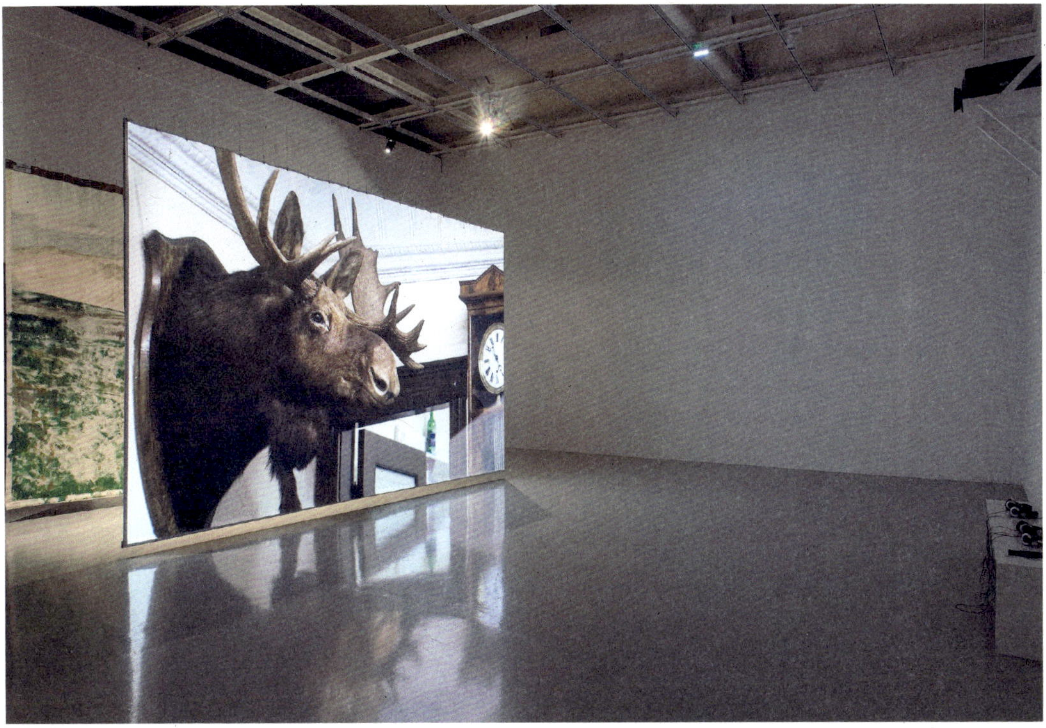

Wenn eine Kugel über eine Grenze gefeuert wird, wenn der Tod von einem Land zum anderen geschickt wird, wer ist der Richter? Lawrence Abu Hamdans Arbeit beleuchtet Fragen individueller und globaler Gerechtigkeit, und er beginnt an einem besonderen Ort grenzüberschreitender Realität – die Haskell Free Library and Opera House, die sowohl Teil der kanadischen wie der US-amerikanischen Jurisdiktion ist. Das Gebäude wurde 1904 errichtet und konnte ohne Grenzkontrollen betreten werden – und in einem Akt poetischer und politischer Freiheit konnte man das Gebäude in einem anderen Land wieder verlassen; jedenfalls theoretisch. In der Wirklichkeit nutzt Abu Hamdan die Opernbühne, die er „ein seltsames Ensemble von Parallelwelten" nennt, um die Geschichte eines unbewaffneten 15-jährigen Mexikaners zu erzählen, der im Jahr 2010 von einem US-Grenzpolizisten erschossen wurde. Der Fall wurde bis vor den Obersten Gerichtshof der USA gebracht und warf Fragen auf, die mit Mord oder Totschlag über Landesgrenzen hinweg zu tun hatten – genau zu der Zeit, als der umstrittene Einsatz von Drohnen zeigte, wie sich die geopolitische und moralische Landschaft des 21. Jahrhunderts veränderte. In den vergangenen Jahren haben die Vereinigten Staaten mit ihren Drohnen Tausende militärische wie zivile Opfer im Jemen, in Syrien, Afghanistan, Pakistan, im Irak, in Somalia und Libyen gefordert. Das mag militärisch sinnvoll sein (oder nicht) – das moralische Projekt des westlichen Universalismus bleibt als Scherbenhaufen zurück.

Lawrence Abu Hamdan

What is the catastrophe?

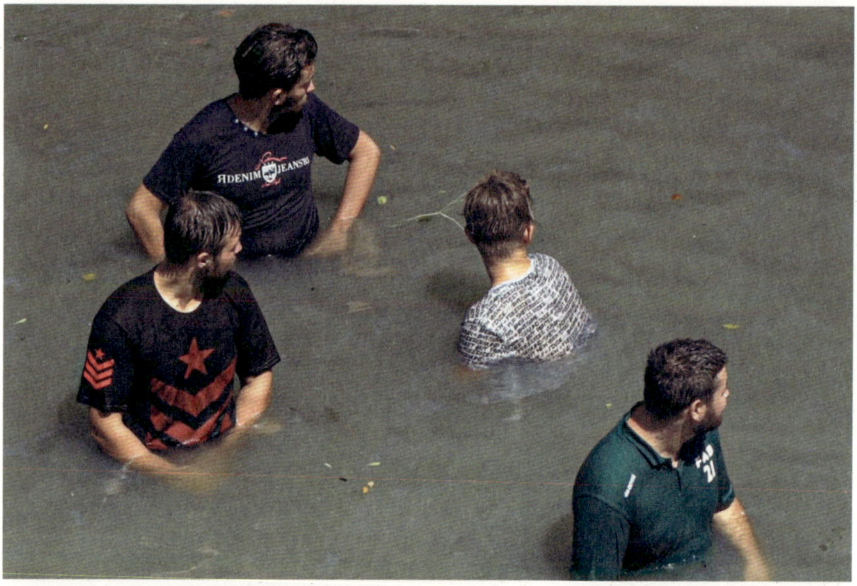

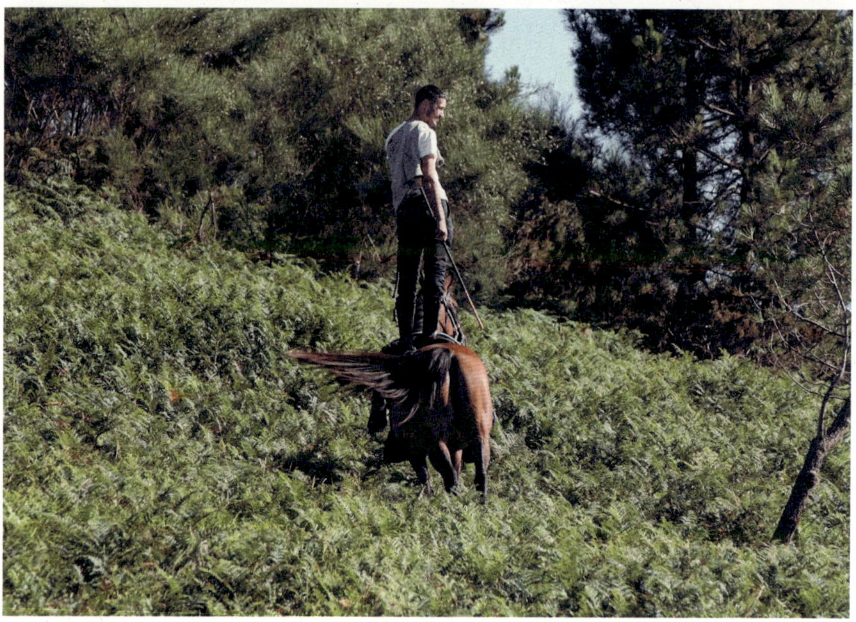

(Top) Vidourle, 2019 (Bottom) Curro, 2023

Yalda Afsah

Is it an event? Or is it a process? Is it fast or slow? Is it loud or quiet? Does it announce itself? Is it something we can anticipate? Can we wait for it to happen? What is the meaning of anticipating without knowing? Can we prepare for what we don't know? Or do we know? These are some of the questions Yalda Afsah's video works evoke—Vidourle shows a group of young men standing in the river Vidourle in France; they hardly move, they turn to look, they seem to wait for something to happen; and something will happen. They know, we know. "The flow of perceptions that constitute our experience of reality," writes Italian philosopher Federico Campagna in a similar and different way, "is more akin to the onslaught of an oceanic tide—immense, faceless and undivided." Afsah's more recent work Curro takes up these themes, the relation between humans and time, humans and nature, humans and animals in specific—it is a Galician tradition to round up wild horses, get them down from the mountains to the valley, cut their manes, mark them and release them again into wilderness. How have they changed? What is the process of marking something that is not yours? And what is domination in the face of everything?

Ist es ein Ereignis? Oder ist es ein Prozess? Geht es schnell oder langsam? Ist es laut oder leise? Kündigt es sich an? Ist es vorhersehbar? Können wir darauf warten, dass es geschieht? Was bedeutet es, wenn man etwas erwartet, ohne zu wissen, was? Können wir uns auf etwas vorbereiten, von dem wir nichts wissen? Oder wissen wir es? Fragen wie diese durchziehen Yalda Afsahs Videoarbeiten. Vidourle zeigt eine Gruppe junger Männer, die im Fluss Vidourle in Frankreich steht; sie bewegen sich kaum, sie drehen sich um, sie scheinen darauf zu warten, dass etwas geschieht; und irgendetwas wird geschehen. Sie wissen es, wir wissen es. „Der Wahrnehmungsstrom, der unsere Erfahrung von Realität bildet", sagt der italienische Philosoph Federico Campagna auf ähnliche und doch andere Weise, „ist eher vergleichbar mit einer heranbrausenden Meeresflut – gewaltig, gesichtslos und ungeteilt." Afsahs neuere Arbeit Curro greift diese Themen auf: die Beziehung zwischen Menschen und Zeit, Menschen und Natur, besonders Menschen und Tieren – sie zeigt den galicischen Brauch, Wildpferde von den Bergen ins Tal zu treiben, sie zu scheren und zu markieren und anschließend wieder freizulassen. Wie haben sie sich verändert? Wie ist das, wenn wir etwas markieren, das uns nicht gehört? Und was bedeutet Herrschaft im Angesicht von alledem?

What is civilization?

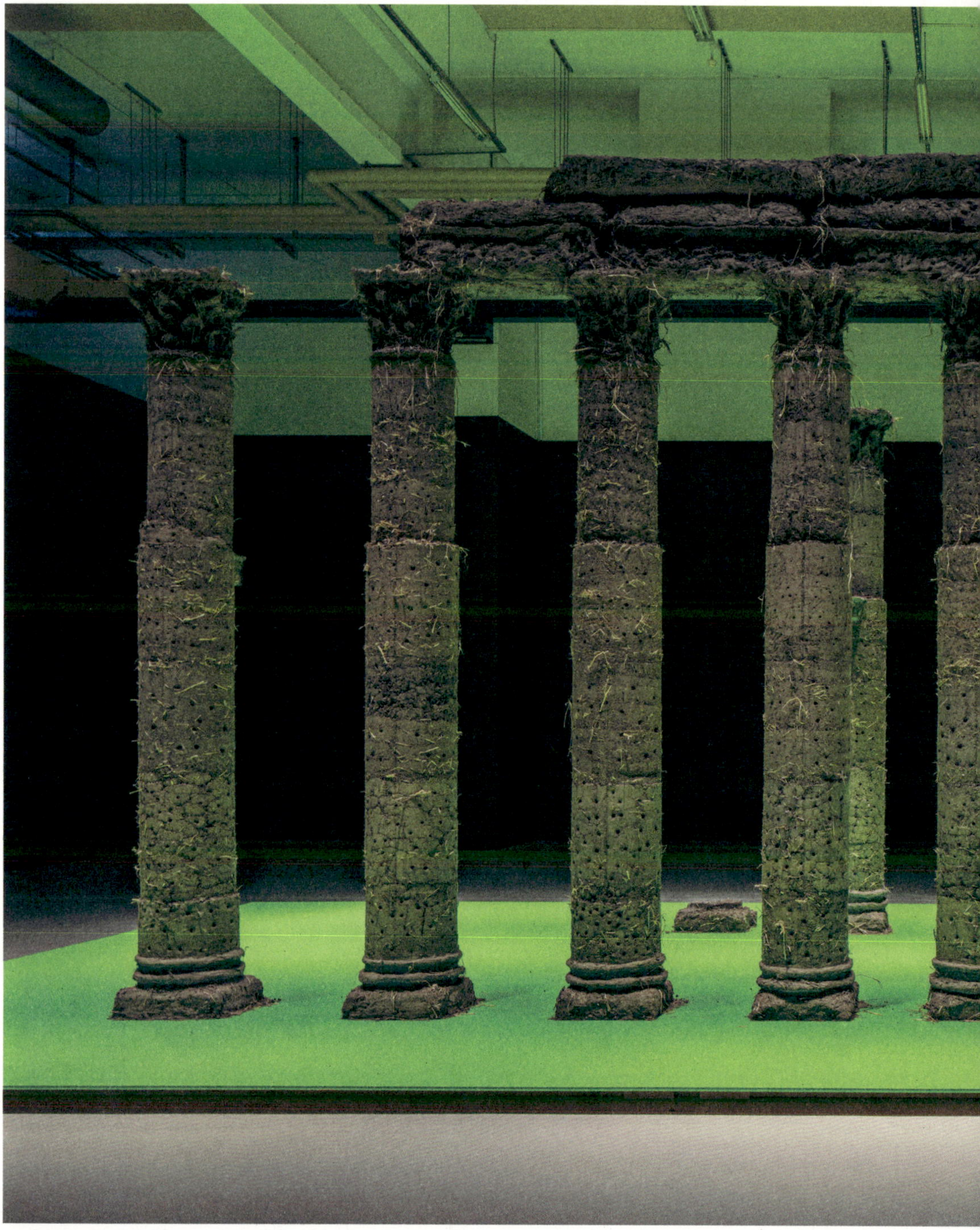

Abbas Akhavan, Variations on a Folly, 2021

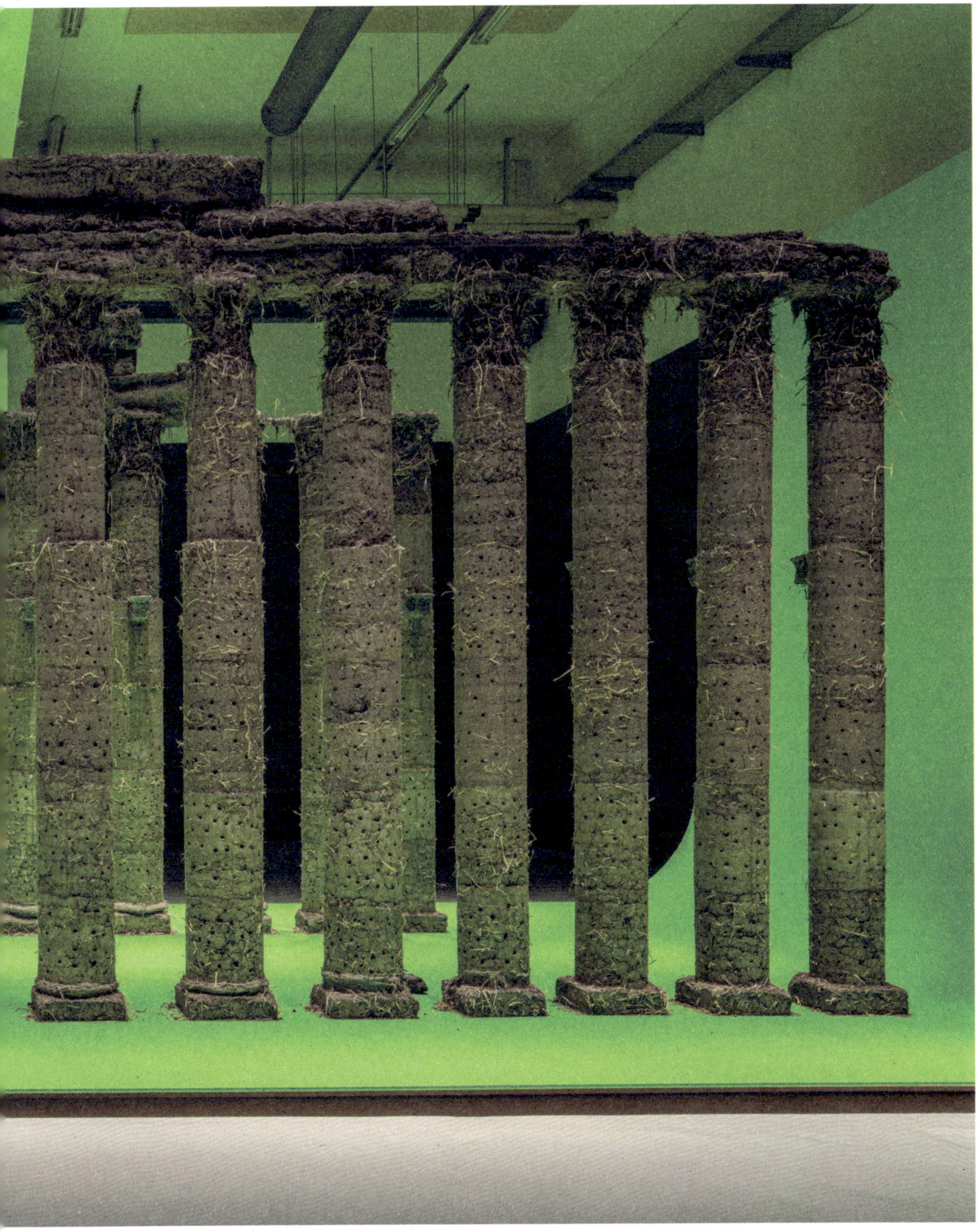

The triumphal arch of Palmyra was destroyed in May 2015 when the terrorist group ISIS ravaged this part of Syria—it was recreated a year later in London and New York, when a replica was made based on a 3D model. But what does this mean, destruction, recreation? What are the underlying assumptions of power, presence, representation? And how is this all connected to our concept of civilization? Abbas Akhavan points to a wide array of questions, from archaeology to geopolitics, from memory to technology: 19 columns built from cob and presented in front of a green screen used in movie productions and commercials—what is it that you want to project here? Is it an image of an ancient civilization, the folly of the far away past, the columns falling apart as time goes on, present in their very materiality, devoid of the grandeur of marble? Is it an image of a more present civilization, the West, broadly speaking, engaged in its own imperial contradictions and self-destruction? Syria, in this sense, is one more example of the hubris and hypocrisy of American and European influence and power, both past and present.

Abbas Akhavan

Der Triumphbogen von Palmyra wurde im Mai 2015 zerstört, als die Terrormiliz IS diesen Teil Syriens verwüstete – im Jahr darauf wurde er in London und New York anhand eines 3-D-Modells neu geschaffen. Doch was bedeutet Zerstörung, Wiedererschaffen? Welche Annahmen von Macht, Anwesenheit, Repräsentation liegen dem zugrunde? Und wie hängt all das mit unserer Vorstellung von Zivilisation zusammen? Abbas Akhavan verweist auf eine Reihe von Fragen, die mit Archäologie und Geopolitik, mit Erinnerung und Technologie zu tun haben: 19 Säulen aus Strohlehm vor einem Greenscreen, wie man ihn für Filme und Werbeclips verwendet – was soll darauf projiziert werden? Das Bild einer vergangenen Zivilisation, die Torheit der Geschichte, Säulen, die mit den Jahren verfallen, in ihrer Materialität gegenwärtig, ohne marmorne Erhabenheit? Das Bild einer zeitgenössischeren Zivilisation, grob gesagt der westlichen Kultur, die, in ihre eigenen imperialen Widersprüche verstrickt, sich selbst zerstört? Syrien ist in diesem Sinne nur eines von vielen Beispielen für die Hybris und Heuchelei amerikanischer und europäischer Einflussnahme und Macht, in Vergangenheit und Gegenwart.

What is community?

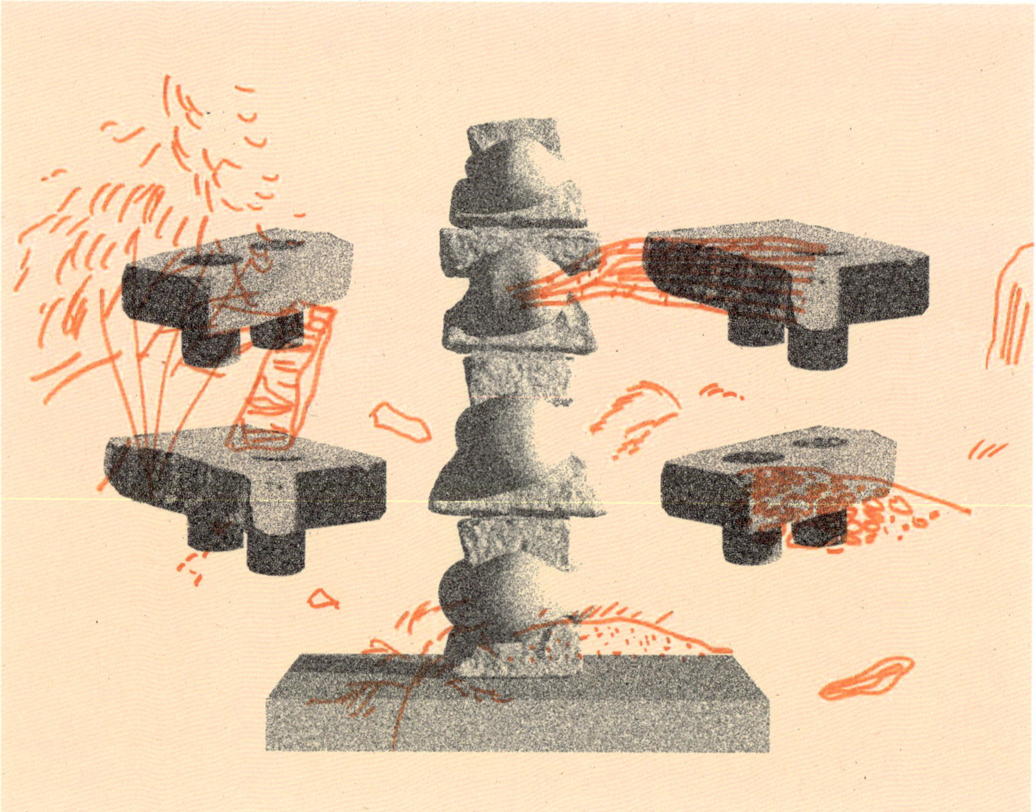

Sculpture Garden Bethlehem, 5000 BC, 2021, 2023, 2025 tbc

Assemble & AAU Anastas

One failure of liberalism is on an anthropological level: the assumption that everything starts with the individual. The societies that we build on this assumption are limiting both our imagination and our realities. The lives we construct on this premise are poorer, less intense and happy—community is what we are made for, and community is what we need to build. In a very literal sense, this is what Assemble & AAU Anastas are doing both in the structure and in the execution of their works and projects: they function as a collective internally, they engage with communities in their practice, creating both material and social structures which create concrete realities out of the impoverished present. In these times of crisis, the politics and aesthetics of the work becomes an answer to the pressing questions of the economic order established in the name of liberalism or neoliberalism: How do we want to live together? How do we want to survive together?

Eine Schwäche des Liberalismus liegt auf der anthropologischen Ebene: in der Annahme, dass alles vom Individuum ausginge – die Gesellschaften, die wir auf dieser Prämisse aufbauen, schränken unsere Vorstellungskraft und unsere Wirklichkeiten ein. Das Leben, das wir unter dieser Voraussetzung führen, ist ärmer, weniger intensiv und glücklich – wir sind für ein Leben in Gemeinschaft gemacht, Gemeinschaft müssen wir organisieren. Und genau das ist das Arbeitsprinzip von Assemble & AAU Anastas, strukturell und in der praktischen Umsetzung ihrer Projekte: Sie funktionieren intern als Kollektiv, schaffen Gemeinschaft durch ihre Praxis und fördern materielle wie soziale Strukturen, die in einer verarmten Gegenwart konkrete Wirklichkeiten entstehen lassen. In diesen Zeiten der Krise geben die Politik und Ästhetik der Arbeit eine Antwort auf die drängenden Fragen der Wirtschaftsordnung, die im Namen des Liberalismus oder des Neoliberalismus geschaffen wurde: Wie wollen wir zusammen leben? Und wie wollen wir zusammen überleben?

What is justice?

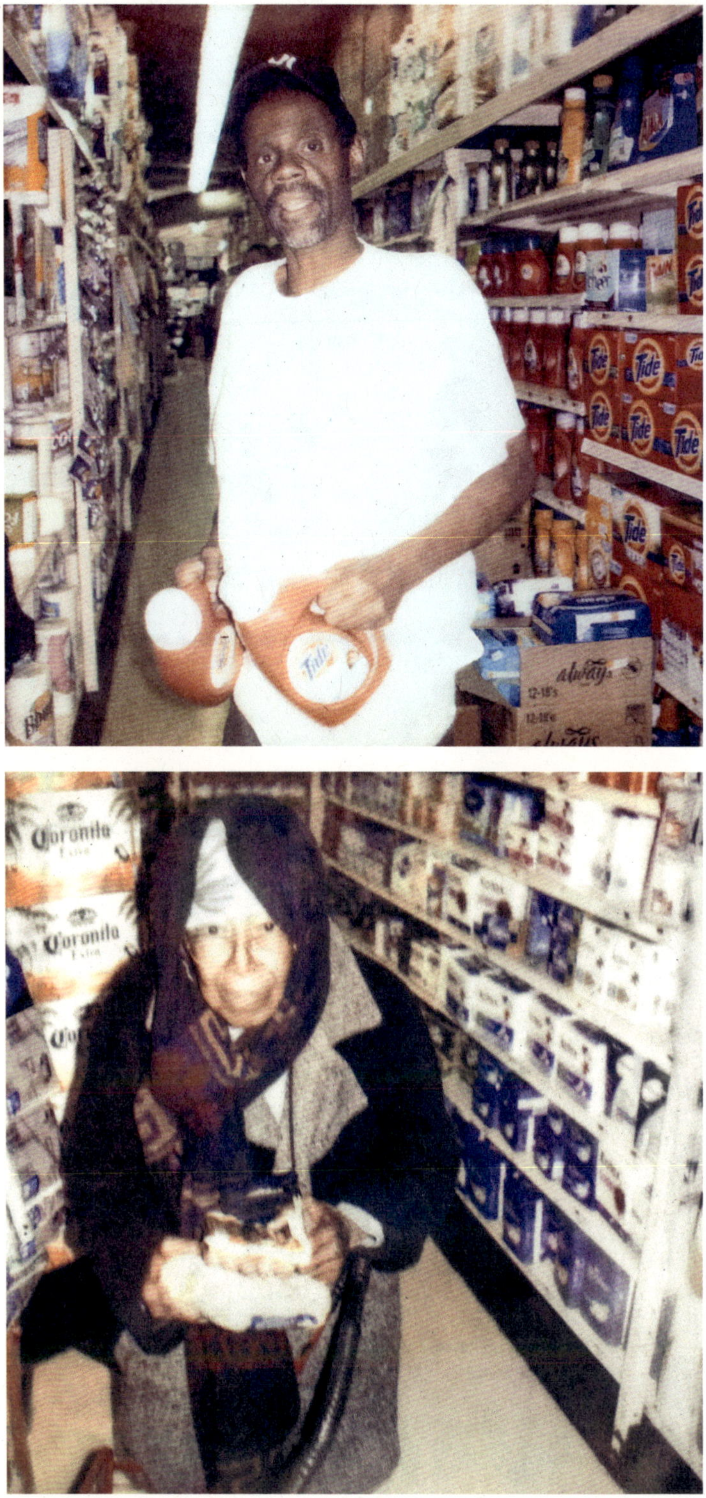

Shoplifters, 2014

Mohamed Bourouissa

Crime is a stigma, but for whom? Is crime committed by a person or inflicted on a person? What is the role of society, what is the relation between power, poverty, and the rule of the law—which tends to support both power and poverty, the codified dividing line for civilization. Mohamed Bourouissa's *Shoplifters* is a series of photographs originally taken by the manager of a supermarket in Lefferts Garden, Brooklyn. The polaroid images show thieves presenting the goods they tried to steal. Displayed at the entrance, in proximity to the security guards, the image collection is meant to humiliate the thief, to punish the perpetrator, to deter anybody even thinking about taking something—that they might need. Because the people caught in the store actually stole basic products such as bread, eggs, detergent, or canned food. Are they thieves, are they victims? Their images take on a fuzzy, blurry look, and turn the question around, towards us: What is justice?

Verbrechen ist ein Stigma, aber für wen? Ist das Verbrechen eine individuelle Tat oder systemische Realität? Welche Rolle spielt die Gesellschaft, welches Verhältnis besteht zwischen Macht, Armut und einer Rechtsprechung, die Macht und Armut gleichermaßen festigt, eine klar markierte Trennlinie der Zivilisation.
Mohamed Bourouissas *Shoplifters* zeigt eine Polaroid-Serie, die der Geschäftsführer eines Supermarkts in Lefferts Garden, Brooklyn, von Menschen aufnahm, die versucht hatten, Waren zu stehlen. Diese Bilder wurden am Ladeneingang neben dem dort postierten Sicherheitspersonal aufgehängt und sollten diese Menschen demütigen und strafen und zugleich abschreckend wirken, damit niemand auf die Idee kommt, sich einfach zu bedienen. Denn was diese Menschen sich nehmen, sind Dinge des täglichen Bedarfs wie Brot, Eier, Waschmittel oder Konserven. Sind sie Diebe oder Opfer? Die verschwommenen Aufnahmen nehmen die Frage auf und richten sie an uns: Was ist Gerechtigkeit?

What is resistance?

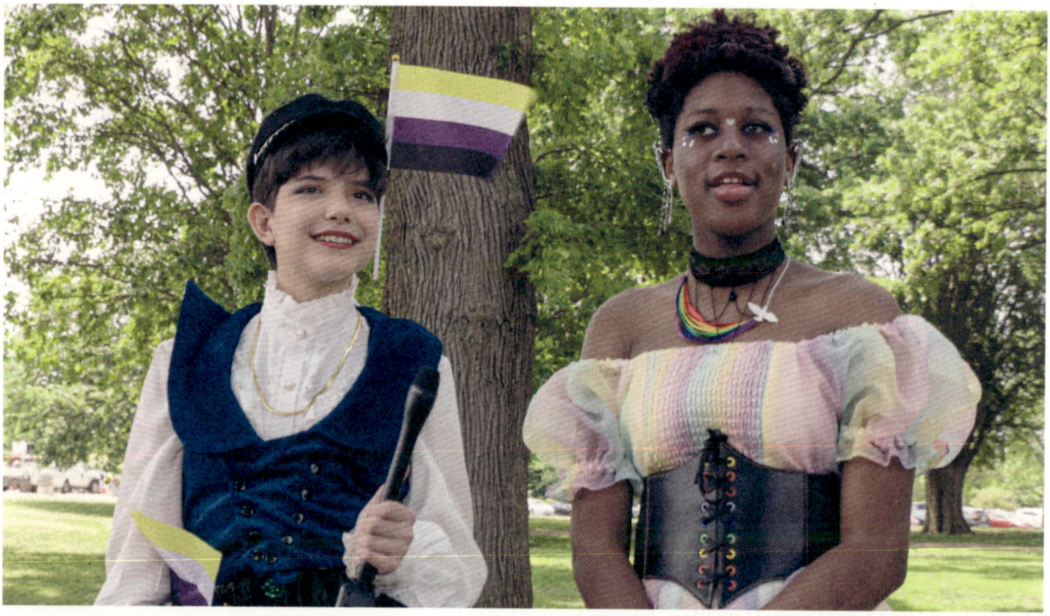

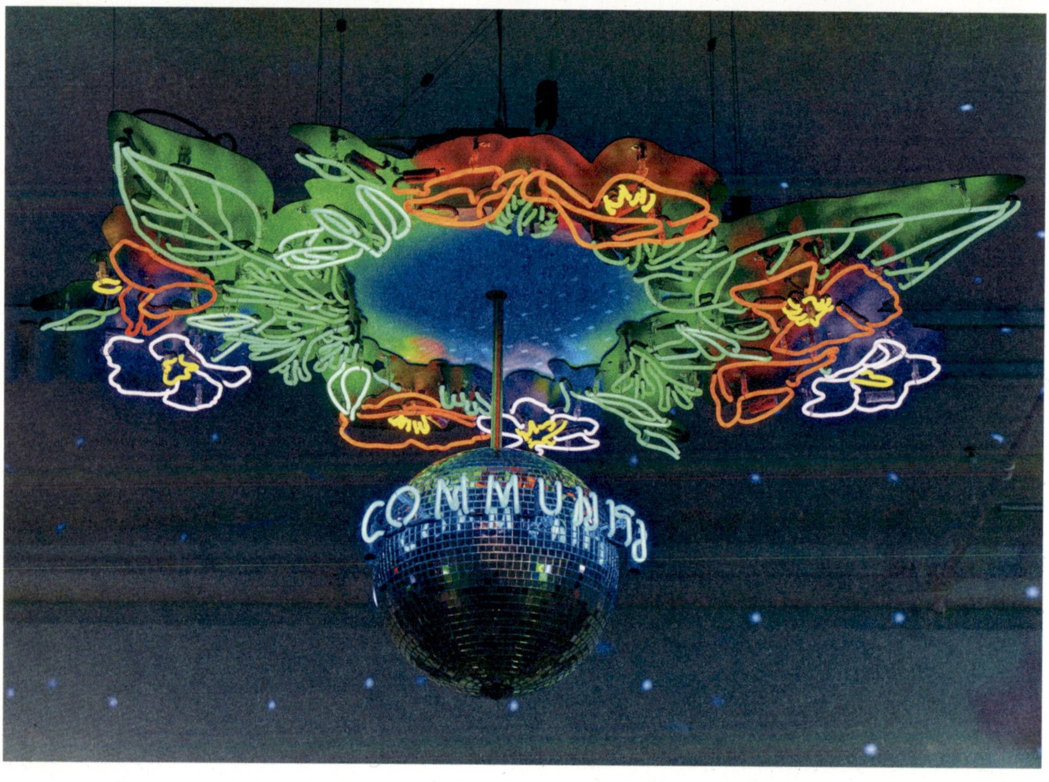

(Top) Love and Joy and Power, Trans Youth Prom, Washington, D.C., May 22, 2023

(Bottom) Deep Green and Femme Transcorporal Fantasy (Entities flow through each other, influencing and modifying each other in all sorts of ways), 2023

What do we think of when we think of resistance? Is it a protest, an unruly mob, armed backlash? Andrea Bowers sees something far more mundane and gentle as an opposition to political oppression: joy. Finding themselves at the center of a culture war, many trans and nonbinary persons, specifically kids, see their sheer existence questioned on a daily basis. In reply, lawyer and activist Chase Strangio organized a "trans prom" at the steps of the capitol in Washington, D.C. as a response to the hostile environment they face when expressing their gender at traditional proms. The strength of the event, which was documented in a film by Bowers, was in fact the simple act of coming together and celebrating each other. Inspired by the message, Bowers began creating paintings and neon signs featuring slogans of the event. While the event was specific to one community, its message is far broader; collective joy is an effective cure to our increasing loneliness in our times of rugged individualism.

Woran denken wir beim Stichwort Widerstand? Ist es Protest, eine wütende Menschenmenge, ein bewaffneter Gegenschlag? Für Andrea Bowers ist Widerstand gegen politische Unterdrückung viel alltäglicher, viel sanfter: Freude. Viele trans* und nichtbinäre Personen, besonders Jugendliche, sehen sich im Zentrum eines Kulturkampfes – ihre Existenz wird täglich infrage gestellt. Der Anwalt und Aktivist Chase Strangio lud deshalb zu einer „trans* Prom" auf den Stufen des Kapitols in Washington D.C., eine Antwort auf den feindseligen Umgang mit trans* Personen und ihrer Genderidentität bei traditionellen Abschlussbällen. Die Intensität der von Bowers im Film dokumentierten Veranstaltung bestand allein darin, dass diese jungen Menschen zusammenkamen und einander feierten. Inspiriert von dieser Botschaft, begann Bowers, Bilder und Lichtkunst mit Slogans des „trans* Proms" zu gestalten. Es war der Event einer bestimmten Community, aber die Botschaft reichte doch weit darüber hinaus: Gemeinsame Freude ist ein Mittel gegen zunehmende Einsamkeit in einer Zeit des schroffen Individualismus.

Andrea Bowers

James Bridle

What is technology? Energy running through a system. What is knowledge? Information embedded in a system. What is intelligence? The way to read and understand that system. Then what is the difference between technological and human intelligence? The system. If you look at intelligence this way, as James Bridle does, with curiosity and empathy, then the consequence of any leap in technology, like what is called Artificial Intelligence, is potentially a leap in human understanding of the world. The world is a system of nested systems of knowledge. And the measured optimism that Bridle uses to engage with the world is a much needed antidote to the instrumental pessimism propagated by the very tech elite that is creating the tools they decry. Bridle asks about human extinction and turns towards human interaction. Their approach is DIY, do it yourself, their aesthetic is practice, their project is political: a windmill to produce your own energy (see construction sketches pp. 238–247), influenced by the work of Swiss architect Walter Segal, a battery built with lemons—there is a constructive humor in the seriousness of Bridle's proposals. There are, as is the title of one of his books, many "Ways of Being."

Was ist Technologie? Energie, die durch ein System fließt. Was ist Wissen? Informationen, die in ein System eingebettet sind. Was ist Intelligenz? Die Art und Weise, dieses System zu lesen und zu verstehen. Was ist dann der Unterschied zwischen technischer und menschlicher Intelligenz? Das System. Betrachtet man Intelligenz auf diese Weise, so wie James Bridle, mit Neugier und Empathie, dann bedeutet jeder Sprung der Technologie – etwa die sogenannte Künstliche Intelligenz – potenziell auch einen Sprung im menschlichen Weltverständnis. Die Welt ist ein System aus verschachtelten Wissenssystemen. Bridles maßvoller Optimismus im Umgang mit dieser Welt ist ein dringend benötigtes Antidot gegen den instrumentellen Pessimismus, den genau die Tech-Elite verbreitet, die die von ihr beklagten Werkzeuge selbst entwickelt hat. Bridle denkt über das Aussterben der Menschheit nach – und landet bei menschlicher Kooperation. Sein Ansatz ist das eigene Tun (Do it yourself), die Ästhetik ist Praxis, das Projekt ist politisch: ein vom Schweizer Architekten Walter Segal inspiriertes Windrad, mit dem man selbst Energie erzeugt (siehe Bauskizzen, S. 238–247); eine von Zitronen gespeiste Batterie – Bridles Ideen sind bei aller Ernsthaftigkeit voll konstruktivem Humor. Es gibt, wie der Titel eines seiner Bücher sagt, eine „unfassbare Vielfalt des Seins“.

What is intelligence?

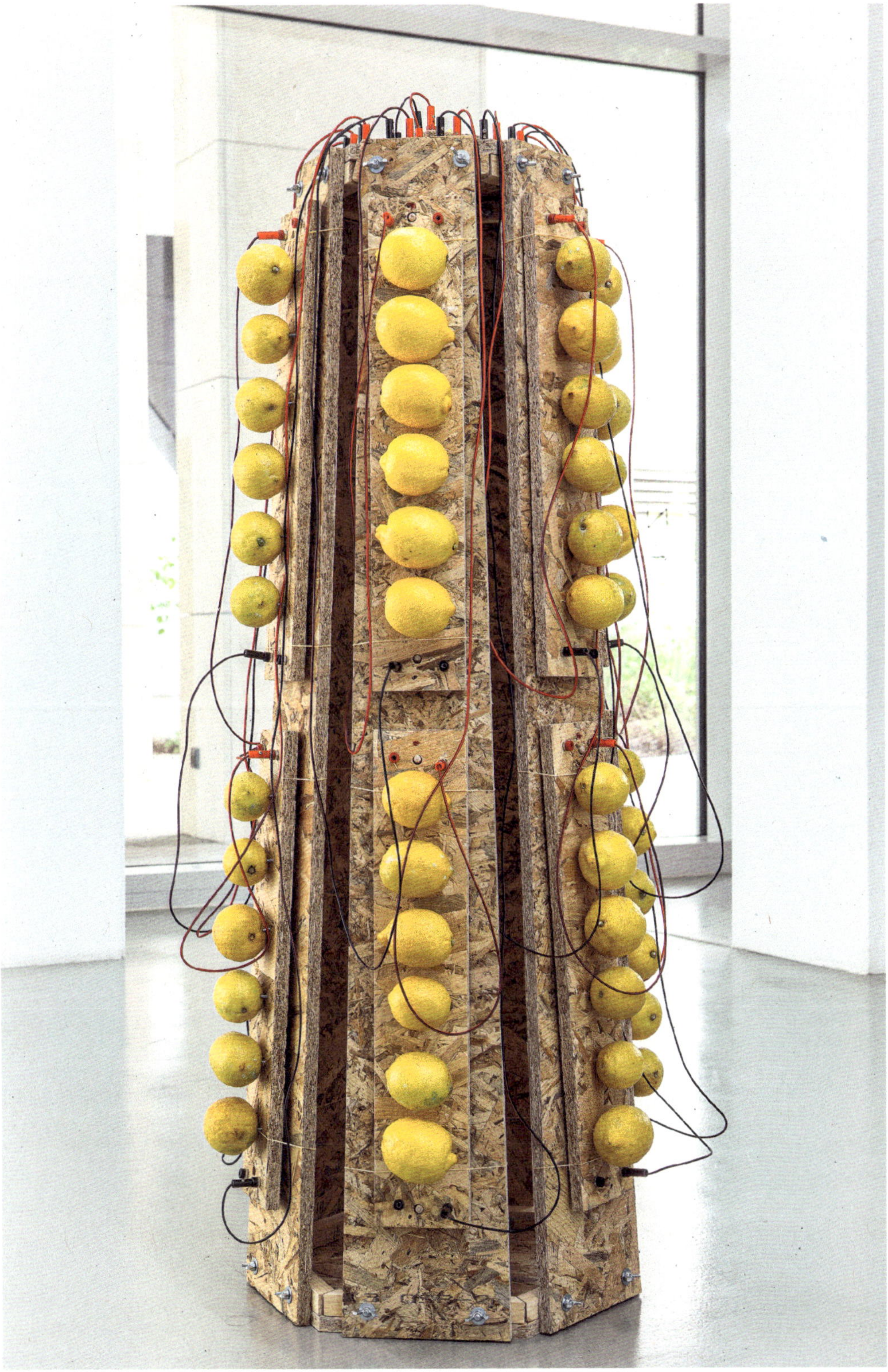

Aegina Battery, 2022

What is nuclear?

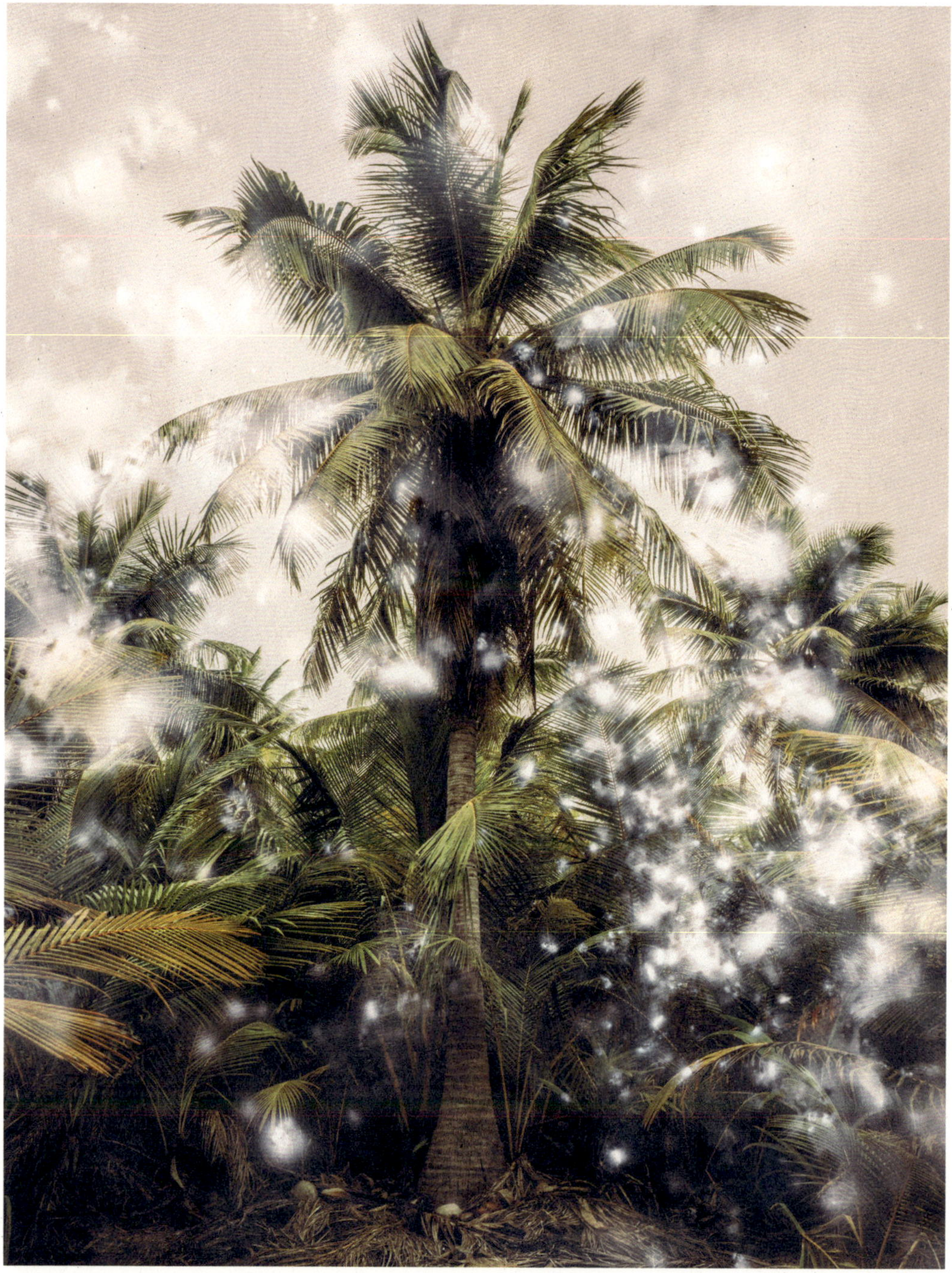

Coconut Lead Fondue – First Light, 2016

The twentieth century was lived under the shadow of the nuclear bomb, detonated August 6 and 9, 1945, killing thousands and thousands of people. The threat remained, using fear as a building block for the geopolitical order of the Cold War. The price was paid, among others, by the inhabitants of the Bikini Atoll, between 1946 and 1958 the site of 23 of the most powerful manmade explosions in history. Julian Charrière traveled to the Pacific region and studied the techno-political hubris and the post-colonial ecology. The islands had been settled by humans for approximately 3,600 years, history and memory erased. When the Cold War order came to an end in 1989, the illusion was that the nuclear threat was gone, that fear lost its grip. But it just changed shape. Fear is still with us, as is nuclear in both military and civic form. What Charrière found in the fraught relationship of industrial modernity and geography is still valid. The question remains: What is the price? And who is going to pay?

Das 20. Jahrhundert stand im Zeichen der Atombomben, die am 6. und 9. August 1945 gezündet wurden und Abertausende von Menschenleben forderten. Die Bedrohung blieb, Angst wurde zu einem Fundament der geopolitischen Ordnung des Kalten Krieges. Den Preis zahlten unter anderem die Einwohner*innen des Bikini-Atolls, wo zwischen 1946 und 1958 23 der gewaltigsten von Menschen ausgelösten Explosionen gezündet wurden. Julian Charrière reiste in den Pazifik und untersuchte die technologisch-politische Hybris und die postkoloniale Ökologie. Die Inseln waren seit etwa 3600 Jahren besiedelt, Geschichte und Gedächtnis wurden ausgelöscht. Als der Kalte Krieg 1989 endete, gaben sich viele der Illusion hin, die nukleare Gefahr sei vorbei, die Angst sei gebannt. Doch die Angst hat nur ihre Erscheinungsform geändert. Die Angst begleitet uns, wie auch die Atomkraft in ihrer militärischen und zivilen Form. Charrières Erkenntnisse zum Spannungsverhältnis zwischen industrieller Moderne und Geografie haben nicht an Aktualität verloren. Die Frage bleibt: Wie hoch ist der Preis? Und wer wird ihn bezahlen?

Julian Charrière

Sam Chermayeff Office

Survival Kitchen, 2024

A kitchen is universality in practice: the specific tool, the specific need is concrete and yet connected to a larger story. What is food in the human struggle for survival, day by day, for an aeon or more, 1,334,240,000 years, the life cycle of the world according to Buddhist thinking? What is the role of time in producing food, growing, hunting, harvesting? What is the time to produce a meal? What is knowledge of time and produce? What are the specific tools today and tomorrow, in this era of invasive species, changing palates, and speculative foodscapes? What, in this context, is a knife—and how is it different from, say, a pen? In other words: What can we learn, as a whole, from what is created apart? Sam Chermayeff Office explores these questions by confidently deconstructing the concept and model of the kitchen, which has become a hallmark of consumerist modernity and late-capitalist bourgeoisie—in this age of extinction, the kitchen becomes a place of knowledge and experimentation, a meditative space, time is the medium and community is the ultimate goal.

Eine Küche ist praktizierte Universalität. Das spezifische Werkzeug, das spezifische Bedürfnis ist konkret und doch Teil einer größeren Geschichte: Wie findet der Mensch die Nahrung zum Überleben, Tag für Tag, seit einem Äon oder mehr im nach buddhistischer Vorstellung 1 334 240 000 Jahre umspannenden Lebenszyklus der Welt? Was ist die Rolle von Zeit, das Wachsen, das Jagen, das Ernten? Wie lange dauert es, eine Mahlzeit herzustellen? Was muss man über Zeit und Zutaten wissen? Was sind die spezifischen Werkzeuge von heute und morgen in diesem Zeitalter der invasiven Arten, neuen Geschmäcker, spekulativen Gastronomie? Was ist, so gesehen, ein Messer; und was unterscheidet es von einem Stift? Mit anderen Worten: Was können wir für das Ganze lernen, wenn wir nur einen Teil betrachten? Sam Chermayeff Office geht diesen Fragen nach, indem das Konzept und Modell der Küche als Zeichen der konsumistischen Moderne und des spätkapitalistischen Bürgertums selbstbewusst dekonstruiert wird. Im Zeitalter des Artensterbens wird die Küche zu einem Ort des Wissens und des Experimentierens, zu einem meditativen Raum. Zeit ist das Medium und Gemeinschaft das eigentliche Ziel.

What is time?

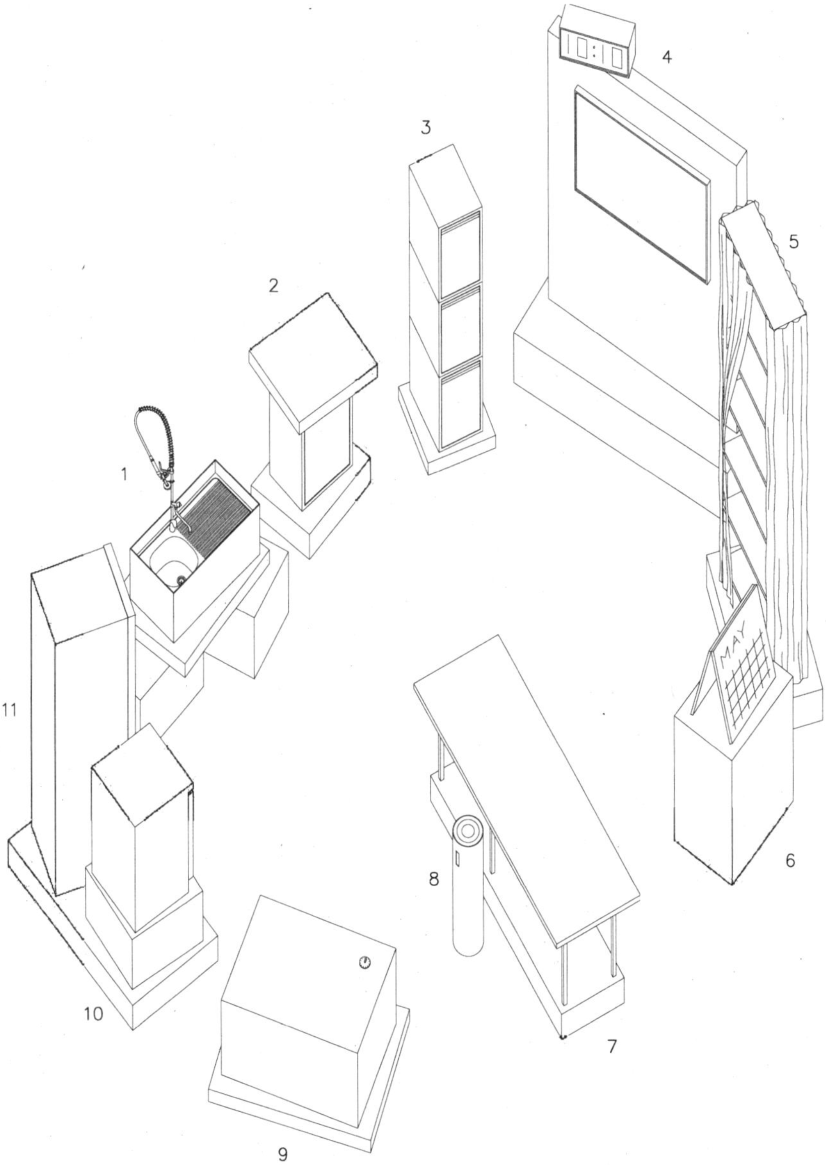

1. Sink
2. Bio Trash, Cutting Board
3. Trash, recycling
4. TV wall, Clock
5. Fermentation Shelf
6. Calendar
7. Counter
8. Induction
9. Oven, Timer
10. Freezer
11. Fridge

What is beauty?

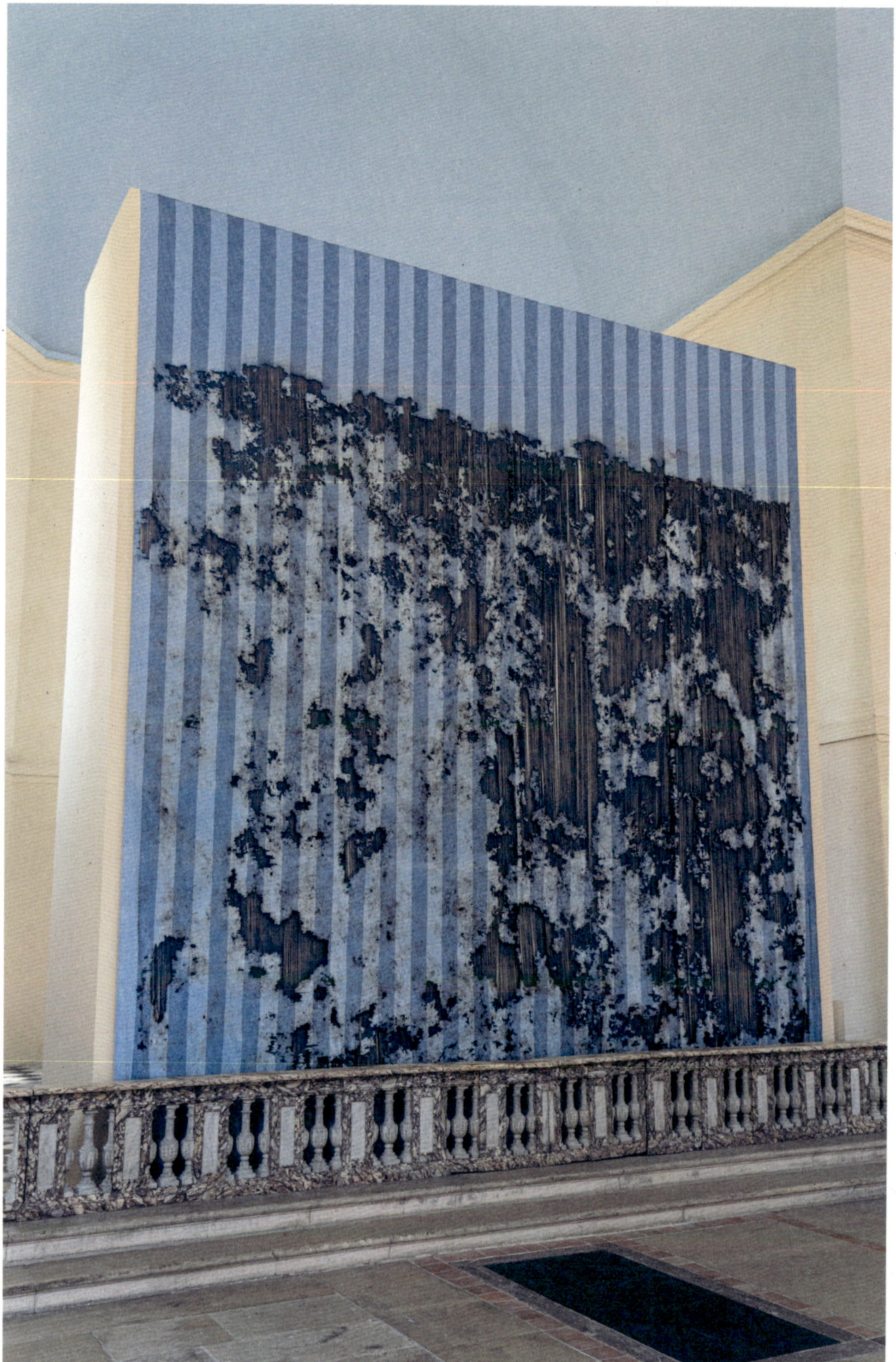

Underground (Le Val St Germain), 2022

Edith Dekyndt

And connected to this question: What is the passing of beauty, what is futility, vanity, decay, what is the passing of time in one's life and what is the connection to the bigger space, call it culture, civilization, the universe? Edith Dekyndt starts with the concrete, the material, in nature, with craft—and takes her works to the realm of the sublime, passing by the mundane. This is provocative in itself, because it raises the question of how beauty relates to concepts like justice, fairness, even democracy. Dekyndt's light installation Easy Come, Easy Go recreates the movements of a couple dancing a slow foxtrot—the specific reference is to Le Grand Café in Saint-Nazaire in France, in different times a place for transatlantic travelers to meet and part, today a center for contemporary art. What are memories, in this context, what is the personal experience in the larger space of history? Are emotions eternal? What remains? In her series Underground, she addresses this question head-on: she buries a piece of fabric for months in the soil, showing the reality, but also the creative potential of decay.

Und damit verbunden die Frage: Was ist das Vergehen von Schönheit, was ist Vergänglichkeit, Eitelkeit, Verfall, was ist das Verrinnen der Zeit in unserem Leben, und wie ist das Verhältnis der Zeit zum großen Ganzen, nennen wir es Kultur, Zivilisation, Universum? Edith Dekyndt beginnt mit dem Konkreten, dem Materiellen, der Natur, mit dem Handwerklichen und führt ihre Arbeiten vom Alltäglichen in den Bereich des Erhabenen. Das ist schon provokant genug, denn es wirft die Frage auf, wie Schönheit mit Konzepten wie Gerechtigkeit, Fairness, ja sogar Demokratie verknüpft ist. Dekyndts Lichtinstallation Easy Come, Easy Go zeichnet die Bewegungen eines tanzenden Paares bei einem langsamen Foxtrott nach – ein direkter Bezug auf das Grand Café im französischen Saint-Nazaire, einst Ort der Begegnung und des Abschieds für Transatlantikreisende, heute ein Zentrum für zeitgenössische Kunst. Was sind Erinnerungen vor diesem Hintergrund, was ist die persönliche Erfahrung im größeren geschichtlichen Kontext? Halten Gefühle ewig? Was bleibt? Diesen Fragen spürt Dekyndt auch in ihrer Serie Underground nach: Sie vergräbt ein Stück Stoff und lässt es monatelang in der Erde. Sie zeigt die Wirklichkeit, sie zeigt das kreative Potenzial des Verfalls.

Who owns what? First, we thought the internet was for free; then we realized that we were the product. Facebook was not free, Twitter was not free, we were not free. The idealism of the early days of the digital yonder is long gone. What remains is cold calculation and doses of disgust. But is this the right attitude? In the age of AI, can we afford to turn away and let corporations rule this emerging new world? Simon Denny is a pioneer of everything digital—and in his art he has oscillated between the optimism for transformation and a critique of the power structures underlying all technology. He is driven by a politically infused curiosity, trying to understand—he is a realist of the digital, in some sense, and the paintings from the Metaverse series showcase what that means: landscape paintings of the metaverse, in the manner of the landscape paintings of the last industrial revolution—making the takeover by capital evident in his lack of commentary. The harsh reality of the "immaterial" digital world becomes clear in the second set of works: Transmin semi-autonomous rock breaking boomer HD-100 RockLogic Extractor pop display and Digital Globe ESRI Earth observation WorldView-4 satellite Extractor pop display are works about rare earths and the further exploitation of the planet we inhabit for the time being.

Wem gehört was? Zuerst dachten wir, das Internet wäre umsonst; doch dann merkten wir, dass wir das Produkt waren. Facebook war nicht umsonst, Twitter war nicht umsonst, wir waren nicht umsonst. Der anfängliche Idealismus der digitalen Welt ist längst verflogen. Geblieben sind kaltes Kalkül und ein gewisses Maß an Abscheu. Aber ist das die richtige Haltung? Dürfen wir im Zeitalter der KI einfach wegschauen und den Konzernen die Herrschaft über diese neue Welt überlassen? Simon Denny ist ein Pionier des Digitalen in jeder Form, und seine Kunst oszilliert zwischen einem optimistischen Blick auf den Wandel und Kritik an den Machtstrukturen, die jeder Technologie zugrunde liegen. Getrieben von politisch motivierter Neugier, bemüht er sich zu verstehen – er ist ein Realist des Digitalen, und was das bedeutet, veranschaulichen die Bilder seiner Metaverse-Serie: Es ist Landschaftsmalerei des Metaverse, angelehnt an die Landschaftsmalerei der letzten industriellen Revolution, und gerade durch die Abwesenheit von Kommentaren offenbaren sie die Machtübernahme des Kapitals. Die brutale Wirklichkeit der „immateriellen" digitalen Welt zeigt sich in der zweiten Werkgruppe: In Transmin semi-autonomous rock breaking boomer HD-100 RockLogic Extractor pop display und Digital Globe ESRI Earth observation WorldView-4 satellite Extractor pop display geht es um seltene Erden und die fortdauernde Ausbeutung des Planeten, den wir zurzeit bewohnen.

Simon Denny

What is digital?

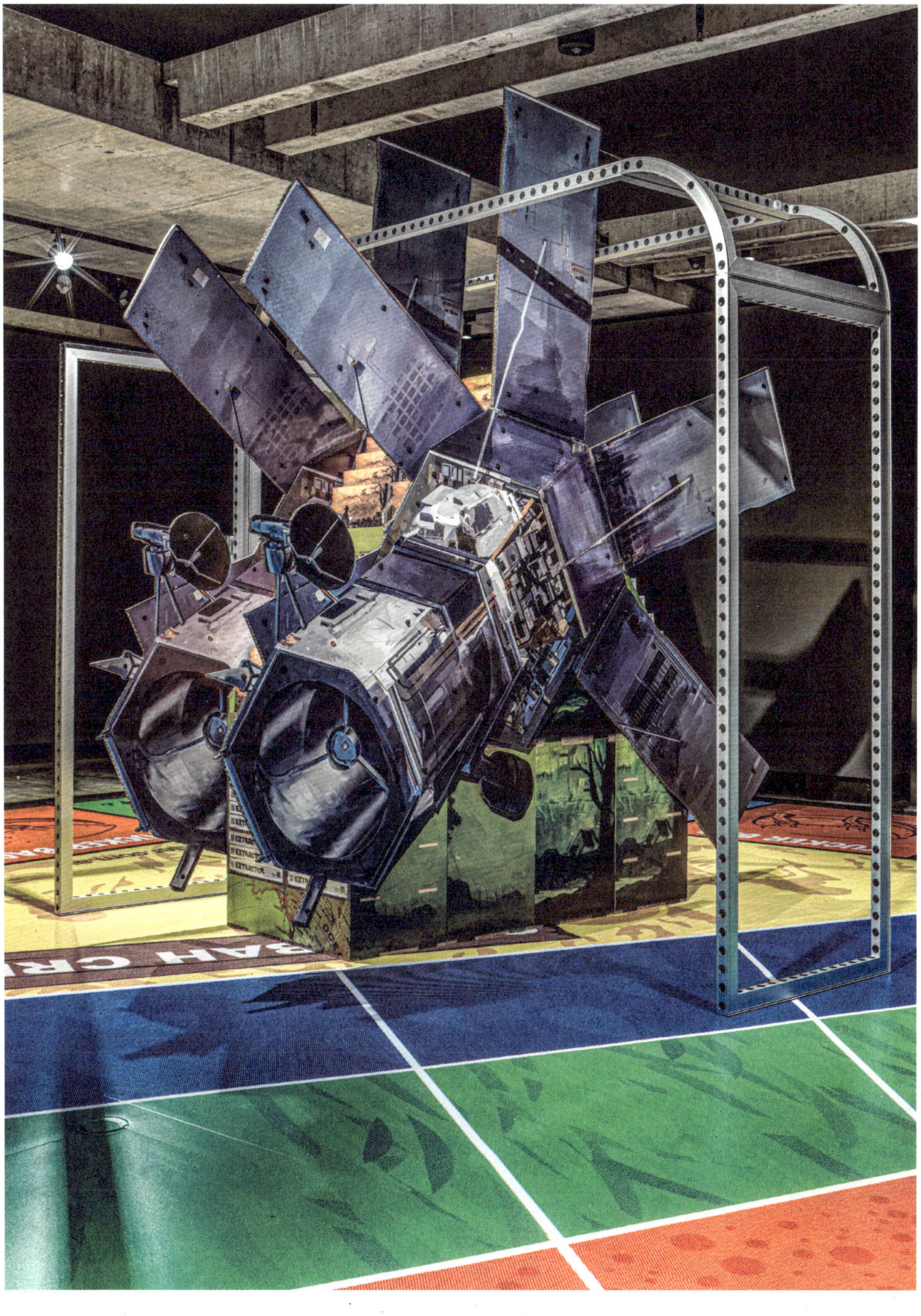

Digital Globe ESRI Earth observation World-View-4 satellite Extractor pop display, 2019

What is the machine?

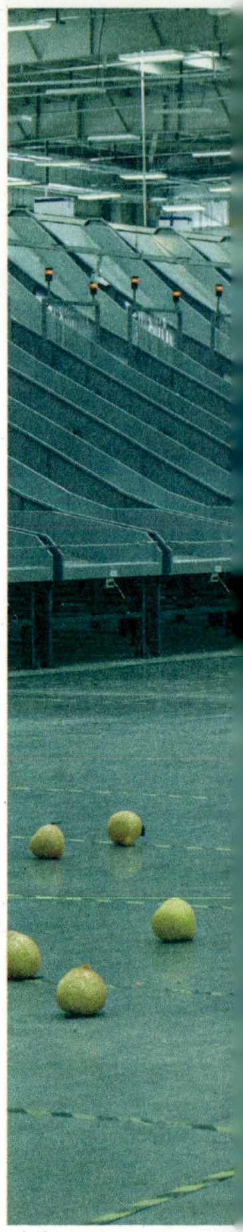

Cao Fei

And what will our common future be, inhabiting the same space, the same planet? Cao Fei does not look for answers in her video work *Asia One*; she takes the proposition of our technologized future as the premise for a sensual and stylized exploration of survival and cohabitation. On different time levels, her film shows an automized sorting facility in the Chinese city of Kunshan and the probing and budding relationship between humans and machines—first there is a distance, but once they align to rebel against the efficiency, predictability, and order of the system, something like solidarity emerges. Questions arise: What is emotion in the age of high-speed capitalism? How is our inner life tied up in the logic of what we have created, the machine? Do longing and loneliness have a specific form connected to the dominating technologies? Once more: What are the limits of growth? And finally: Is dystopia the new realism?

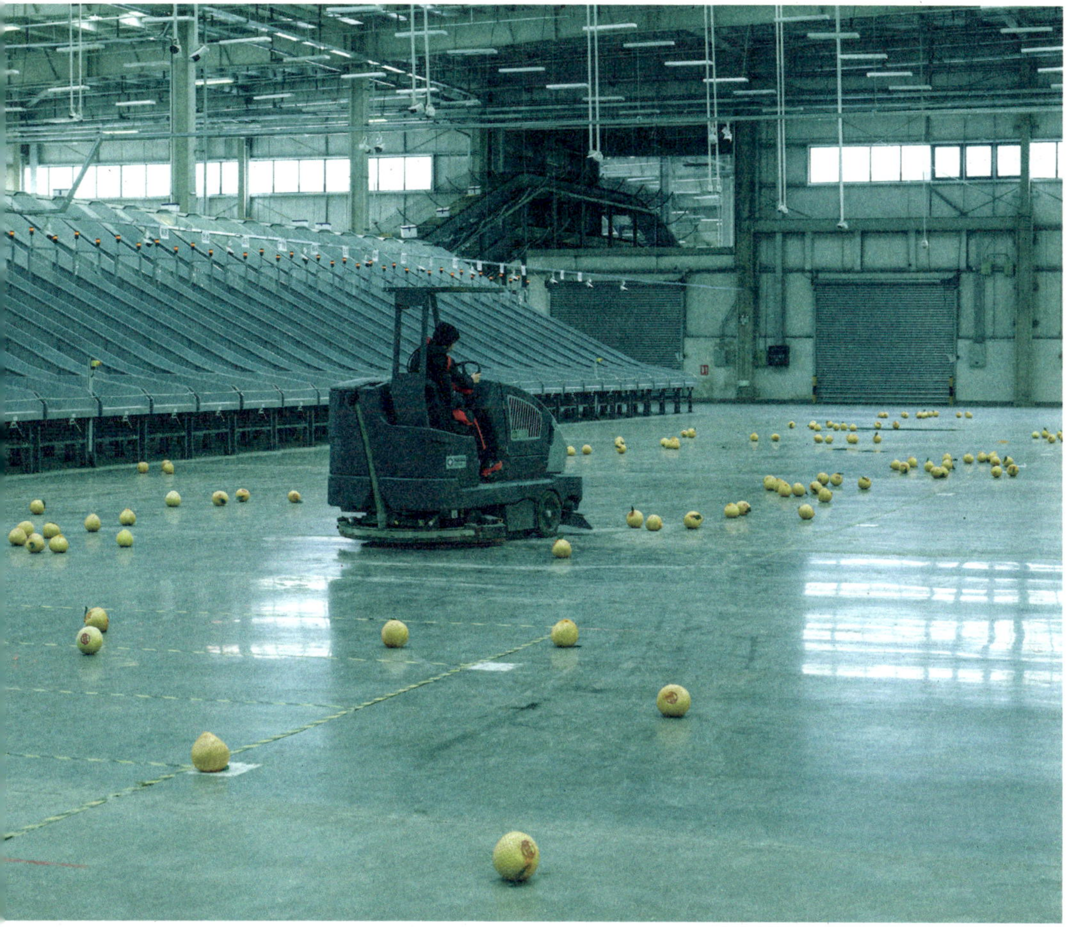

Asia One, 2018

Und wie wird unsere gemeinsame Zukunft aussehen, die wir in demselben Raum, auf demselben Planeten erleben? Cao Fei sucht nicht nach Antworten in ihrer Videoarbeit *Asia One*, unsere technologisierte Zukunft wird für sie zum Ausgangspunkt einer sinnlichen, stilisierten Erkundung von Überleben und Zusammenleben. Auf verschiedenen Zeitebenen zeigt ihr Film eine vollautomatische Sortieranlage in der chinesischen Stadt Kunshan und die vorsichtig tastende Annäherung zwischen Mensch und Maschine – zuerst ist da Distanz, dann finden sie sich im gemeinsamen Aufbegehren gegen Effizienz, Berechenbarkeit und die Ordnung des Systems. Es entsteht eine Art von Solidarität. Fragen stellen sich: Was sind Gefühle im Zeitalter des Hochgeschwindigkeitskapitalismus? Wie verhält sich unser Innenleben zur Logik dessen, was wir geschaffen haben, der Maschine? Haben Sehnsucht und Einsamkeit eine spezifische Gestalt, die mit den herrschenden Technologien zusammenhängt? Noch einmal: Wo liegen die Grenzen des Wachstums? Und schließlich: Ist Dystopie der neue Realismus?

What are the odds?

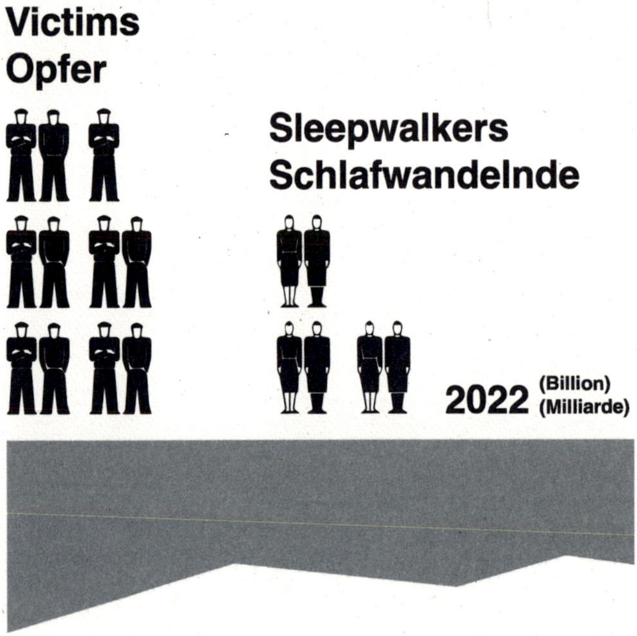

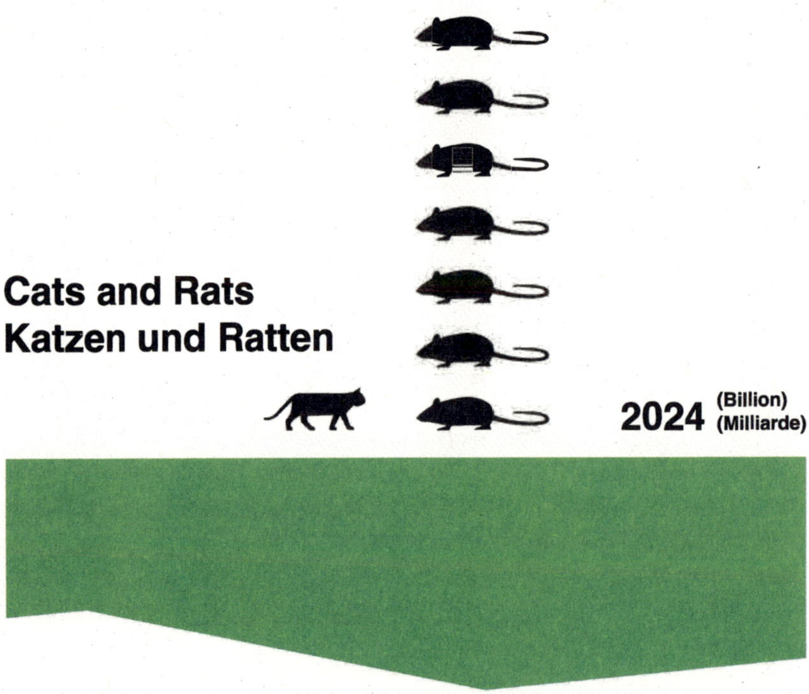

Ship Building on the High Seas, 2024

Every diagram, every curve can be viewed through any ideological lens. The idea of a universal truth is merely a relic from a more optimistic past. As early as the 1920s, socialist thinkers and artists like Otto Neurath developed a visual pedagogical method in Red Vienna to communicate statistics, complex data and facts using visual symbols. Later, in collaboration with the artist and graphic designer Gerd Arntz, this was expanded into an international "visual language" called ISOTYPE—a precursor to the pictograms we are familiar with today from traffic signs or toilet doors. Liam Gillick uses the ISOTYPEs developed by Gerd Arntz, building on the tradition developed in the twentieth century and playfully assuming that we can get to grips with the unattainable in the twenty-first century: statistics seem to replace the ancient oracle and give history a different twist. At the same time, he emphasizes the logic and creative quality of symbolic systems. What stories can be told about CO_2 emissions, unemployment, or the migration of people? By naming the charts in a peculiar way, Gillick illustrates the deeply personal nature of our worldview and transforms the objective numbers into topics of discussion that are submerged in a graphic sea of universal truths—or not.

Jedes Diagramm, jede Kurvenfunktion lässt sich durch eine ideologische Brille betrachten – das Konzept einer universellen Wahrheit scheint wie das Relikt einer optimistischeren Vergangenheit. Im so genannten Roten Wien erarbeiteten sozialistische Denker und Künstler wie Otto Neurath ab den 1920er-Jahren eine bildpädagogische Methode, um mit visuellen Symbolen Statistiken, komplexe Daten und Fakten zu vermitteln. Später wurde dies in Zusammenarbeit mit dem Künstler und Grafiker Gerd Arntz zu einer internationalen „Bildsprache" namens ISOTYPE erweitert – ein Vorläufer der Piktogramme, die uns heute von Verkehrsschildern oder Toilettentüren vertraut sind. Liam Gillick verwendet die von Gerd Arntz entwickelten Isotypen und knüpft an diese an und geht für das 21. Jahrhundert spielerisch von der Annahme aus, wir könnten das begreifen, was nicht greifbar ist: Statistiken scheinen bei ihm das antike Orakel abzulösen und der Geschichte eine andere Wendung zu geben. Er unterstreicht zugleich die Logik und gestalterische Qualität von Symbolsystemen. Welche Geschichten kann man über CO_2-Emissionen, Arbeitslosigkeit oder die Migration von Menschen erzählen? Durch die eigenwilligen Namen, die Gillick seinen Diagrammen gibt, veranschaulicht er den zutiefst persönlichen Charakter unserer Weltsicht und verwandelt die objektiven Zahlen in Themen, die debattiert werden können, die in einem grafischen Meer universeller Wahrheiten untergehen – oder auch nicht.

Liam Gillick

What is colonialism?

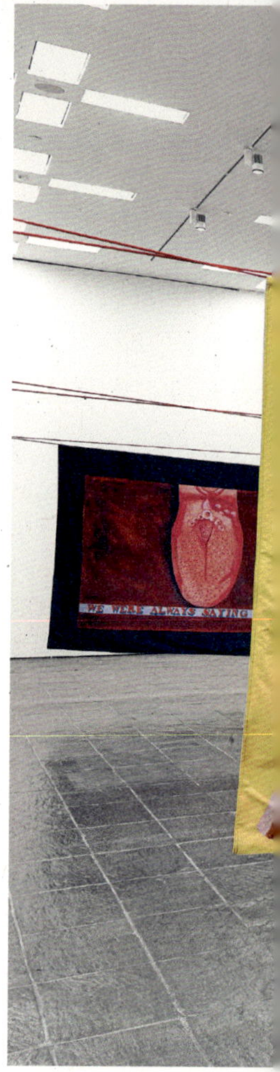

Lubaina Himid

Lubaina Himid was born in Zanzibar to an English mother and an African father, and colonialism is present like an evil mirror throughout her work. Starting in the 1980s, when she was a member of the British Black Arts Movement, with her colorful flags from her series *How Do You Spell Change*, Himid addresses the underlying economic conditions which made colonialism—and as a consequence capitalism—possible. The global maritime trade which started and sustained the system of exploitation is a recurrent theme: the flags, seafarer symbols, resemble *kanga*, a piece of multi-use clothing that is traditionally worn by women in East Africa. Kanga are defined by their composition: a border, a motif in the middle, and a proverb. Since the 1880s, they are identified with Swahili culture and a history of national pride and survival. In a lot of ways, the kanga itself is a symbol for the hybrid nature of colonialism, combining Swahili, Arab, Indian, and European motifs and inspiration—a mixed heritage with a message both defiant and personal: Could there be an endless ocean?

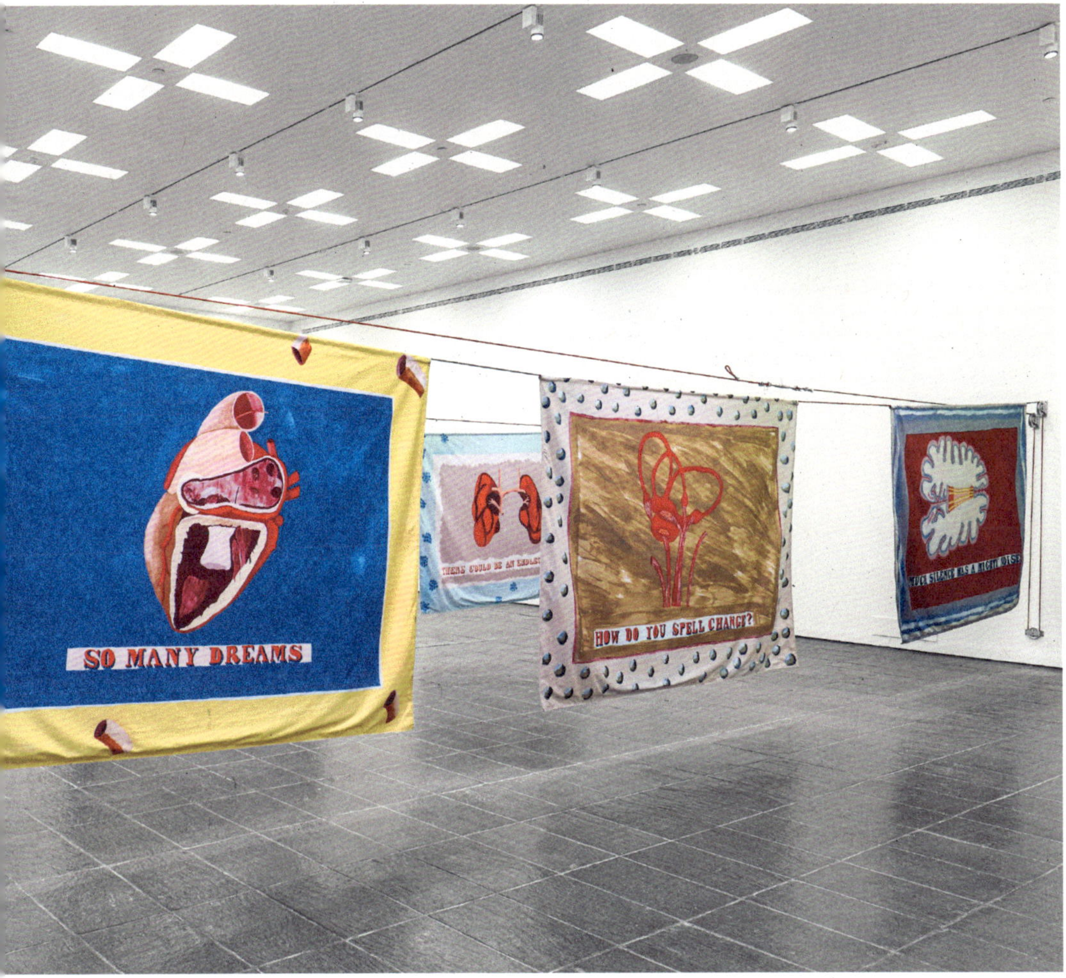

How Do You Spell Change, 2018

Lubaina Himid wurde in Sansibar geboren, mit englischer Mutter und afrikanischem Vater, und der Kolonialismus ist gegenwärtig in ihrem Werk wie ein böser Spiegel. Seit den 1980er-Jahren, sie war damals Teil des British Black Arts Movement, thematisiert Himid die ökonomischen Bedingungen, die den Kolonialismus – und damit auch den Kapitalismus – erst möglich gemacht haben. Ein wiederkehrendes Thema ist der globale Seehandel, der das System der Ausbeutung begründete und aufrechterhielt: Die bunten Flaggen der Werkserie *How Do You Spell Change* sind Wahrzeichen der Seefahrt, sie ähneln aber auch dem *Kanga*, einem von ostafrikanischen Frauen getragenen traditionellen Kleidungsstück. Mit ihrer Bordüre, dem mittig angeordneten Motiv und einem Sprichwort werden Kanga seit den 1880er-Jahren mit der Swahili-Kultur sowie einer Geschichte des Nationalstolzes und des Überlebens verbunden. In vielerlei Hinsicht sind sie selbst Symbol der hybriden Natur des Kolonialismus, indem sie swahilische, arabische, indische und europäische Einflüsse verbinden – ein kompliziertes Erbe mit einer ebenso widerständigen wie persönlichen Botschaft: Gibt es einen endlosen Ozean?

What is identity?

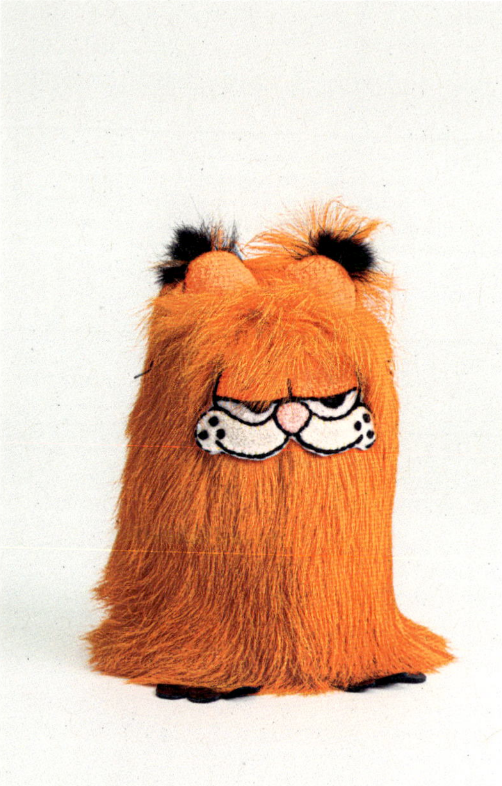

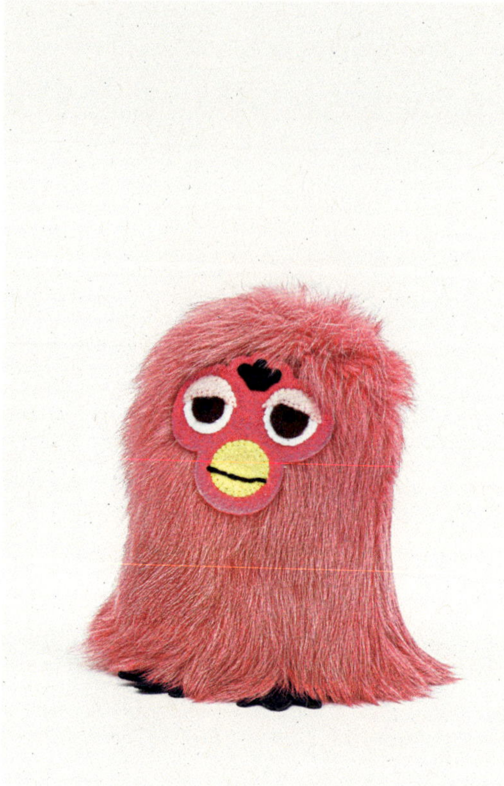

Ookpiks, 2023

Kablusiak

What sort of history does art convey to us? In the case of Inuit art, it is supposed to tell Western audiences a story of trauma that starts and ends with colonialism, a relic of the past, something to put in a vitrine. Recognizing that this form is inherently a concept of white subjectivity, Inuvialuk artist Kablusiak tries to play with the boundaries of what is and is not considered Inuit art. Part of their sculptures shown here is the history of the Ookpik figures, which saw a meteoric rise in popularity after their inception and selection as a mascot for Canada in the Philadelphia Trade Fair in 1963. Being invented by Jeannie Snowball, an Inuit artist from Kuujjuaq, they put the idea of Inuit co-operatives on the map, however, the usage as a national icon also raised questions of why the Ookpiks were such a commercial success—was it just another case of white subjectivity projecting itself onto something it fetishizes as being "Inuit"? Kablusiak combines these toy dolls with equivalent symbols of Western pop culture—Garfield, Furbys and the like. The effect is a familiarity for Western audiences, while also pointing to the Western experiences Inuit people grow up with today. The Ookpiks are escaping the fate of vitrines, fulfilling their purpose as cuddly items of joy, open for all visitors to experience, reminding us that Inuit lives are still very much a part of our current day.

Welche Art von Geschichten erzählt uns die Kunst? Im Fall der Inuit erwartet das westliche Publikum die Geschichte eines Traumas, das mit dem Kolonialismus beginnt und endet, ein Relikt der Vergangenheit, etwas, das man in Schaukästen ausstellt. Die Inuvialuk-Künstlerin Kablusiak erkennt hierin einen Ausdruck weißer Subjektivität und spielt mit den Grenzen dessen, was als Inuit-Kunst verstanden wird. Einige der hier gezeigten Plastiken erinnern an die Geschichte der Ookpik-Figuren, die 1963 bei der Weltausstellung in Philadelphia als Maskottchen Kanadas dienten und zum Kassenschlager wurden. Dank ihrer Erfinderin, der Inuit-Künstlerin Jeannie Snowball aus Kuujjuaq, rückten Inuit-Kooperativen ins Bewusstsein der Öffentlichkeit; doch warf die Nutzung der Ookpiks als Nationalemblem auch die Frage nach dem Grund für ihren kommerziellen Erfolg auf – projizierte sich wieder nur weiße Subjektivität auf etwas, das sie als „Inuit" fetischisierte? Kablusiak kombiniert die Kuscheltiere mit bekannten Ikonen der westlichen Popkultur wie dem Comic-Kater Garfield oder dem elektronischen Plüschtier Furby. Sie wirken auf das Publikum vertraut und thematisieren zugleich die westlichen Einflüsse, denen Inuit heute aufwachsen. Die Ookpiks entkommen dem Schicksal der Vitrinen und erfüllen ihren Zweck als plüschige Gegenstände zum Anfassen, die für die Besucher*innen zugänglich sind und uns daran erinnern, dass das Leben der Inuit immer noch ein Teil unserer Gegenwart ist.

What are borders?

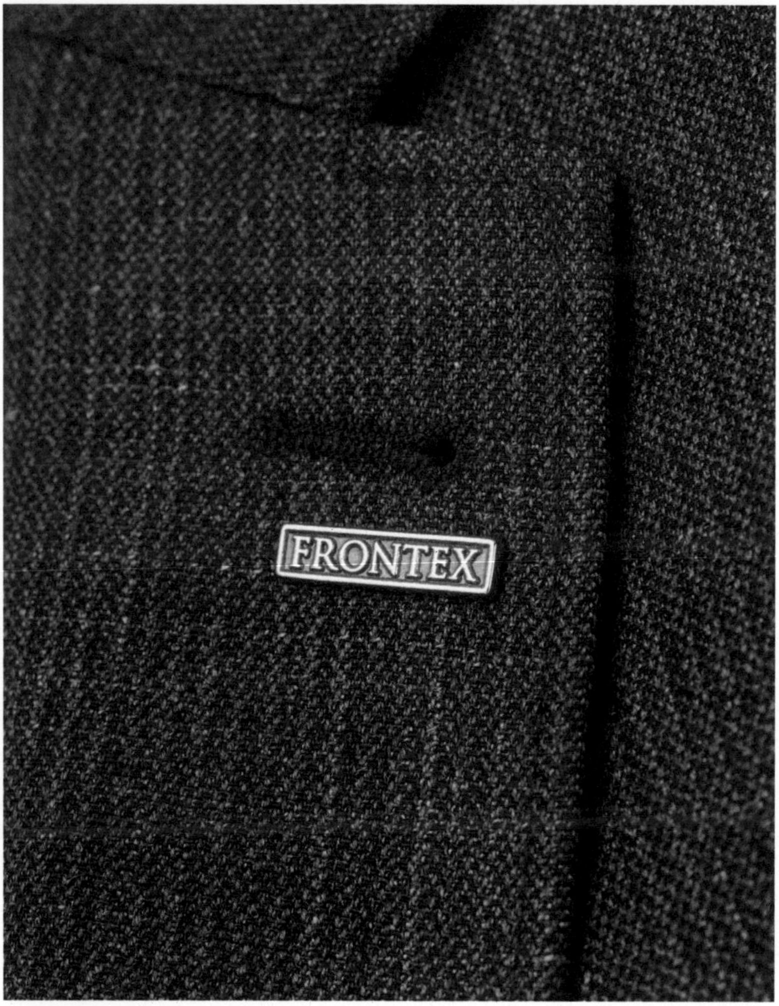

Frontex, 2009

Leon Kahane

Or, in other words, what is power? As Europe turns itself into a fortress, the values that helped create Europe are undermined: What is the Enlightenment, if Europe allows thousands and thousands and thousands to drown, turning the Mediterranean into a mass grave? The twenty-first century will be the century of migration—and Leon Kahane's photo series Frontex is a deep analysis of the power structures that rich countries are preparing. His images from the headquarters of Frontex in Warsaw, the European Border and Coast Guard Agency, are free of pathos or moral. His view is detached, documentary, distant: a bouquet of flowers, surveillance cameras, the empty rooms, architecture without humans. It is here that decisions are taken that affect millions of people on the move. Kahane took his pictures in 2009, before the expansion of the operation of Frontex and documented scandals like illegal pushbacks. The images are historic in that sense; they point towards an even more cruel future. What has become of this "management" of the European borders is a militarization against humanity.

Oder mit anderen Worten, was ist Macht? Indem sich Europa in eine Festung verwandelt, werden die Werte untergraben, die zur Schaffung Europas beigetragen haben: Was bedeutet die Aufklärung noch, wenn Europa es zulässt, dass Tausende und Abertausende ertrinken und das Mittelmeer zum Massengrab wird? Das 21. Jahrhundert wird das Jahrhundert der Migration sein – und Leon Kahane liefert in seiner Fotoserie Frontex eine tiefgründige Analyse der Machtstrukturen, die reiche Länder derzeit dafür aufbauen. Seine Bilder aus dem Warschauer Hauptquartier der Europäischen Agentur für Grenz- und Küstenwache, kurz Frontex, sind frei von Pathos und Moral. Sein Blick ist distanziert, dokumentarisch, kühl: ein Blumenstrauß, Überwachungskameras, leere Räume, Architektur ohne Menschen. Hier fallen Entscheidungen, die Millionen Menschen auf der Flucht betreffen. Kahanes Fotografien entstanden 2009, vor der Ausweitung der Frontex-Einsätze und der dokumentierten Menschenrechtsverletzungen wie illegale Pushbacks. Sie sind damit historisch; sie weisen in eine noch brutalere Zukunft. Die „Bewachung" der EU-Grenzen ist zur Aufrüstung gegen Menschlichkeit geworden.

What is global?

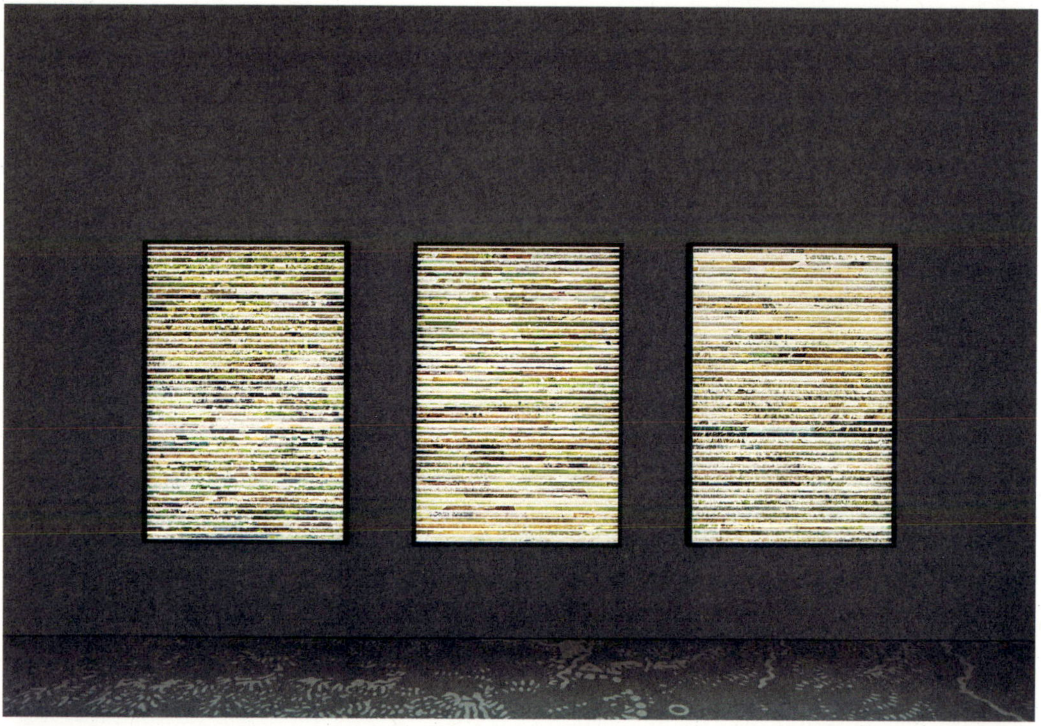

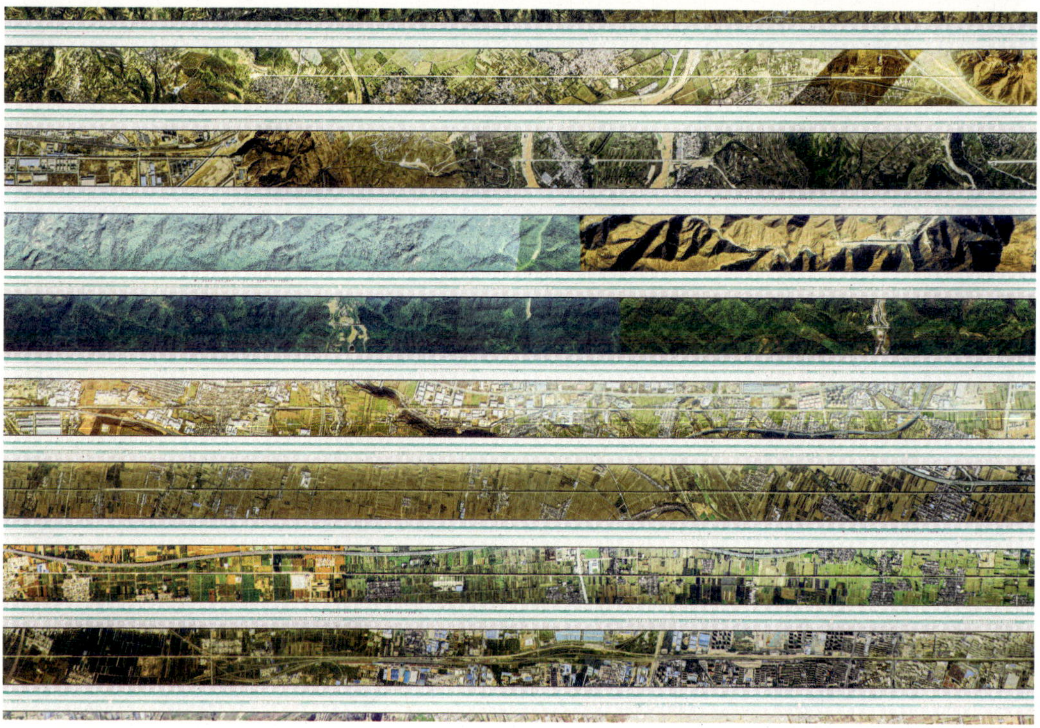

Westbound – 190621, 2020

Seen from above, geopolitics is but a series of images, showing thousands of kilometers—9,840 kilometers, to be precise—the train tracks between the cities of Zhengzhou and Hamburg, the ancient silk road, brought back into the spotlight with the rapid ascent of China and the Chinese century. Looked at more closely, geopolitics is a series of crimes committed in the name of globalism or nationalism: in the case of Paul Kolling's Westbound – 190621 the genocidal persecution of the Uyghurs, a Muslim minority in China. Kolling collected 320 meters of images on 35-millimeter film, produced in a mix of analog and digital techniques. He produced the images by placing a tracking device onto a train, using part of the infrastructure of China's Belt and Road infrastructure, exposing the injustice that comes with economic progress. Kolling, whose work often revolves around the potential and perils of the most advanced digital technologies, like Blockchain, uses "cartography as a critical form of resistance." What emerges in the twenty-first century is the conflict between the global: the Earth as governed by humans, and the planetary: the Earth seen as a system of human and non-human nature, interconnected and interdependent.

Von oben betrachtet, ist Geopolitik nichts als eine Reihe von Bildern – Tausende Kilometer, genau genommen 9840 Kilometer, die ganze Länge der Bahnstrecke zwischen Zhengzhou und Hamburg entlang der antiken Seidenstraße, die mit dem rasanten Aufstieg Chinas wieder in den Fokus rückt. Bei genauerem Hinsehen erweist sich Geopolitik jedoch als eine Reihe von Verbrechen, begangen im Namen von Globalismus oder Nationalismus: Paul Kollings Werk Westbound – 190621 zeigt, fast zufällig, die genozidale Verfolgung der muslimischen Minderheit der Uiguren in China. Die Aufnahmen sind aneinandergereiht 320 Meter lang, aufgenommen auf 35-mm-Film, verarbeitet mithilfe analoger und digitaler Technologien. Kollling platzierte dazu einen Peilsender an einen Zug und nutzte einen Teil der Infrastruktur der Neuen Seidenstraße, um Ungerechtigkeiten aufzuzeigen, die mit wirtschaftlichem Fortschritt einhergehen. Kollings Arbeit kreist häufig um das Potenzial und die Gefahren fortschrittlicher digitaler Technologien wie der Blockchain, er nutzt die „Kartografie als eine kritische Form des Widerstands", wie er sagt. Im 21. Jahrhundert verschärft sich der Konflikt zwischen dem globalen und dem planetaren Denken – zwischen der Vorstellung der Erde als von Menschen beherrscht und der Einsicht, dass die Erde ein System menschlicher und nichtmenschlicher Naturen ist, verbunden und voneinander abhängig.

Paul Kolling

What are we looking for?

Sharon Lockhart

There is a group of people searching a beach at dusk on the Swedish island of Gotland, in the center of the Baltic Sea: What are they looking for? Do they know what they are looking for? Do they need to know? Or is it enough to start looking, to look together? As their lights move across the stones and the sky above slowly darkens to reveal the illumination of the stars and satellites, how do we define the meaning of their actions? Lockhart's work confronts us with some of the fundamental questions of this age of uncertainty. Through her subtle, yet precise, choreography, set against the shifting light and night sky, she explores a universal condition—the finitude of life—under the premises of our times of climate collapse and mass extinction. She combines the celestial—an eternal riddle—with the physical, so near, so concrete, so treacherous. What can we know, asked German philosopher Immanuel Kant, what can we hope for? Lockhart's answer is ambiguous: there is very little we can know since the Enlightenment has run out of steam; there is still hope, but not where you would think you can find it. Hope is in the act of doing things. It is in the search itself, the communal effort to investigate the world that surrounds us, again and again, for the remainder of time.

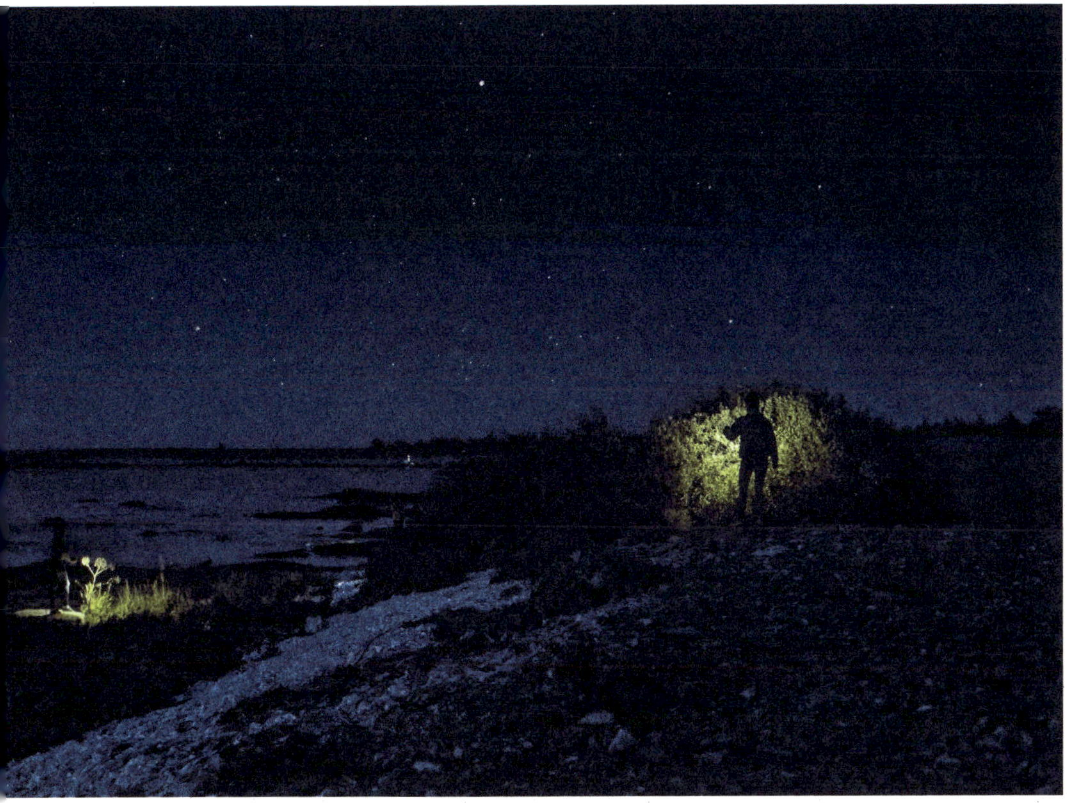

Eventide, 2022

Eine Gruppe von Menschen in der Abenddämmerung am Strand der schwedischen Ostseeinsel Gotland; was suchen sie? Wissen sie, was sie suchen? Müssen sie es wissen? Oder reicht es, dass sie anfangen zu suchen, dass sie gemeinsam suchen? Während die Lichter ihrer Lampen über die Steine wandern, während der Himmel über ihnen langsam dunkler und dunkler wird und Sterne zu leuchten beginnen – was ist die Bedeutung dieser Suche? Lockharts Arbeit spiegelt auf zarte Art ein paar der Grundfragen unserer von Ungewissheit geprägten Zeit. Sie untersucht eine universelle Tatsache, die Endlichkeit des Lebens, unter den Bedingungen unserer Zeit des katastrophalen Klimawandels und des Artensterbens. Sie verbindet das ewige Rätsel des Himmlischen mit dem Physischen, so nah, so konkret, so trügerisch. Was kann ich wissen, fragte der deutsche Philosoph Immanuel Kant, was darf ich hoffen? Lockharts Antwort ist ambivalent: Es gibt nur sehr wenig, was wir wissen können, und die Aufklärung ist am Ende; die Hoffnung ist immer noch da, aber nicht dort, wo man sie zu finden glaubt. Die Hoffnung liegt im Tun. Es ist die Suche selbst, die gemeinsame Anstrengung, die Welt um uns zu erforschen, wieder und wieder, solange uns noch Zeit bleibt.

What is politics?

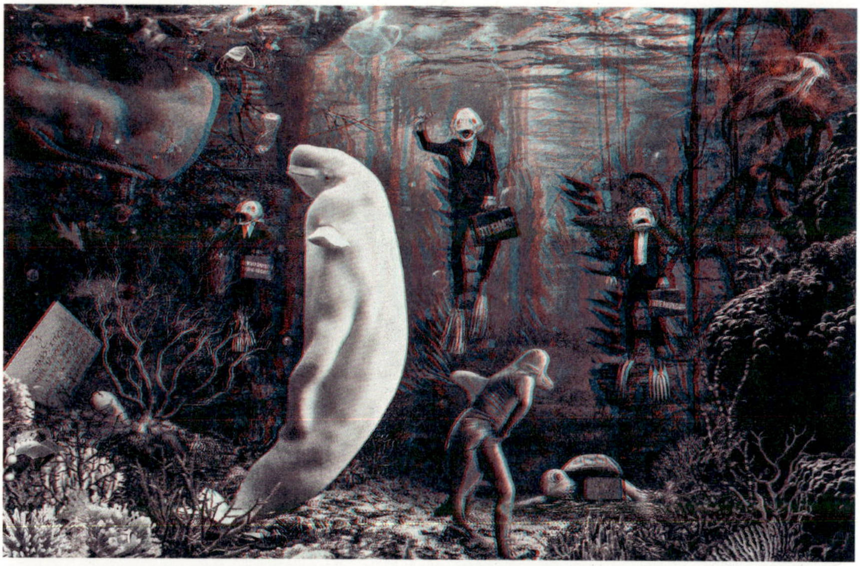

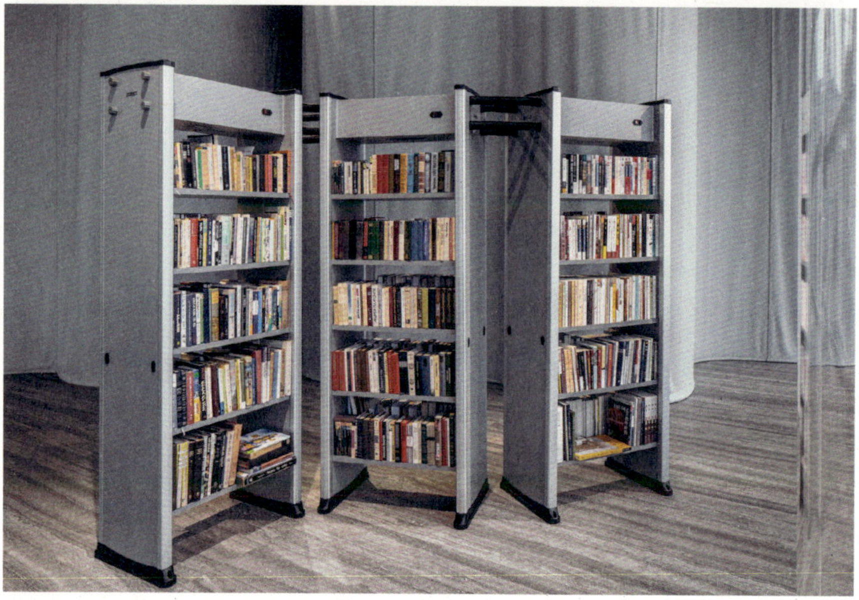

(Top) Who Gave Us a Sponge to Erase the Horizon?, 2022
(Bottom) In Time or Space or State, 2023

What is the mirage of power that we are presented with? What is the way politics work? And how does it distort what we perceive as reality? How does it disfigure the people who represent politics—politicians, lobbyists, suitcase-bearers? Outside, inside? And what are the consequences of this spectacle of politics for democracy in the twenty-first century? Goshka Macuga depicts a very concrete political setting with her work *Who Gave Us a Sponge to Erase the Horizon?* —the UN climate conference in Glasgow 2021, COP26, a climate action spectacle: strange sea creatures, dressed as business men, floating under water. What we see, is the art of bending the truth when it comes to the imminent climate catastrophe. Macuga's work is filled with a quiet rage; her tapestries are possessed by a cruel irony which marks a point of departure to reimagine the world we live in. Her installation *In Time or Space or State* expands this theme: Macuga uses metal detectors, a tool of the securitization of the world, as bookshelves, displaying books from Israel and Palestine, Ukraine and Russia, China and Taiwan. What is the possibility of knowledge, she asks, to overcome the limitations of politics?

Was ist das Trugbild von Macht, das wir sehen? Wie funktioniert Politik? Und wie verzerrt sie das, was wir als Wirklichkeit wahrnehmen? Wie entstellt Politik die Menschen, die Politik repräsentieren – Politiker*innen, Lobbytreibende, Aktentaschenträger*innen? Außen, innen? Und was sind die Konsequenzen dieses politischen Spektakels für die Demokratie im 21. Jahrhundert? Goshka Macuga bezieht sich mit ihrer Arbeit *Who Gave Us a Sponge to Erase the Horizon?* auf ein konkretes politisches Ereignis, das Klima-Spektakel der UN-Klimakonferenz in Glasgow 2021, COP26: Seltsame Meereslebewesen treiben, als Geschäftsleute verkleidet, unter Wasser. Was wir hier am Werk sehen, ist die kunstvolle Verfälschung der Wahrheit über die drohende Klimakatastrophe. Macugas Arbeit ist erfüllt von einer stillen Wut. Ihre Wandteppiche sind beherrscht von einer grausamen Ironie, die zum Ausgangspunkt wird für eine Neuimaginierung der uns umgebenden Welt. Ihre Installation *In Time or Space or State* entwickelt das Thema weiter: Metalldetektoren – Instrumente zur Versicherheitlichung der Welt – dienen als Regale zur Präsentation von Büchern aus Israel und Palästina, der Ukraine und Russland, China und Taiwan. Welche Möglichkeiten gibt es, so fragt die Künstlerin, die Grenzen der Politik durch Wissen zu überwinden?

Goshka Macuga

What is culture?

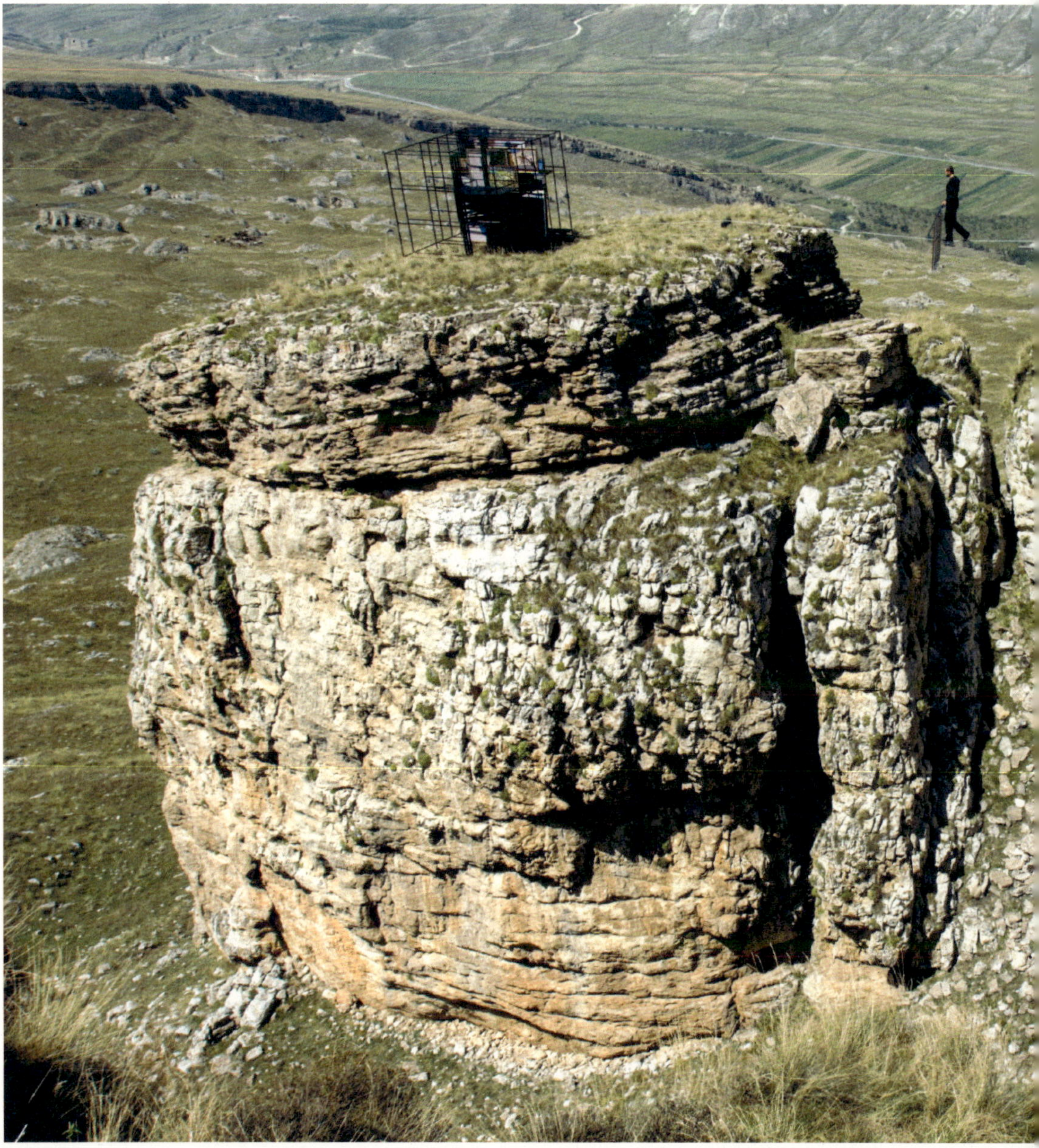

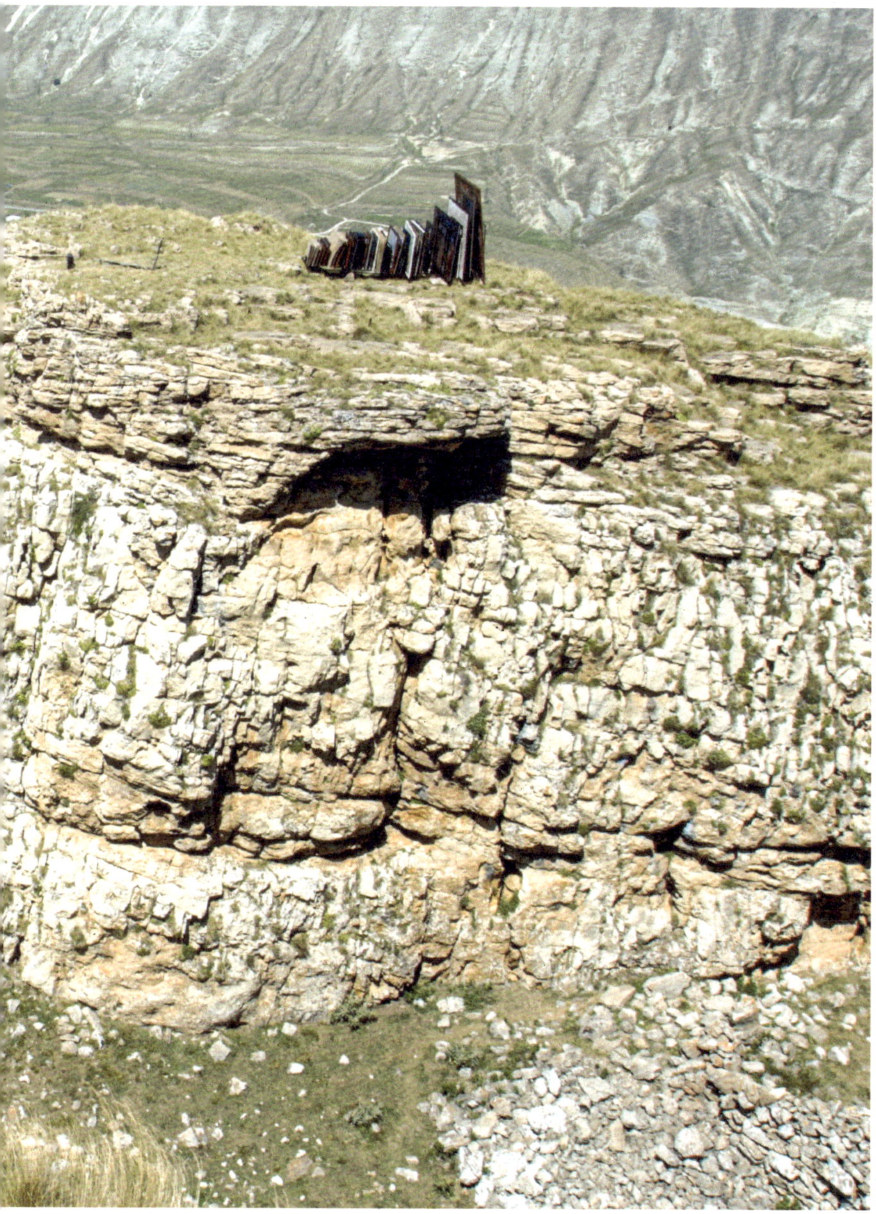

Taus Makhacheva, Tightrope, 2015

Taus Makhacheva

Between two mountain tops in Dagestan, a man is walking on a rope. He is carrying artworks from one side to the other. Why is he doing this? What is he trying to preserve? And is the artifact the memory or the act itself? How are memories created? And what is the relationship between art, memory, the present? Is culture what you see or what you do? These are some of the aspects of the cerebral beauty of Taus Makhacheva's film *Tightrope*—and in a different way of her work *Superhero Sighting Society*, in collaboration with Sabih Ahmed. This work gathers witness accounts of superhero sightings from all around the world, creating both a real and an imaginary geopolitical story about our inner and outer landscapes. In his essay "Is it a Bird? A Plane? No, It's a Magic Chair," referenced by Makhacheva, the writer Lawrence Liang proposed that "the transformation of Clark Kent into Superman is always precipitated by a crisis, usually one large enough to potentially destroy the world. But what if it is not a monumental end-of-the-world that scares us, but the prospect of losing the small worlds that we inhabit and know: a bookstore disappearing, a public organization running out of funds, an independent gallery shutting down?" The question then is: What kinds of superpowers can we imagine today in the different locations and milieus we inhabit?

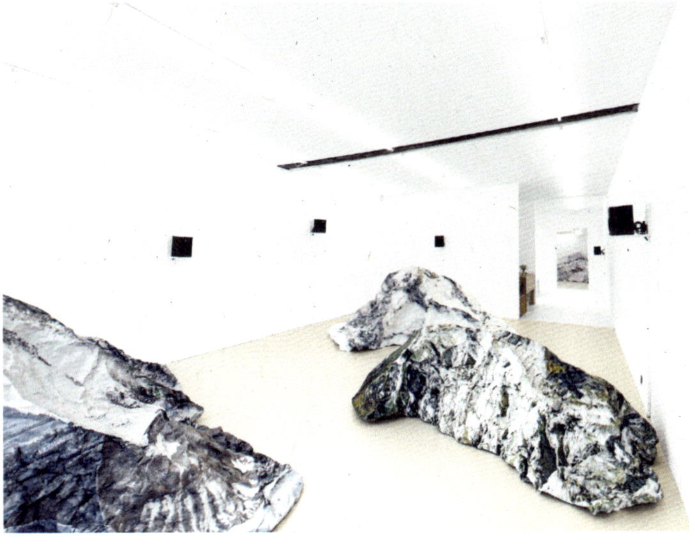

Superhero Sighting Society, 2019

Zwischen zwei Berggipfeln in Dagestan läuft ein Mann auf einem Seil. Er trägt Kunstwerke von einer Seite zur anderen. Warum tut er das? Was versucht er zu bewahren? Und ist der Gegenstand die Erinnerung oder der Akt selbst? Wie entstehen Erinnerungen? Und welche Beziehung besteht zwischen Kunst, Erinnerung und der Gegenwart? Ist Kultur das, was man sieht, oder das, was man tut? Diese sind einige der Fragen, die sich in Taus Makhachevas Film *Tightrope* stellen, einem Werk von zerebraler Schönheit – wie auf andere Weise auch in der in Zusammenarbeit mit Sabih Ahmed entstandenen Arbeit *Superhero Sighting Society*: Berichte von Augenzeugen, die von der Sichtung von Superhelden und Superheldinnen erzählen. Dadurch entsteht eine ebenso reale wie imaginäre geopolitische Geschichte unserer inneren und äußeren Landschaften.

Der Schriftsteller Lawrence Liang, auf den Makhacheva Bezug nimmt, verweist in seinem Essay „Is it a Bird? A Plane? No, It's a Magic Chair" darauf, dass „die Verwandlung von Clark Kent in Superman stets durch eine Krise herbeigeführt wird, meist groß genug, die ganze Welt zu zerstören. Was aber, wenn wir uns gar nicht vor dem monumentalen Weltuntergang fürchten, sondern vor dem Verlust der kleinen Welten, die wir bewohnen und kennen – eine Buchhandlung, die verschwindet, eine öffentliche Einrichtung, der die Mittel ausgehen, ein Projektraum, der schließen muss?" Die Frage lautet also: Welche Superkräfte können wir uns heute an den von uns bewohnten Orten und Umgebungen ausdenken?

What is a collective?

You are now part of a collective reading experience.
You can choose to participate silently.
You can choose to participate loudly.
You can choose one option and then shift your decision towards the other.

You are now a member of a provisional community.
You can choose to engage by listening.
You can choose to engage by reading out loud.
You can choose to engage in both ways.

You are now in a cacophonic environment.
You can choose to offer your voice to the experience.
You can choose to offer your breath to the experience.
You can choose to offer your stillness to the experience.

You are now responsible for your own mode of engagement.
You can choose to be accountable to your own gestures.
You can choose to acknowledge the limits of the practice.
You can choose to surrender to the sound that surrounds you.

You are now a particle boiling within this noisy environment.
You can choose to embody the heat.
You can choose to participate in the event of transformation.
You can choose to become sound.

Can You Sound Like Two Thousand?, Collective reading score | Kollektive Lesepartitur, 2020

"This is a poem about death and disappearance. And this is also a philosophical consideration of infinity." This is how Jota Mombaça frames their poetic and speculative narrative, following a group of characters who possess enhanced sensing abilities and are navigating a post-quarantine world, where the remnants of a once-free world are marred by lockdowns, borders, and societal upheavals. The unfolding events and encounters take place against a backdrop of ever-present danger, the lingering echoes of the past, and a mysterious fire that seems to hold transformative power. "This is a song about a community of ghosts," it continues. "And this is also a statement about me hearing voices." Mombaça's open-mic installation urges people to "sound like two thousand" and asks, what lies beneath the idea of a collective reading, and who is offered access to the mic and to the position of speech? "This is a glimpse of an impossible form of justice," Mombaça goes on. "And this is also a gesture towards the grounding of such impossibility."

„Dies ist ein Gedicht über Tod und Verschwinden. Dies ist auch eine philosophische Betrachtung der Unendlichkeit." So präsentiert Jota Mombaça deren poetisch-spekulative Erzählung – Figuren mit erhöhten Wahrnehmungsfähigkeiten, die sich durch ein Post-Quarantäne-Szenario bewegen, wo die Reste der einst freien Welt durch Lockdowns, Grenzen und gesellschaftliche Unruhen gezeichnet sind: Ereignisse und Begegnungen vor dem Hintergrund allgegenwärtiger Gefahr, der Echos der Vergangenheit und eines mysteriösen Feuers von scheinbar transformativer Kraft. „Dies ist ein Lied über eine Gemeinschaft von Geistern", heißt es weiter. „Und dies ist auch eine Erklärung dafür, dass ich Stimmen höre." Mombaças Open-Mic-Installation soll es möglich machen, „wie zweitausend zu klingen" – und befragt zugleich das Konzept eines Kollektivs: Wer spricht, wer bekommt Zugang zum Mikrofon? „Dies ist eine Erahnung der Unmöglichkeit von Gerechtigkeit", fährt Mombaça fort. „Es ist auch eine Geste, wie die Grundlagen einer solchen Unmöglichkeit geschaffen werden können."

Jota Mombaça

What is knowledge?

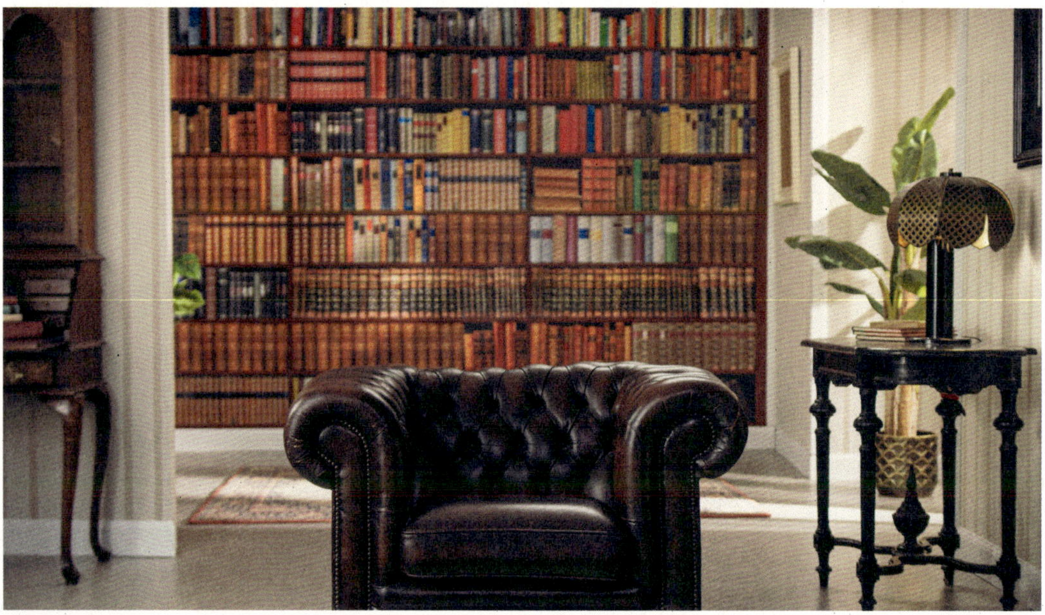

Masters, 2023

Shaun Motsi's multi-layered take on race, identity, generational deceit and individual delusions is a high-wire act akin to Taus Makhacheva's video *Tightrope*. *Masters* offers a riff and a ride on anything from postmodern storytelling to Hegel and decolonial discourse—the story is of a white-bearded older artist and professor occupying the struggle of the present moment with a sense of narcissism, weariness, and self-righteousness. His very Gen-Z assistant is portrayed with a sense of historical irony, asking the right questions: Can we tell the story of suppression by using the master's tools? What is the price of education, of knowledge—or rather of knowing? Who decides which voices get to be heard? And aren't these tools in the end just perpetuating systems of hierarchy? "It's not just about what we know, but how we come to know it,"—this is one of many key questions of this film—which is both serious and not too serious.

Shaun Motsis vielschichtige Interpretation von *Race* und Identität, dem Betrug zwischen den Generationen und individuellen Selbsttäuschungen ist ein Drahtseilakt, ähnlich dem von Taus Makhachevas Videoarbeit *Tightrope*. Motsis *Masters* ist eine Tour de Force vom postmodernen Storytelling über Hegel bis zum postkolonialen Diskurs – es ist die Geschichte eines weißbärtigen älteren Künstlers und Professors, der seinen Platz nicht räumen will im gegenwärtigen Kampf um Gerechtigkeit, mit einem Überschuss an Narzissmus, Müdigkeit und Selbstgerechtigkeit. Seine Assistentin, als Teil der Generation Z mit einem Sinn für historische Ironie porträtiert, stellt die richtigen Fragen: Können wir die Geschichte von Unterdrückung mit den Werkzeugen der Herrschenden erzählen? Schreiben diese letztlich hierarchische Systeme fort? Was ist der Preis von Bildung, von Wissen – oder von Erkenntnis? Wer entscheidet, welche Stimmen Gehör finden? „Es geht nicht nur darum, was wir wissen, sondern auch darum, wie wir davon erfahren haben", das ist eine von vielen Schlüsselfragen dieses Films – der zugleich ernst ist und nicht allzu ernst.

Shaun Motsi

They are ghosts of two of the earliest victims of colonialism: the tree and the beaver. They wisecrack about the existential rift that occurred in human thinking, alluding to the absurdity of the perceptions of history and nature. What is human time? What is natural time? And what if the two collide? When the British in the seventeenth century made their way to what would later be called North America, many of the colonists were overwhelmed by the majestic ecosystem and abundance of wildlife. But the colonial hunger for resources quickly resulted in mass deforestation, mass extinction, and the genocide of indigenous populations. Human life had existed long before on the continent, but rather than claiming to be rulers over a plot of land, native tribes saw themselves as part of the system that surrounded them; their role was more akin to that of a steward than an owner. So where do we go from here? To find answers, the indigenous art collective New Red Order sends out Dexter and Sinister, two large personified animatronics—their work becomes a call for action in the contemporary movement for giving land back to indigenous tribes. They remind us to reevaluate our perception of what is natural in human nature.

Sie sind die Geister von zwei der ersten Opfer des Kolonialismus: der Biber und der Baum. Sie witzeln über die existenzielle Kluft, die sich im menschlichen Denken aufgetan hat, sie spielen darauf an, wie absurd bestimmte Vorstellungen von Geschichte und Natur sind. Was ist menschliche Zeit? Was natürliche Zeit? Und was geschieht, wenn sie kollidieren? Bei ihrer Ankunft in dem später so bezeichneten Nordamerika waren viele britische Kolonisator*innen des 17. Jahrhunderts überwältigt von dem majestätischen Ökosystem und der reichen Tierwelt. Doch führte der koloniale Hunger nach Ressourcen schon bald zu massiver Abholzung, zu Massenausrottung, zum Genozid an den indigenen Völkern. Menschliches Leben hatte es auf dem Kontinent schon lange gegeben, doch die Bewohner*innen verstanden sich nicht als Herrschende über ein Stück Land, sondern als Teil des sie umgebenden Systems, eher Verwaltende denn Besitzende. Und wie geht es nun weiter? Um Antworten zu finden, entsendet das indigene Kunstkollektiv New Red Order mit Dexter und Sinister zwei große, sprechende Animatronik-Puppen – diese Arbeit wird zum Teil der Initiative für die Rückgabe von Land an Native Americans. Beide Figuren befragen unsere Vorstellung davon, was an der menschlichen Natur eigentlich natürlich ist.

What is human nature?

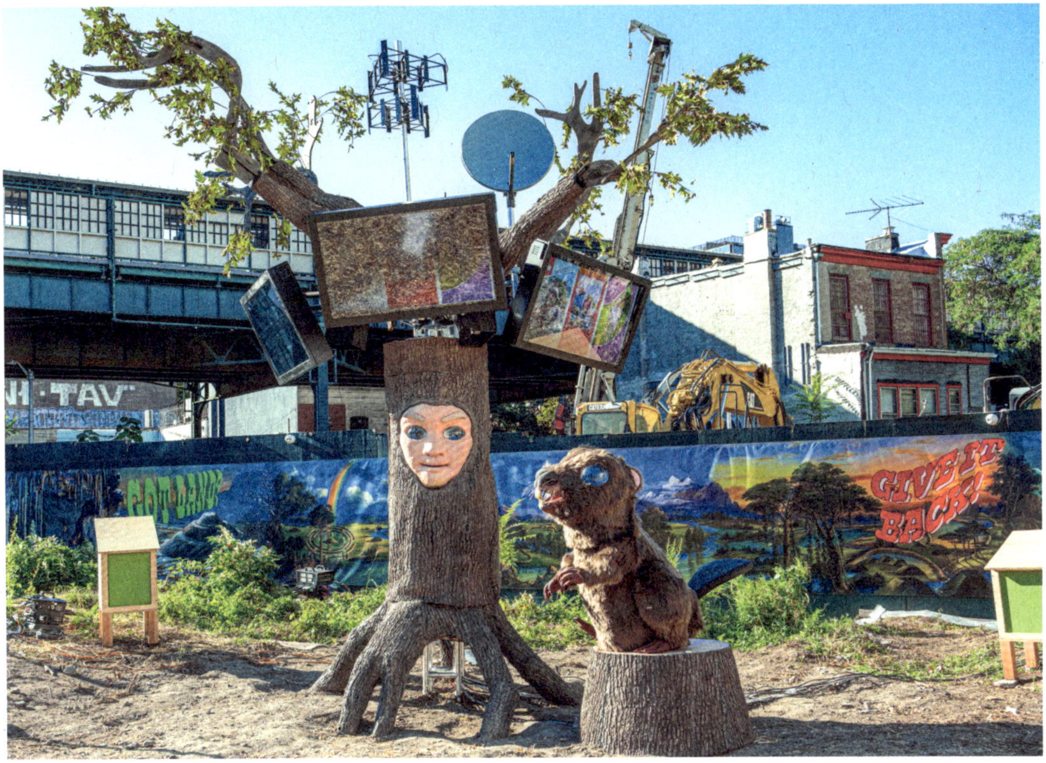

Dexter and Sinister, 2023

New Red Order

What is survival?

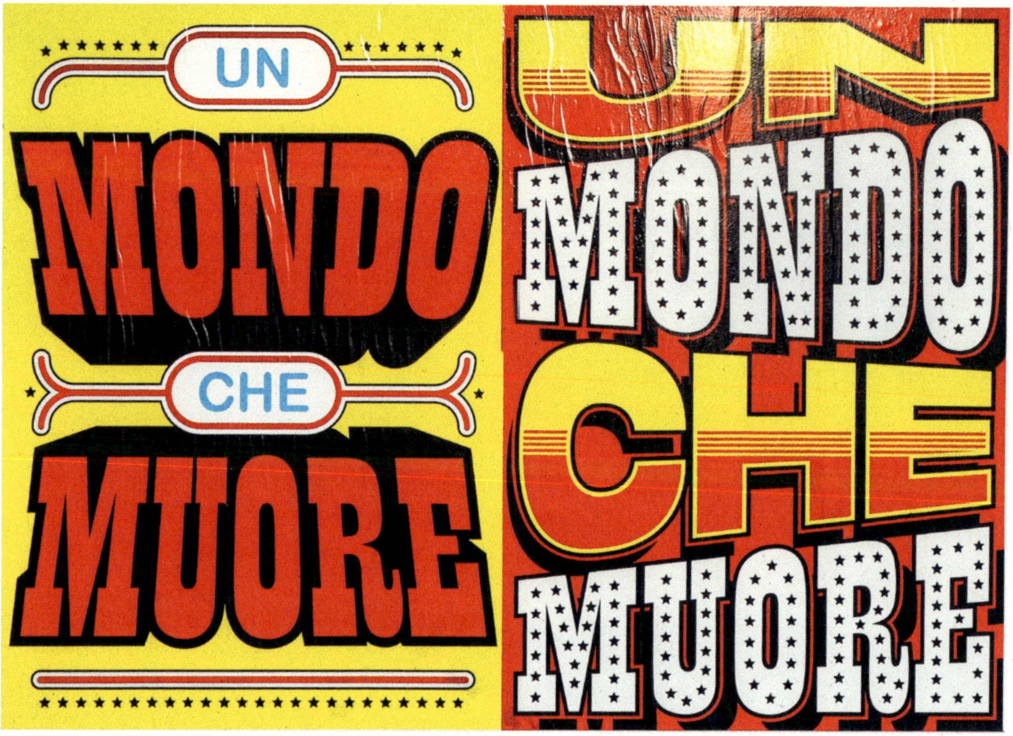

Un mondo che muore, 2022

And what if this word, survival, becomes drained of meaning just by saying it, by publishing it, by putting it on a poster, in bright colors, like an advertisement for the end of the world? Olaf Nicolai tests words to their limits—that is part of his training as a literary scholar. He sees words in their visual dimension as well as in their ideology, the power structures that lie behind the surface, namely today capitalism. They shine bright, these words, almost joyful: "mondo" and "muore," a world which is dying. Is this a promise, all of a sudden? And for whom? In this age of climate anxiety, does hope reside in the space originally inhabited by despair? But which world is dying? Wasn't that what the political philosopher Antonio Gramsci said: An old world is dying, a new world is struggling to be born? If you look at it like that, maybe there is a promise in the fact that one world is about to end—to make room for a better one.

Olaf Nicolai

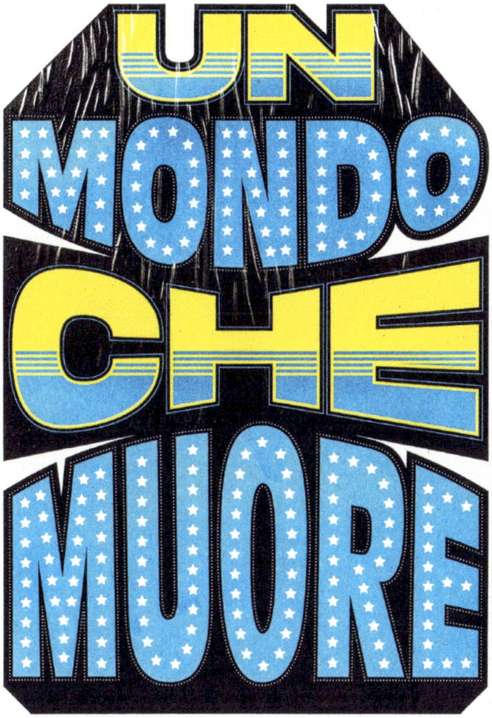

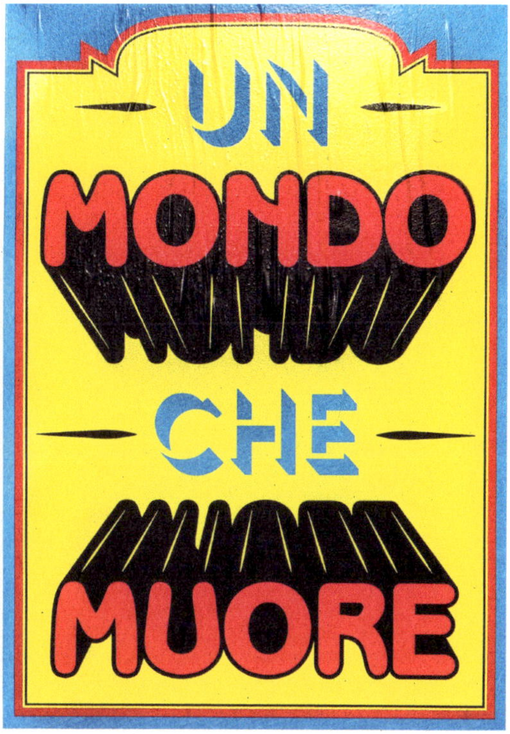

Und was wäre, wenn dieses Wort, Überleben, seine Bedeutung verlieren würde, einfach indem man es ausspricht, es öffentlich macht, es auf ein Plakat setzt, in leuchtenden Farben, wie eine Werbung für das Ende der Welt? Olaf Nicolai testet Worte – das ist von seiner Ausbildung als Literaturwissenschaftler geblieben. Er sieht die visuelle Dimension der Worte ebenso wie ihren ideologischen Gehalt, die verborgenen Machtstrukturen, vor allem die des gegenwärtigen Kapitalismus. Sie leuchten grell, diese Worte, fast fröhlich: „mondo" und „muore", eine Welt, die stirbt. Ist das auf einmal ein Versprechen? Und für wen? Nimmt im Zeitalter der Klimaangst die Hoffnung den Platz ein, der ursprünglich der Verzweiflung vorbehalten war? Aber welche Welt stirbt da? Sprach nicht der politische Philosoph Antonio Gramsci davon, dass das Alte stirbt und das Neue nicht zur Welt kommen kann? So gesehen ist es womöglich eine Verheißung, dass eine Welt zu Ende geht – um Raum für eine bessere zu schaffen.

Christelle Oyiri

Collective Amnesia: In Memory of Logobi tells the story of the creation and destruction of a cultural moment of collective exuberance—turned into collective amnesia. The dance, Logobi, dating back to the Abidjan of the 1980s, emerged as a trend in the banlieues of Paris in the early 2010s: musically a mix of Belgian and Ivorian influences, it became the sound of Black French youth. Dance crews started forming, performing in public, eventually turning into a bigger phenomenon. Today, there are almost no traces of this cultural act of self-reflection. The amnesia Oyiri explores is within the Black community which saw the dance as connected to the milieus of the North African immigrants which they looked down upon. Oyiri tries to defy this act of cultural erasure, drawing attention to a lost form of diasporic joy in a country that barely recognizes Black contributions to its own music.

Collective Amnesia: In Memory of Logobi erzählt die Geschichte der Entstehung und Zerstörung eines Moments des kollektiven Überschwangs, der in eine ebenso kollektive Amnesie kippte. Der in den 1980er-Jahren in Abidjan entstandene Tanz Logobi entwickelte sich in den frühen 2010er-Jahren zum Trend in den Pariser Banlieues: Der musikalische Mix aus belgischen und ivorischen Einflüssen wurde zum Sound der Schwarzen französischen Jugend. Es formierten sich Dance Crews, die durch öffentliche Auftritte zu einem größeren Phänomen wurden. Heute existieren kaum noch Spuren dieses kulturellen Akts der Selbstreflexion. Die Künstlerin untersucht die Amnesie innerhalb der Schwarzen Gemeinschaft, die Logobi mit den Milieus nordafrikanischer *immigrés* verband, auf die sie wiederum herabsahen. Um diesem Akt kultureller Auslöschung etwas entgegenzusetzen, richtet Oyiri den Blick auf eine verlorene Form diasporischer Freude in einem Land, das Schwarze Beiträge zur eigenen Musik kaum noch erkennt.

What is memory?

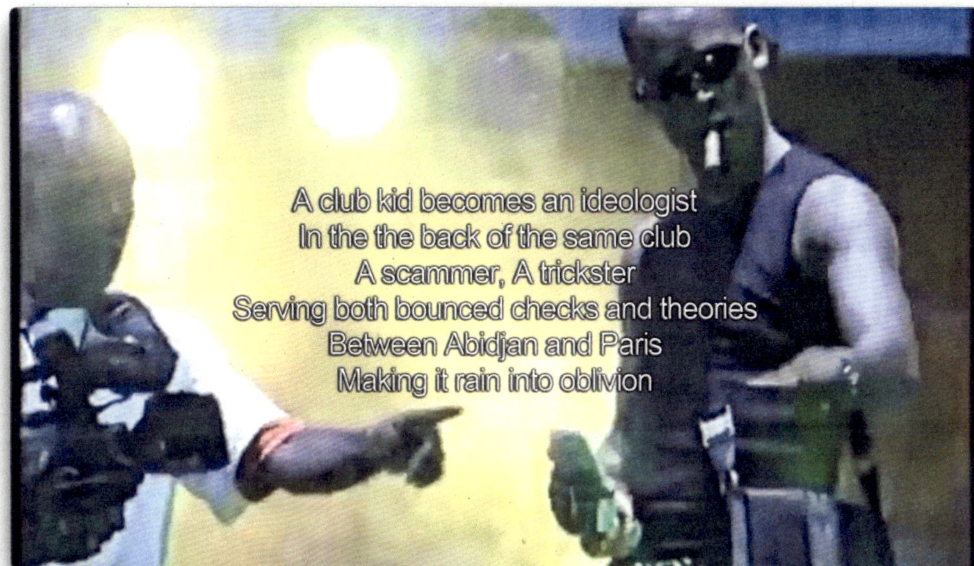

Collective Amnesia:
In Memory of Logobi, 2018–2022

What is the ocean?

Céline Pagès & Christine Marchal

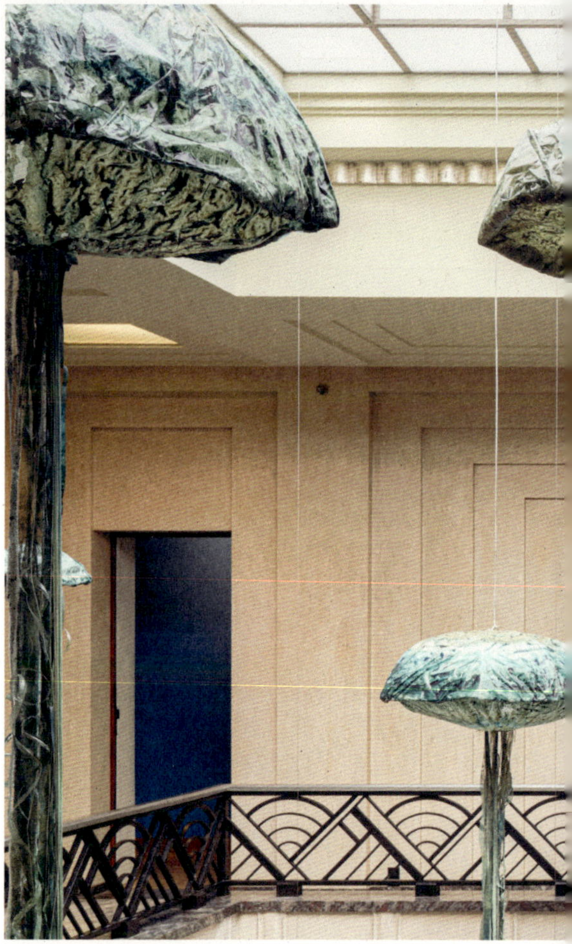

"The sun had not yet risen. The sea was indistinguishable from the sky." This is how Virginia Woolf's novel *The Waves* begins. "Gradually as the sky whitened a dark line lay on the horizon dividing the sea from the sky and the grey cloth became barred with thick strokes moving, one after another, beneath the surface, following each other, pursuing each other, perpetually." The gentle dance of the waves, the strange rhythm of life, and the eternal question of who we are—Céline Pagès and Christine Marchal reflect all this and take us one level deeper, "beneath the surface," as Virginia Woolf writes, where the human and the more than human meet. "It takes great machines and laboratories to attend to some parts of the nonhuman world," writes US anthropologist Anna Lowenhaupt Tsing—and sometimes it doesn't. Céline Pagès and Christine Marchal make an underwater phenomenon visible: the majestic movements of jellyfish. The giant invertebrates have an airy quality, floating or dancing through the halls. Using recycled materials, the fragility of our seas and ecosystem is being translated into physical sculptures. To understand the planet, they seem to say, we first have to try to understand the ocean.

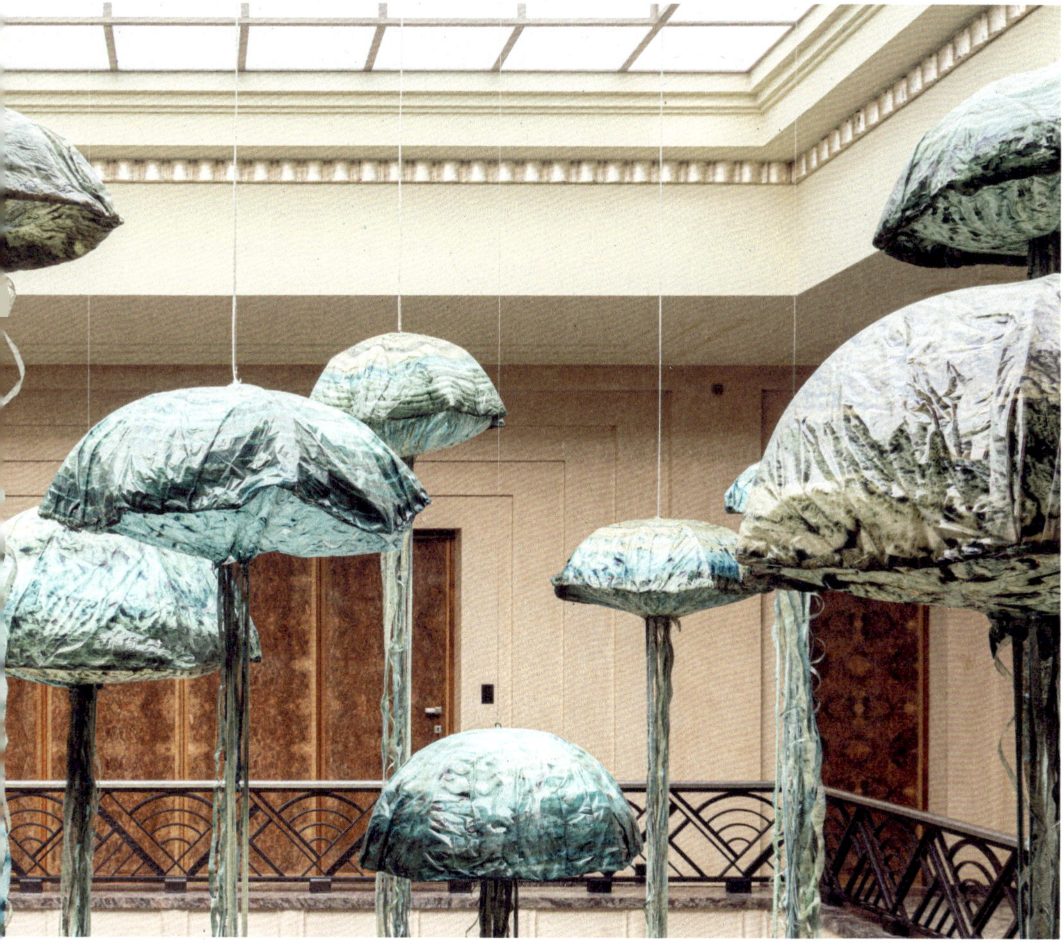

La Valse des Méduses, 2023

„Die Sonne war noch nicht aufgegangen. Meer und Himmel ließen sich nicht unterscheiden." So beginnt Virginia Woolfs Roman *Die Wellen*. „Allmählich, während der Himmel weiß wurde, erstreckte sich eine dunkle Linie am Horizont, die das Meer vom Himmel trennte, und das graue Tuch wurde von dicken Streifen durchzogen, die sich, einer nach dem anderen, unter der Oberfläche bewegten, einander folgend, einander jagend, immerzu." Der sanfte Tanz der Wellen, der seltsame Rhythmus des Lebens, die ewige Frage, wer wir sind – Céline Pagès und Christine Marchal führen uns in ihrer Reflexion auf eine tiefere Ebene, „unter die Oberfläche", wie Virginia Woolf schreibt, wo sich das Menschliche und das Mehr-als-Menschliche begegnen.

„Es bedarf großer Maschinen und Laboratorien, um sich einigen Bereichen der nichtmenschlichen Welt zu nähern", schreibt die US-Anthropologin Anna Lowenhaupt Tsing – und manchmal eben nicht. Céline Pagès und Christine Marchal machen ein Unterwasserphänomen sichtbar: die majestätischen Bewegungen von Quallen. Die riesigen Wirbellosen scheinen mit großer Leichtigkeit durch den Raum zu schweben oder zu tanzen. Mithilfe recycelter Materialien übersetzen sie die Fragilität unserer Meere und Ökosysteme in physische Skulpturen. Um den Planeten zu verstehen, das scheint die Botschaft zu sein, müssen wir erst versuchen, den Ozean zu verstehen.

What is technology?

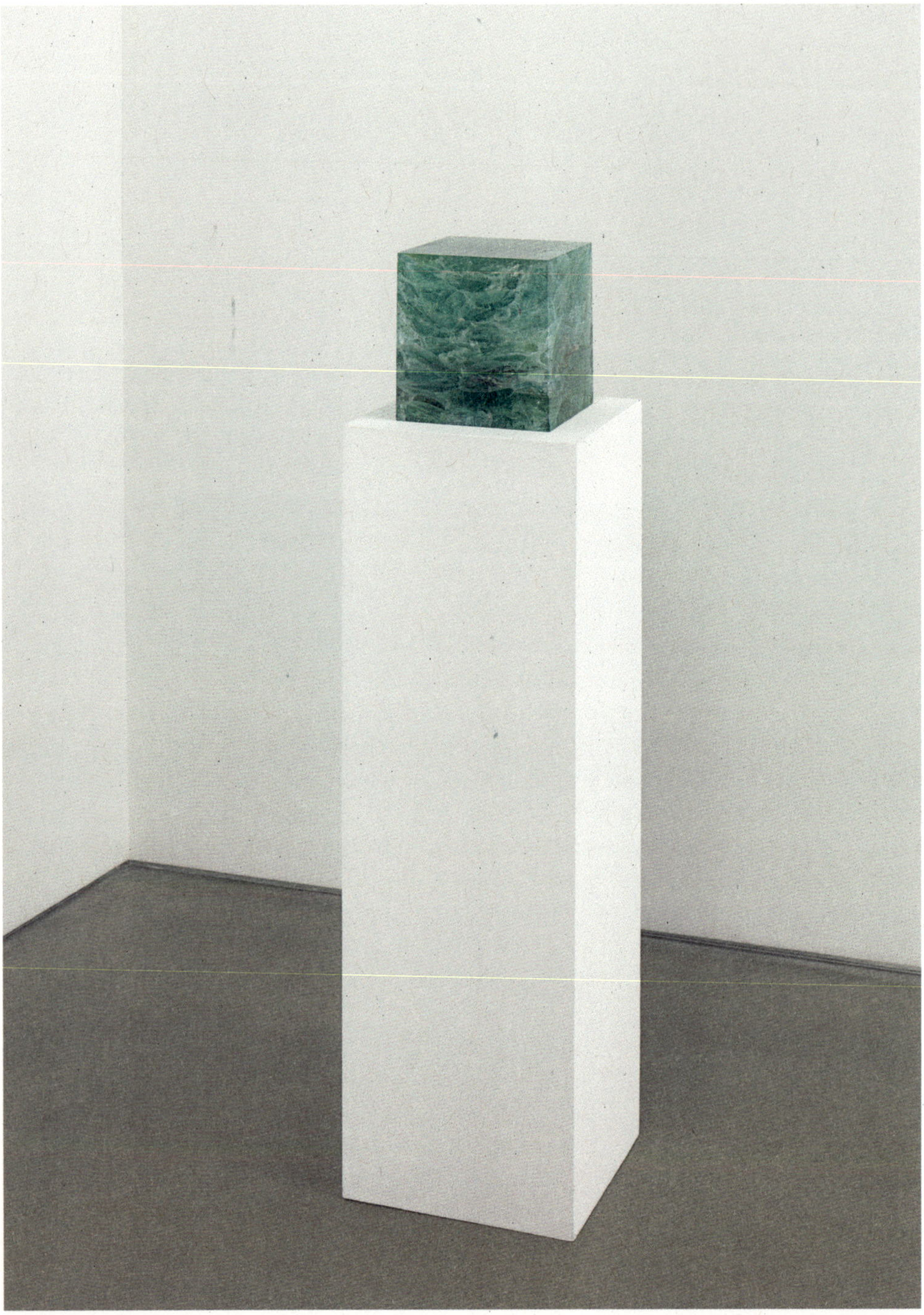

Trinity Cube, 2017

Trevor Paglen

There are unknown objects in the sky: What are they? What is their story? And how do they relate to our stories, to our thoughts and dreams, to real power, to interests and the way technology works? Trevor Paglen maps the existing unknown objects which are not part of any catalog. His majestic images of clouds building in the atmosphere evoke a sense of awe—but is awe the right reaction to what we have created ourselves? Is technology the new religion? Who are the high priests? And is the sky a cathedral? Paglen takes us to the realm of stellar geopolitics with new superpower actors like Elon Musk and his company Starlink, controlling in many ways life on Earth. So who are the new gods? Paglen's works evoke fundamental questions that involve our relationship to what we have dreamt up and the sometimes deadly consequences which Paglen addresses in his work *Trinity Cube*: the beautiful object, another contradiction of our techno-modernity, consists of toxic debris collected at the site of the nuclear accident at Fukushima in Japan in 2011—combined with sand from the desert in New Mexico, site of the first atomic explosion on July 16, 1945. The code name was "Trinity"; technology was the new creed, fear its darker side.

Am Himmel erscheinen unbekannte Objekte: Worum handelt es sich? Was ist ihre Geschichte? Und wie verhalten sie sich zu unseren Geschichten, zu unseren Gedanken und Träumen, zu realer Macht, zu Interessen und Technologie? Trevor Paglen verfolgt die tatsächlich bekannten unbekannten Objekte, die in keinem Verzeichnis von Flugobjekten im All zu finden sind. Seine majestätischen Bilder von Wolkenformationen in der Atmosphäre erzeugen ein Gefühl der Ehrfurcht. Aber ist Ehrfurcht die richtige Reaktion auf etwas, das Menschen selbst geschaffen haben? Ist Technologie die neue Religion? Wer sind die Hohepriester? Und ist der Himmel eine Kathedrale? Paglen eröffnet den Raum stellarer Geopolitik mit neuen machtvollen Akteur*innen wie Elon Musk und seinem Unternehmen Starlink, die das Leben auf der Erde in vielerlei Hinsicht kontrollieren. Wer also sind die neuen Götter? Paglen stellt grundsätzliche Fragen nach unserem Verhältnis zu dem, was wir erfinden, und den mitunter tödlichen Folgen – die er in *Trinity Cube* thematisiert: Das bezaubernde Objekt, ein weiterer Widerspruch unserer Techno-Moderne, besteht aus giftigem Abfall, gesammelt am Ort des Atomunfalls von Fukushima 2011 und kombiniert mit Wüstensand aus New Mexico, wo am 16. Juli 1945 die erste Atomexplosion stattfand. Der Codename damals war „Trinity"; Technologie war das neue Credo und Angst ihre Schattenseite.

What is the battlefield?

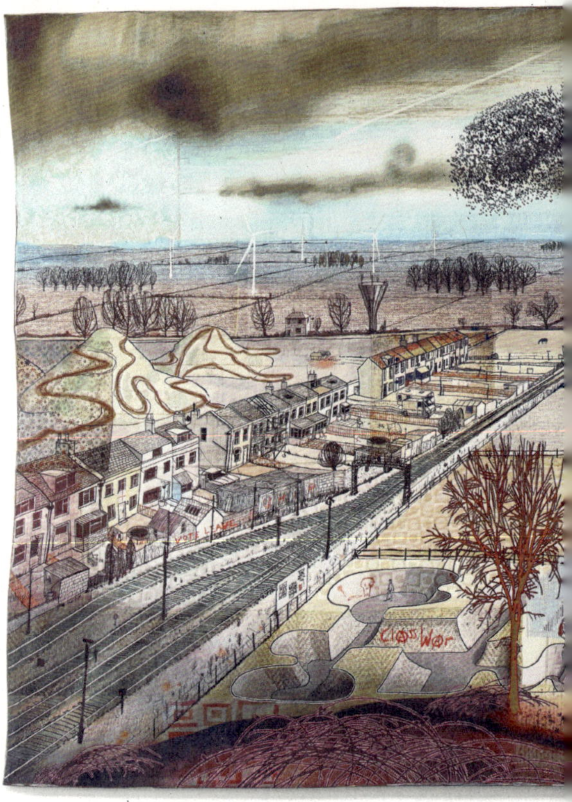

Or rather: What does modern warfare look like? When the artist Paul Nash was tasked to paint the Battle of Britain in 1941, he decided to create a vast abstract landscape filled with vapor trails, smoke, fire, and destruction—a victory over German traditionalism just as much as a celebration of the victory over Germany on the battlefield. Decades later, Grayson Perry decided to create an equivalent for the modern day—and shows how much the battlefield is still alive and well, just with different modes of warfare. The vapor is dark, the mood is grim, the landscape looks like an apocalyptic playground with a BMX-biker and a rainbow both in the center and out of place. These are dystopian times, Perry says—and the illusion of unity in Britain is a distant memory. Battling slogans in the wake of Brexit, unhoused bodies collide with an Annunciation. The future is a bleak memory of what looked like the end of the world in the 1980s. The only thing in sync seems to be a swarm of birds: on their way to a better world.

Grayson Perry

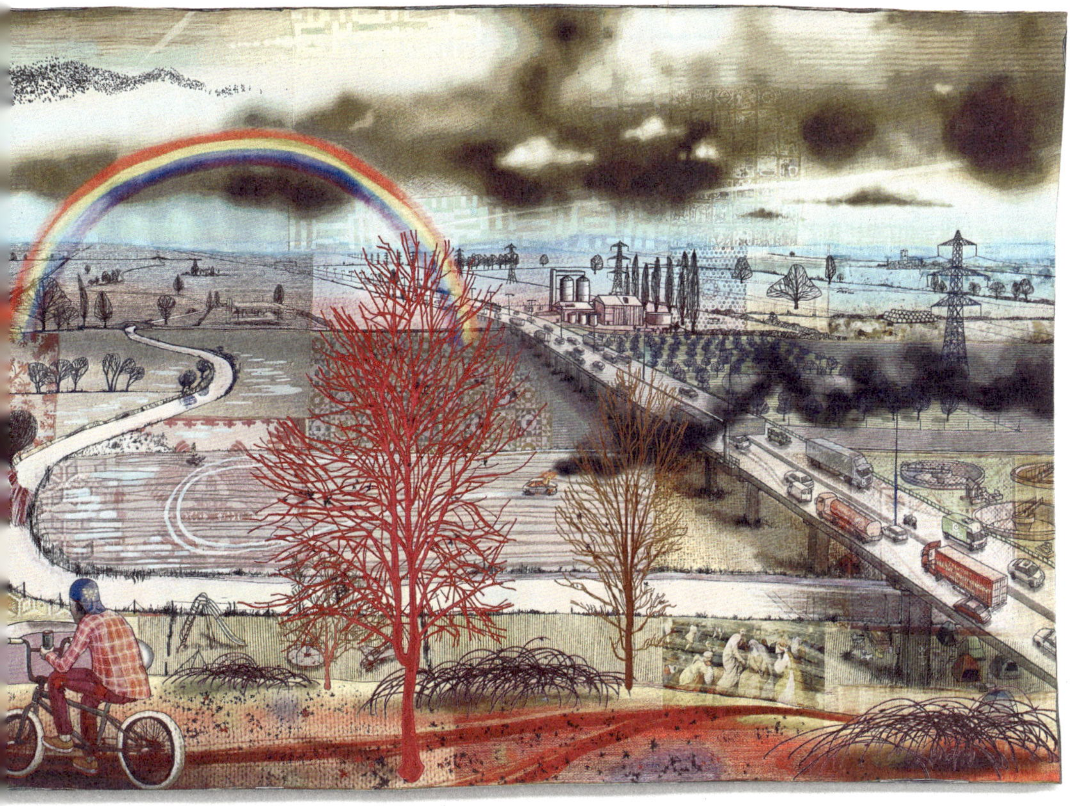

Battle of Britain, 2017

Oder auch: Wie sieht der moderne Krieg aus? Als der Künstler Paul Nash 1941 den Auftrag erhielt, die Schlacht um Britannien zu malen, entschied er sich für eine weite abstrakte Landschaft mit Kondensstreifen am Himmel, Rauch, Feuer und Zerstörung – ein Sieg über den malerischen Traditionalismus auf der Leinwand und eine Feier des Sieges über Deutschland auf dem Schlachtfeld. Jahrzehnte später schuf Grayson Perry eine moderne Version und zeigt, dass weiterhin Krieg herrscht und sich nur die Mittel der Kriegsführung geändert haben. Dunkle Schwaden, bleierne Stimmung: Die Landschaft gleicht einem apokalyptischen Spielplatz mit einem BMX-Biker und einem deplatzierten Regenbogen in der Bildmitte. Es sind dystopische Zeiten, sagt Perry, und die Idee eines geeinten Großbritanniens ist in weiter Ferne. Die Zukunft erscheint düster und wirkt wie das Echo dessen, wie man sich in den 1980er-Jahren das Ende der Welt vorstellte. Allein ein Vogelschwarm scheint auf dem richtigen Weg zu sein – in eine bessere Welt.

What is faith?

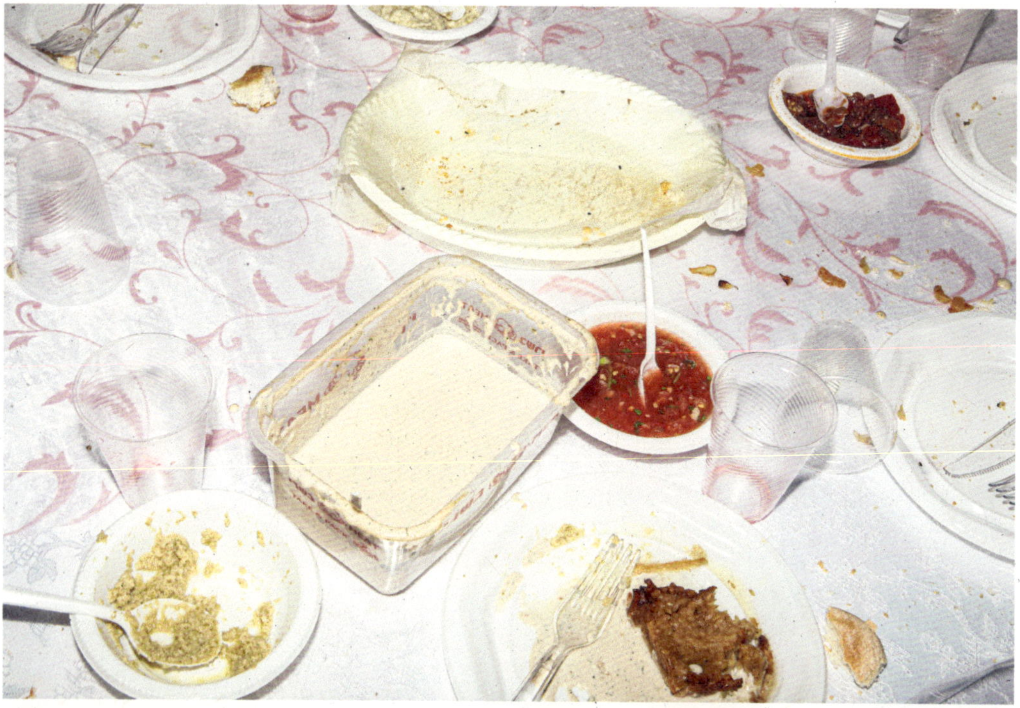

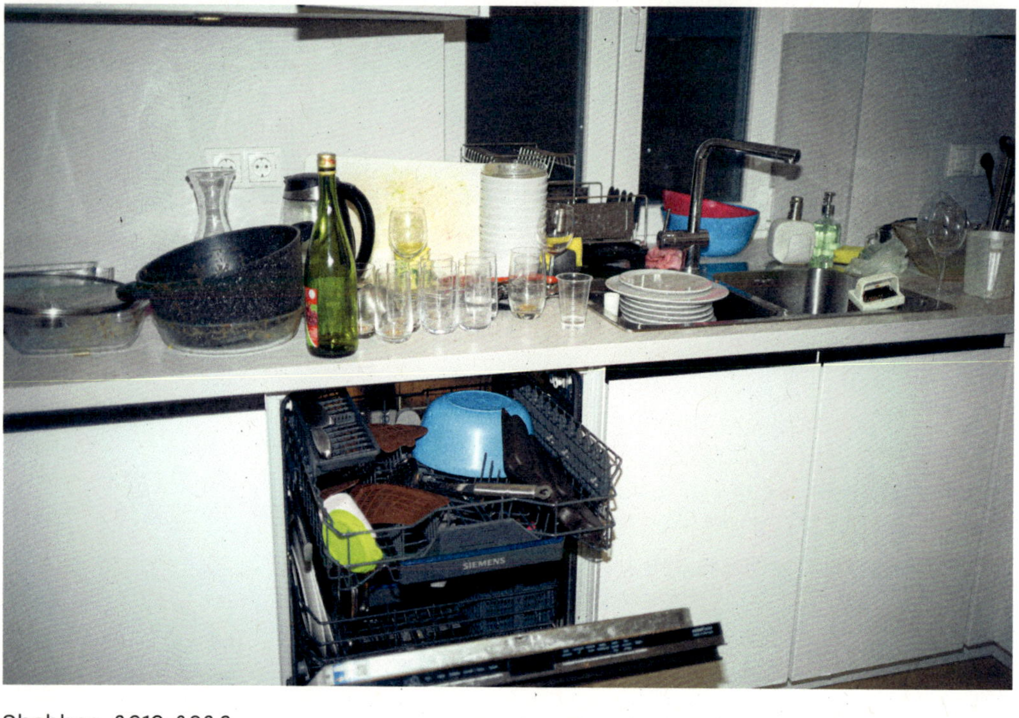

Shabbes, 2019–2023

Religion is a ritual invented to create meaning here and now and today and tomorrow—and God is needed to find a structure, to achieve community. Faith, as different from religion, is a practice that helps you to position yourself in time and in space. And Shlomo Pozner is a witness to this practice. In his series *Shabbes*, he shows community in its absence, presence in transition. People were here, lives are lived. And his images produce a form of proof. The dirty dishes, the empty plates, the neon light: Memory is what we have. Religion, in this sense, becomes like a vessel for memory. Cooking, drinking, eating: Shabbes is a day of rest and transition, from the mundane to the mundane via the mundane. What we see here, on this day of Jewish communion, is in a lot of ways the essence of faith as a practice: food and the way we prepare it. Let's call it life.

Religion ist ein Ritual, das erfunden wurde, um dem Hier und Jetzt, dem Heute und Morgen einen Sinn zu geben – und Gott ist notwendig, um eine Struktur zu schaffen, um Gemeinschaft zu schaffen. Glaube ist etwas anderes als Religion, er hilft einem, durch Praktiken den eigenen Platz in Zeit und Raum zu finden. Shlomo Pozner dokumentiert diese Praktiken. Seine Serie *Shabbes* zeigt Gemeinschaft in ihrer Abwesenheit, den Moment im Verschwinden. Seine Bilder liefern den Beweis, dass Menschen hier waren, dass Leben stattfindet. Das schmutzige Geschirr, die leeren Teller, das Neonlicht: Erinnerung ist das, was uns bleibt. Die Religion wird in diesem Sinne zum Gefäß dieser Erinnerungen. Kochen, trinken, essen: Der Sabbat ist ein Ruhetag, ein Tag des Übergangs vom Alltäglichen über das Alltägliche hin zum Alltäglichen. Was wir an einem solchen Tag jüdischer Gemeinschaft sehen, ist in vielem die Essenz des Glaubens: Essen und die Art und Weise, wie wir es zubereiten. Nennen wir es Leben.

Shlomo Pozner

Life is lived here. But what is here, in this age of hyper-mobility? First it was mainly goods that traveled around the world; people always followed. The sense of place, the sense of home became distorted. In his photo series La vie ici. Foyer Adef, Saint-Ouen, Bruno Serralongue addresses the demolition of a hostel in Saint-Ouen, Paris, housing immigrant workers since the 1950s. The series documents the lives of 224 residents who were relocated in April 2021 due to the construction of housing for the 2024 Olympics, the ultimate spectacle of globalized attention. They have no right to return after the games.
Serralongue's project began in January 2020 and will continue until the residents are resettled, a process expected to take four to five years. They will be "located far from this new neighborhood," says Serralongue—it is the real estate developers' dream to "attract young white workers on bicycles, without much relation to the immigrant workers." It is called, in the words of Solideo, the Society of Delivery of the Olympic Works, the "European city of the twenty-first century."

Das Leben wird im Hier und Jetzt gelebt. Was aber bedeutet Hier im Zeitalter der Hypermobilität? Zuerst waren es die Waren, die rund um die Welt reisten; die Menschen folgten. Wo bin ich, und wo bin ich zu Hause? Bruno Serralongue beschäftigt sich in seiner Fotoserie La vie ici. Foyer Adef, Saint-Ouen mit dem Abriss eines Wohnkomplexes in Saint-Ouen, Paris, wo seit den 1950er-Jahren Migrant*innen lebten, die auf der Suche waren nach Arbeit. Seine Serie dokumentiert das Leben von 224 Bewohner*innen, die im April 2021 ausziehen mussten, weil an diesem Ort Unterkünfte für die Olympischen Spiele 2024 errichtet werden sollten, das ultimative Spektakel globalisierter Aufmerksamkeit. Sie haben kein Recht darauf, nach den Spielen zurückzukehren. Serralongues Projekt begann im Januar 2020 und wird so lange fortgesetzt, bis die Arbeiter*innen neue Wohnungen haben – was vier bis fünf Jahre dauern kann. Sie werden „weit entfernt von dem neuen Viertel untergebracht", so der Künstler – die Immobilienfirmen träumen von, „Rad fahrenden jungen, weißen Angestellten, die kaum etwas mit den Migrant*innen zu tun haben". Die für die Olympia-Bauten zuständige Gesellschaft namens Solideo nennt das die „europäische Stadt des 21. Jahrhunderts".

Bruno Serralongue

What is globalization?

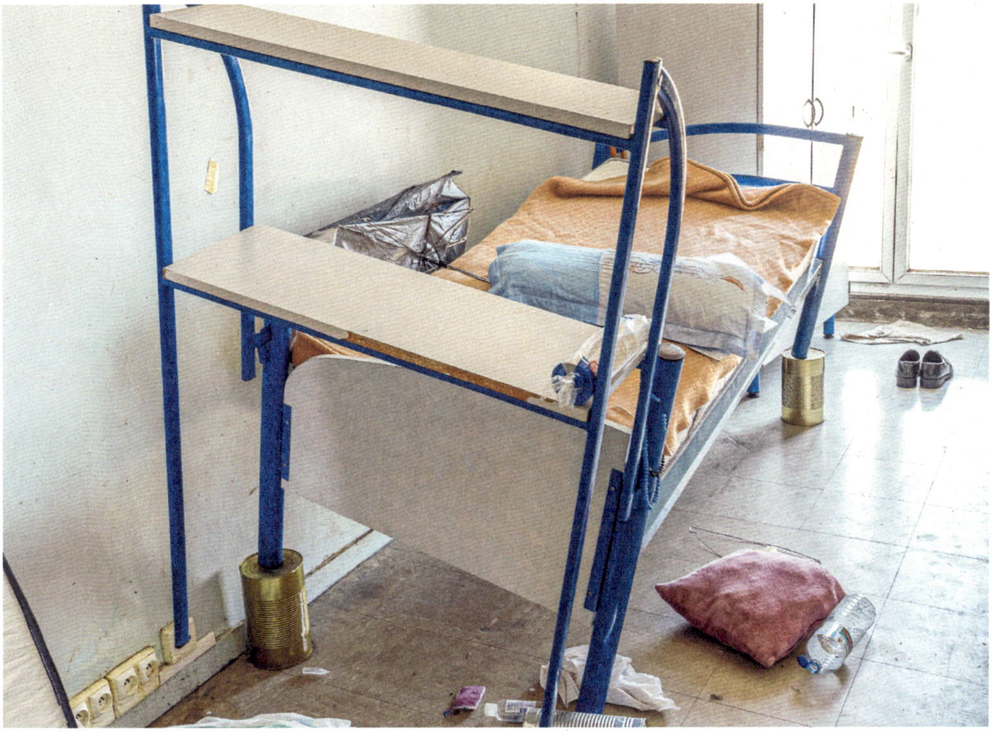

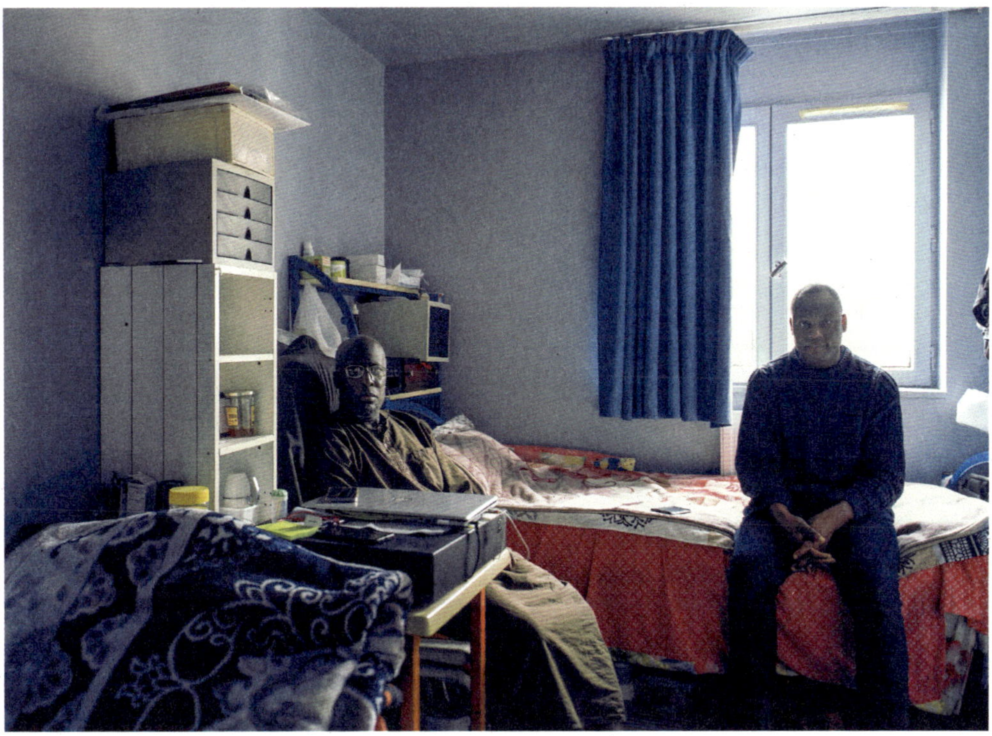

La vie ici. Foyer Adef, Saint-Ouen, 2020–2021

What is catharsis?

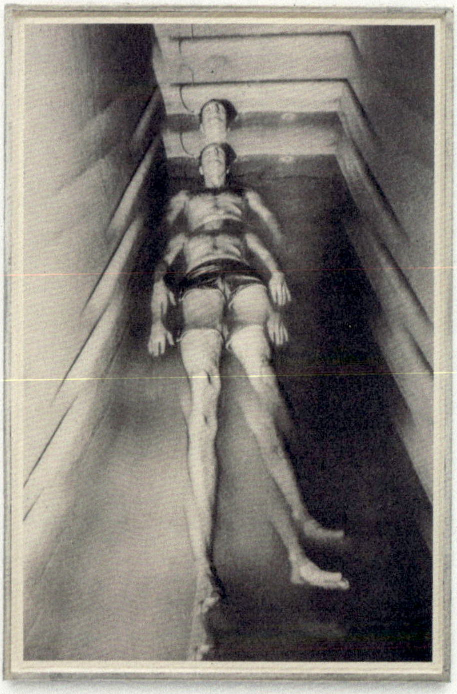

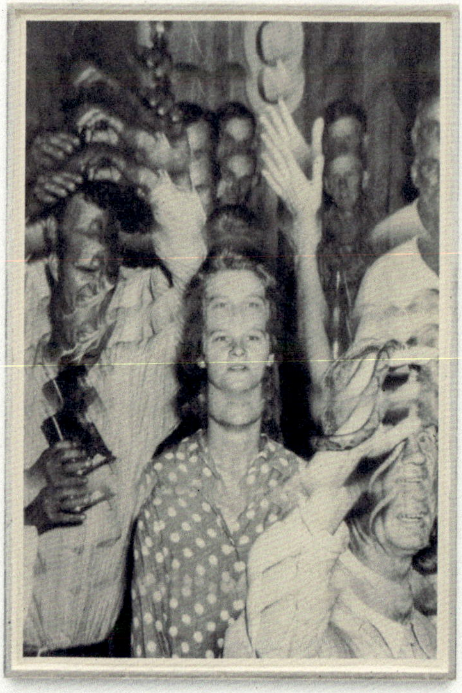

Or, differently, what is ecstasy? What is intoxication? What is a heightened state of being? What is metaphysical belonging? What is faith in an age of slick secularism and spiritual longing? Because, in the end, we will never lose the urge to transcend who we are, through prayer, dancing, drugs, discipline, order, and access a realm where life looks and feels like it was made for us, only better, and connected to the other forms of life on this planet (and beyond), in this moment and forever. Jeremy Shaw investigates these altered states in his work. His visually enthralling imagery documents transcendental experiments throughout time and place, finding commonality in the extreme. He creates speculative realities which resemble what we can imagine, in a style that can be described as parafictional or post-documentary. Catharsis, in this context, becomes a practice of the body as well as of the mind, a cleansing achieved by immersing oneself in a stream, a flow, the music, the ritual, community.

Jeremy Shaw

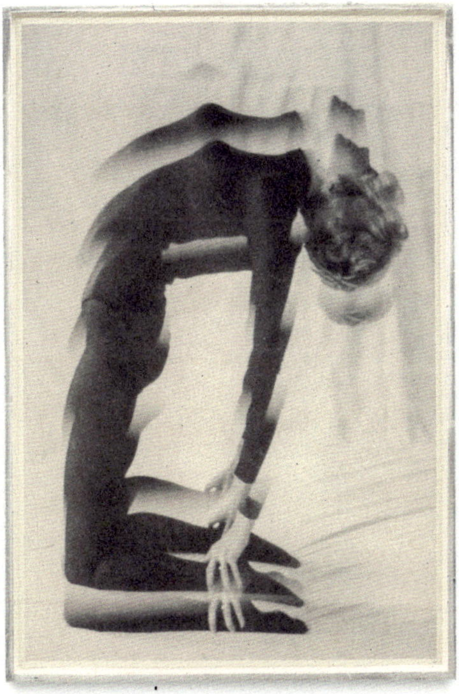

Carthatic Illusttration, 2024

Oder anders gefragt, was ist Ekstase? Was ist Rausch? Was ist ein höherer Seinszustand? Was ist metaphysische Zugehörigkeit? Was ist Glaube in einer Zeit des glatten Säkularismus und der spirituellen Sehnsucht? Denn letztlich werden wir immer das Bedürfnis haben, durch Gebet, Tanz, Drogen, Disziplin, Ordnung zu transzendieren, was wir sind – und Zugang zu finden zu einem Reich, in dem sich das Leben anfühlt, als wäre es für uns gemacht, nur besser, und wo wir uns mit anderen Lebensformen auf unserem Planeten (und darüber hinaus) verbinden, jetzt und immer. Solche veränderten Bewusstseinszustände erkundet Jeremy Shaw in seiner Arbeit. Seine visuell faszinierenden Bilder dokumentieren transzendentale Experimente in Zeit und Raum und finden Gemeinsamkeit im Extremen. Shaw schafft spekulative Realitäten, die dem ähneln, was wir uns vorstellen können, in einem Stil, der parafiktional oder postdokumentarisch genannt werden könnte. Katharsis wird hier zu einer Praxis des Körpers wie des Geistes, eine Reinwaschung durch das Eintauchen in den Strom, den Flow, die Musik, das Ritual, Gemeinschaft.

What is deep time?

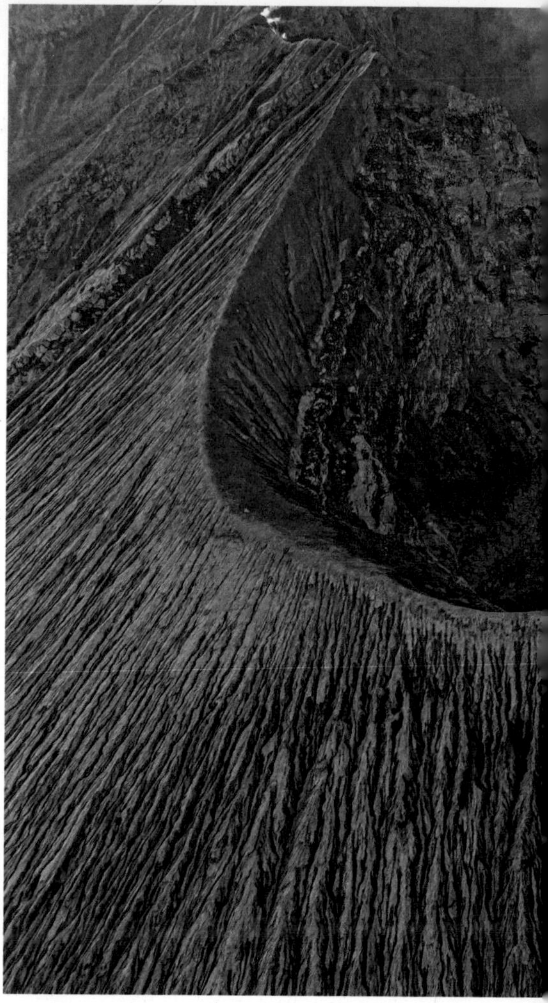

Charles Stankievech

The time and age of the planet, five billion years, combined with the insight that humans, human life and survival is not central or essential for the survival of the planet. The Earth—in its many shapes and forms—was here long before us, and it will be here long after us. There is a certain gentle cruelty in this insight—as well as in the psychedelic beauty that the images evoke that Charles Stankievech projects with an old-masterly gesture, landscape paintings of the deepest pre-history imaginable. Volcanos, deserts, devoid of signs of life and evoking life in that sense, in that absence. Everything fades, eventually—and the meteorite that Stankievech places on a black bed of sand tells that story, with a sense of existential humor and lightness. See, it floats. Twenty-nine million years ago, a meteorite like this landed in the Sahara desert and literally turned the sand into glass. Stankievech's video and installation form a core theme of the exhibition: transience, not to be confused with futility.

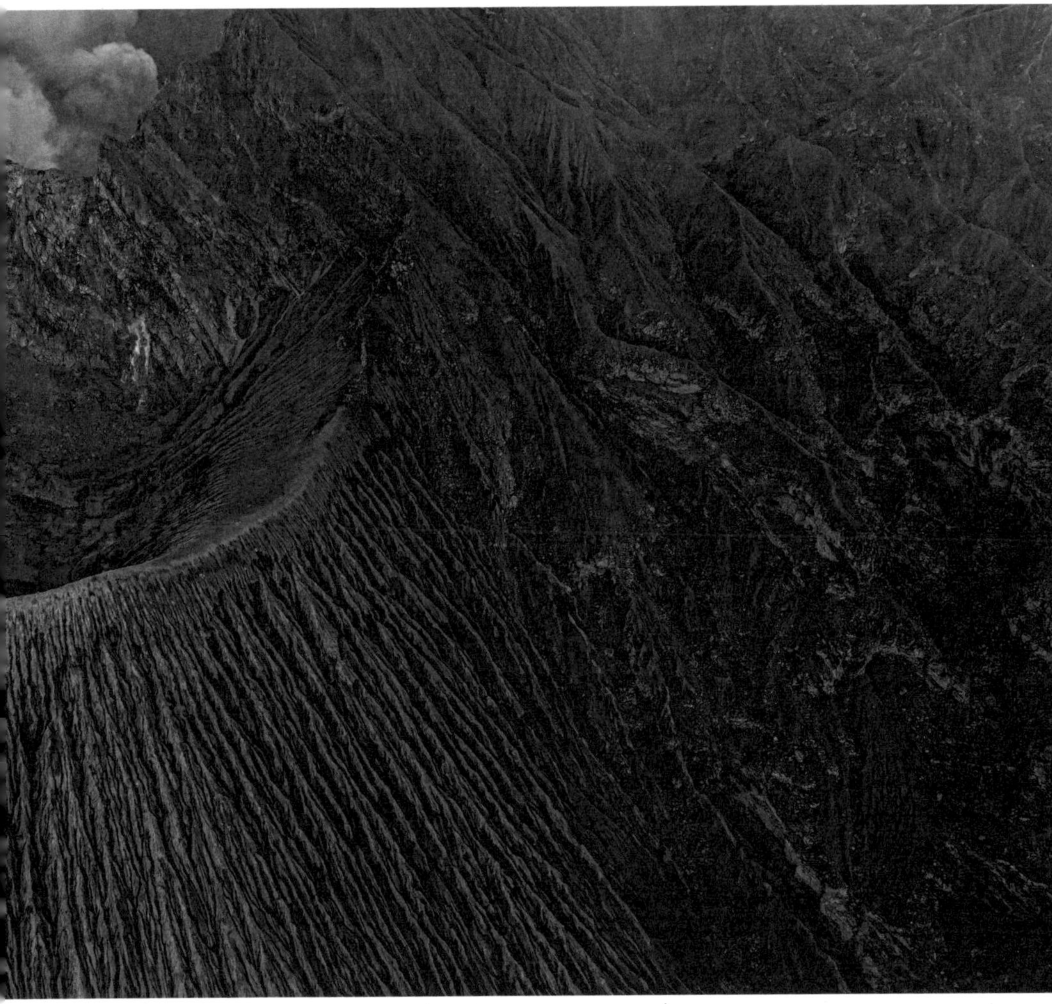

The Eye of Silence, 2022

Dieser Planet ist fünf Milliarden Jahre alt, und das menschliche Leben oder Überleben ist unwesentlich für das Überleben des Planeten. Die Erde birgt viele Welten in sich, und sie wird lange nach uns da sein. In dieser Erkenntnis liegt eine gewisse sanfte Grausamkeit – ebenso wie in der psychedelischen Schönheit der Bilderwelten von Charles Stankievech, die mit altmeisterlichem Gestus Landschaftsmalerei der tiefsten prähistorischen Epochen projizieren: Vulkane, Wüsten, ohne Anzeichen von Leben, die gerade in dieser Abwesenheit Leben beschwören. Alles verschwindet irgendwann. Davon erzählt auch der Meteorit, den Stankievech mit Sinn für existenziellen Humor und Leichtigkeit auf schwarzen Sand bettet. Siehe da, er schwebt! Vor 29 Millionen Jahren landete ein Meteorit wie dieser in der Sahara und verwandelte Sand buchstäblich in Glas. Stankievechs Videoarbeit und seine Installation verweisen auf ein Kernthema der Ausstellung: Vergänglichkeit, nicht zu verwechseln mit Vergeblichkeit.

Thomas Struth

The promise of science is progress, is insight, is the advancement of humanity—it is a hard sell these days, as humanity seems to be stalling or in decline, endangered in a lot of ways by the very products and practices that science incubated. Then again, science is on the march. Will we fly to Mars? Will robots replace us? What is the promise or peril of the techno-utopist manifesto by Marc Andreessen, the tech-investor who turns the advancement of research and the maximization of profit into the toxic combination which created this mess in the first place? But what does it look like, how is it created, both the mess and the order—this is the long-term investigation of Thomas Struth, who went to one of the cathedrals of science, the physical laboratories of CERN in Geneva. Struth straddles the ambivalence between awe and fascination in the face of what humans are able to do, and the caution that all this might collapse, like so many other civilizations before us have collapsed.

Die Verheißungen der Wissenschaft sind Fortschritt, Erkenntnis und die freie Entfaltung der menschlichen Fähigkeiten – aber ganz so einfach ist das heute nicht. Die Entwicklung der Menschheit scheint zu stagnieren oder im Niedergang begriffen zu sein, bedroht durch die Produkte und Praktiken, die die Wissenschaft hervorgebracht hat. Dann wiederum sind die Ambitionen der Wissenschaft immer noch groß: Werden wir zum Mars fliegen? Werden wir durch Roboter ersetzt? Was sind Versprechen und Gefahr des techno-optimistischen Manifests von Marc Andreessen, dem Tech-Investor, bei dem Forschung und Profitmaximierung jene toxische Verbindung eingehen, die die derzeitigen Probleme überhaupt erst geschaffen haben? Aber wie sehen sie eigentlich aus, Chaos und Ordnung, wie entstehen sie – diesen Fragen geht Thomas Struth in seiner Langzeituntersuchung nach, die ihn in eine der Kathedralen der Wissenschaft geführt hat, die physikalischen Labore des CERN in Genf. Struth verbindet hier die Faszination für das, wozu der Mensch fähig ist, mit der Warnung, dass das alles zusammenbrechen könnte; so wie viele Zivilisationen vor uns zusammengebrochen sind.

What is science?

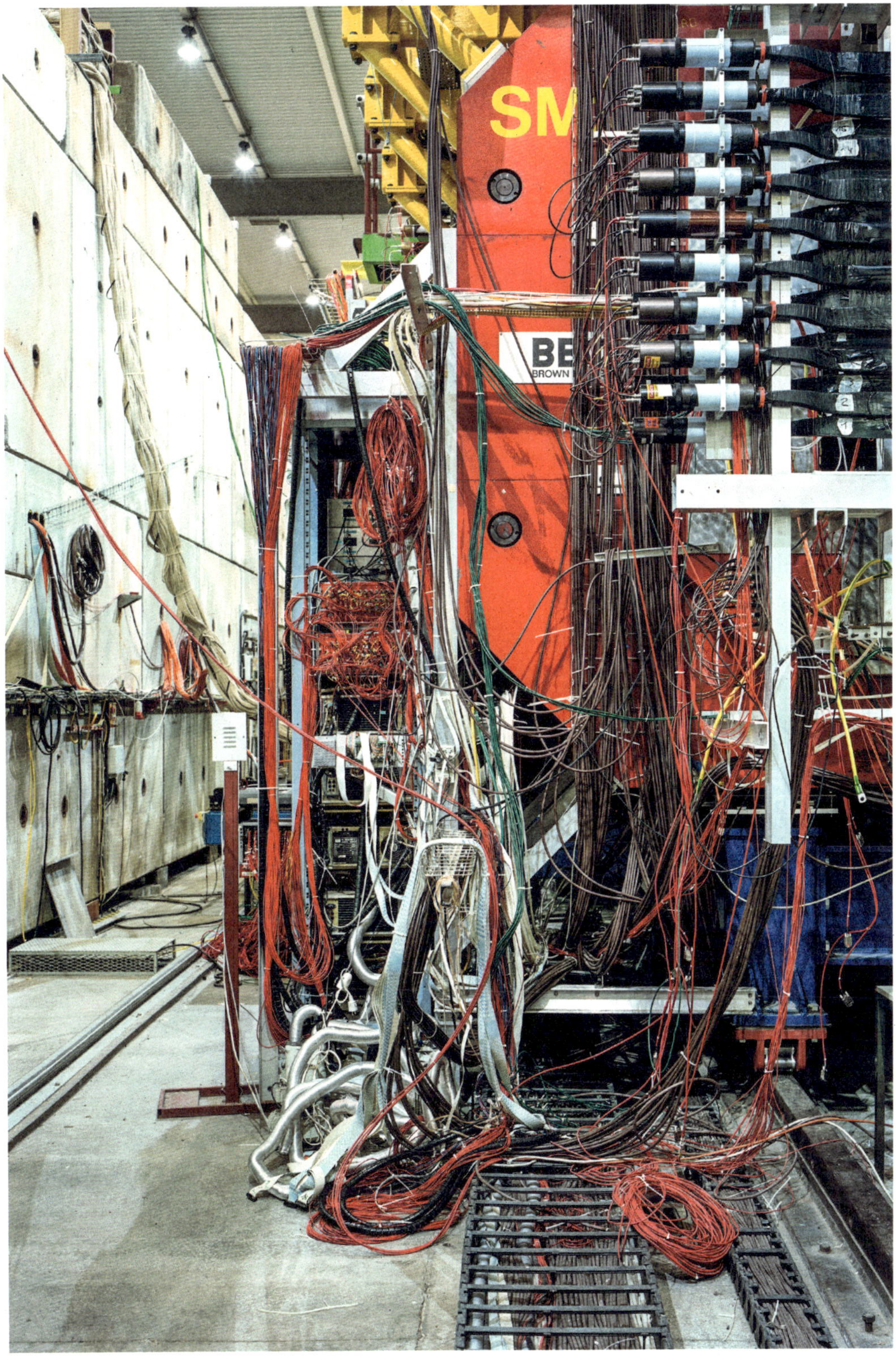

Magnet 1, COMPASS, CERN, Prévessin-Moens, 2019

What is the message?

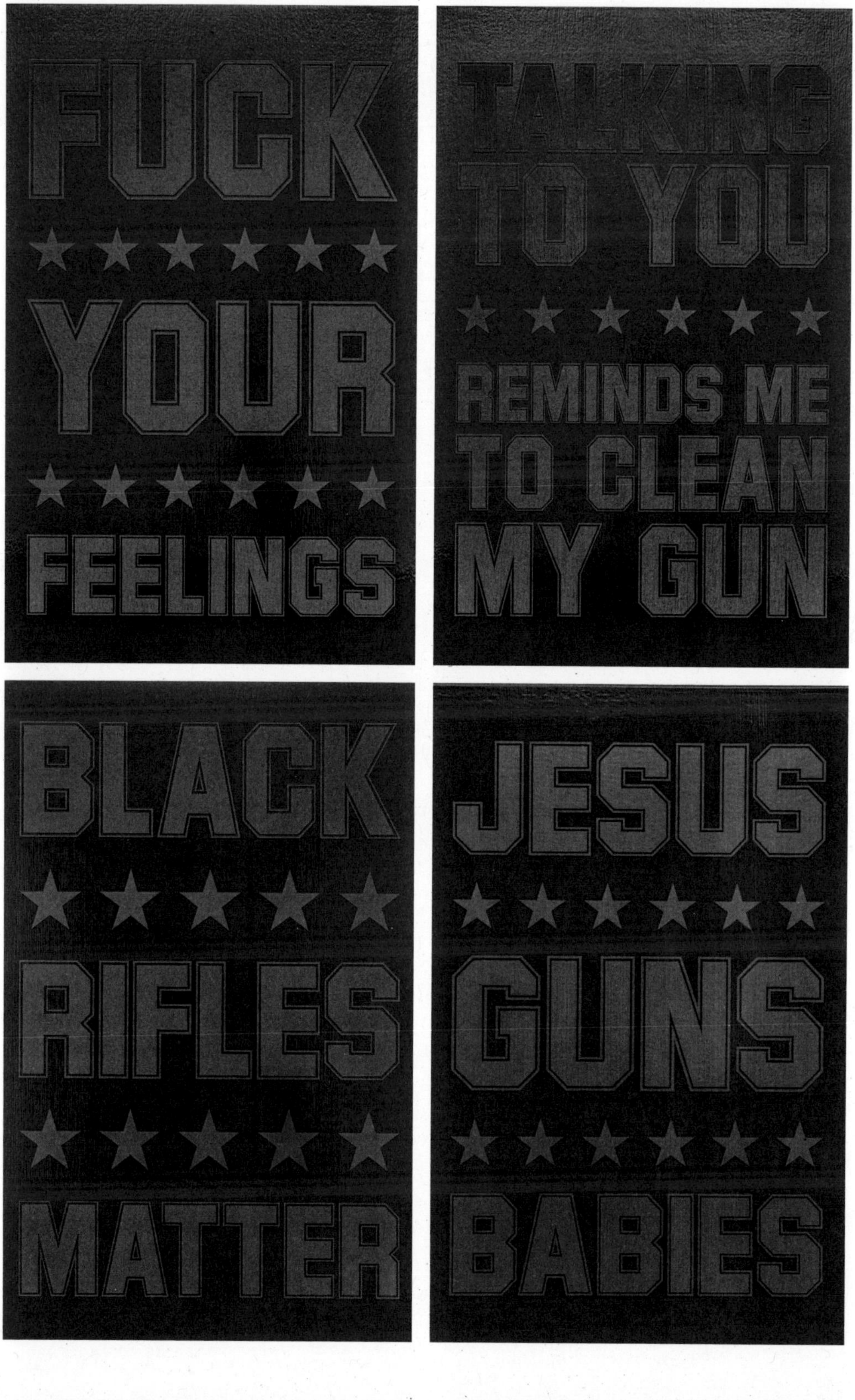

Black Paintings, 2023

Ron Terada

Communication, in the art of Ron Terada, is turned into a form of violence. Which raises the question: How can democracy work within the context of weaponized language? Or differently put: If words do create a sense of shared identity, of an emotional core to individual and collective action, namely politics—how do we react, personally and as societies? And is there even such a thing as a society, which Margaret Thatcher famously denied? Ron Terada's work can be read in this sense, reflecting some of the basic contradictions in the view that liberal democracy is either the best possible system—or actually works.

If communication breaks down in a mediated world, what does that mean for power and the control of power? If the word loses its power, what is it replaced by? How can we mediate our lives in the post-Gutenberg universe? Are we headed, as some argue, for a pictorial turn? And what does that mean for the way we organize politics?

In Ron Teradas Kunst wird die Kommunikation zu einer Form von Gewalt. Das wirft die Frage auf: Wie kann die Demokratie funktionieren, wenn Sprache als Waffe eingesetzt wird? Oder anders gefragt: Wenn Worte eine Art gemeinsamer Identität schaffen, einen emotionalen Kern für individuelles und kollektives Handeln, nennen wir es Politik – wie reagieren wir darauf, persönlich und als Gesellschaft? Und gibt es überhaupt so etwas wie eine Gesellschaft, was Margaret Thatcher bekanntlich verneinte? Ron Teradas Arbeit kann in diesem Sinne gelesen werden und spiegelt einige grundlegende Widersprüche im Blick auf die liberale Demokratie als das bestmögliche politische System – funktioniert es überhaupt? Wenn die Kommunikation in einer medialisierten Welt zusammenbricht, was bedeutet das für die Macht und die Kontrolle der Macht? Wenn das Wort seine Bedeutung verliert, durch was wird es ersetzt? Was sind Medien im Post-Gutenberg-Universum? Stehen wir, wie manche sagen, am Beginn eines visuellen Zeitalters? Und was bedeutet das für die Art und Weise, wie wir Politik gestalten?

The twenty-first century will be a century of radical transformation, from a fossil to a digital and electrified economy—and rare Earth materials are essential for this transformation. Emmanuel Van der Auwera turns these insights into a mind-bending film which transcends the limits of dystopia. The vision is bleak, the images are supercharged by AI, they seem to glow in the dark. Van der Auwera took the inspiration from a post on Douyin, a Chinese app similar to TikTok—the post showed an unknown miner in the Baiyan Obo mining district talking about his day-to-day life and work. Like the ad for White Cloud says: "And what you do not know is the only thing you know. And where you are is where you are not." We inhabit this space between realities: The video refers to Project Blue Beam—a conspiracy theory which concerns an alleged plot to facilitate a totalitarian world government by destroying traditional religions and replacing them with a new-age belief system using NASA and AI technology. Technology, Van der Auwera shows, is built on exploitation of nature and humans; exploitation is a feature of the system.

Das 21. Jahrhundert wird ein Jahrhundert der radikalen Transformation sein, von einer fossilen zu einer digitalen und elektrisierten Wirtschaft – und seltene Erden sind für diese Transformation essenziell. Diese Erkenntnisse treiben Emmanuel Van der Auweras rätselhaften Film an, bis an die Grenze zur Dystopie und darüber hinaus. Die Vision ist düster, die mit KI aufgeladenen Bilder scheinen im Dunkeln zu leuchten. Die Inspiration für seine Arbeit bezog der Künstler von einem Post auf Douyin, einer chinesischen App ähnlich wie TikTok – ein anonymer Minenarbeiter im Bergbaugebiet Bayan Obo sprach über seinen Alltag und seine Arbeit. In der Werbung für White Cloud heißt es: „Und was du nicht weißt, ist das Einzige, was du weißt. Und wo du bist, ist dort, wo du nicht bist." Wir bewohnen diesen Raum zwischen den Wirklichkeiten: Diese Videoarbeit verweist auf das Project Blue Beam – eine Verschwörungstheorie, nach der es ein Komplott zur Etablierung einer totalitären Weltregierung geben soll, die angeblich traditionelle Religionen mithilfe von NASA-Technologie und KI durch ein New-Age-Glaubenssystem ersetzen will. Technologie, das zeigt Van der Auwera, gründet auf der Ausbeutung von Natur und Mensch; Ausbeutung ist ein Teil des Systems.

What is exploitation?

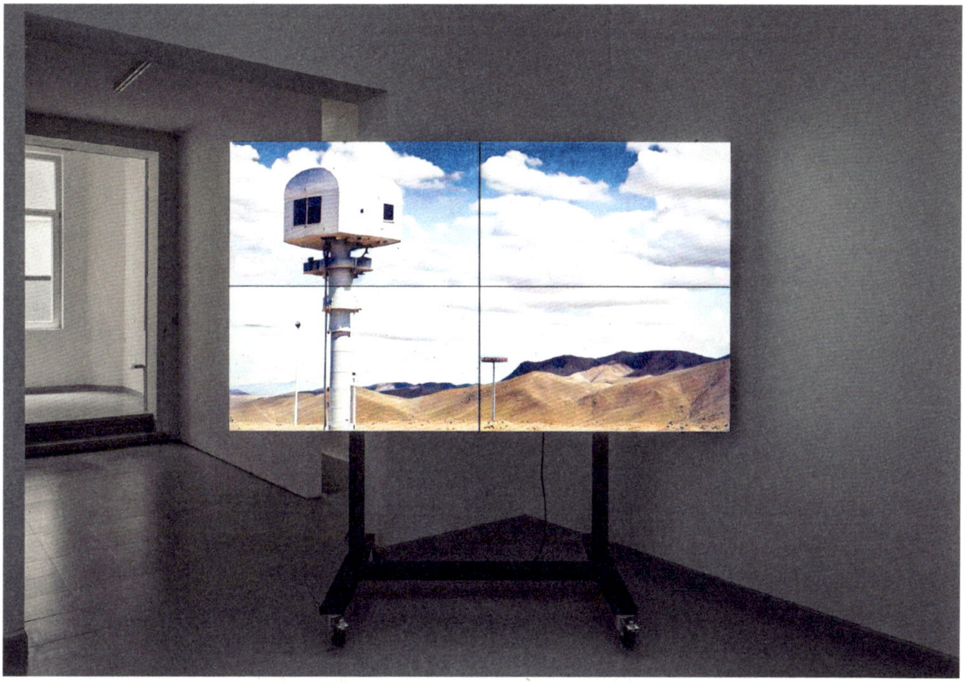

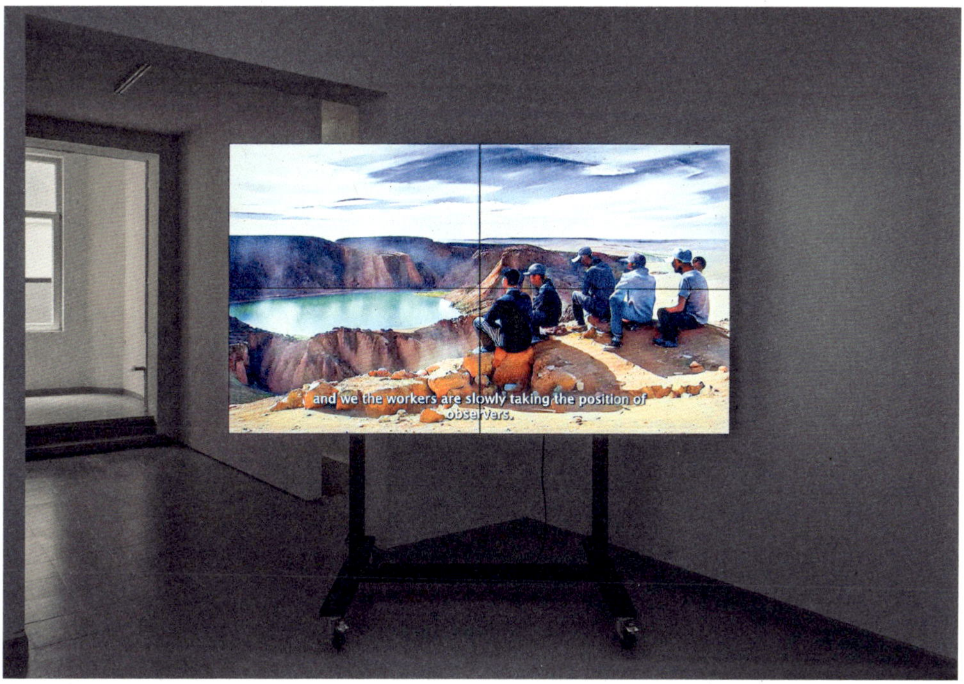

White Cloud, 2023

Emmanuel Van der Auwera

It is a dedication to change, a relentless pursuit of justice that echoes through time. Activism is more than a mere act; it's a commitment that goes beyond oneself, reaching out to others, creating connections that fuel movements. In the realm of activism, Activist Love Letters stands as a vibrant force, using art and performance to provoke thought, inspire action, and build bridges within communities. In the world of Syrus Marcus Ware, activism is not just an act of defiance or resistance; it's an expression of love. Love for justice, love for community, and love for the shared journey towards a better world. Activism means saying "yes" to the possibility of change, to the interconnectedness of our stories, and to the power of collective action. Syrus Marcus Ware's work serves as a testament to the transformative potential of love within the realm of activism.

Aktivismus ist ein Bekenntnis zu Veränderung, ein unermüdliches Streben nach Gerechtigkeit, das widerhallt durch die Zeit. Aktivismus ist mehr als nur eine Handlung; er ist eine Selbstverpflichtung, die über die eigene Person hinausweist, die andere einbezieht und Verbindungen schafft, um Bewegungen voranzutreiben. Im Reich des Aktivistmus sind die Activist Love Letters eine lebendige Kraft, die Kunst und Performance nutzt, um zum Nachdenken und zum Handeln anzuregen und Brücken der Gemeinschaft zu bauen. In der Welt von Syrus Marcus Ware ist Aktivismus kein bloßer Akt des Protests oder Widerstands; er ist Ausdruck von Liebe. Liebe zu Gerechtigkeit, Liebe zur Gemeinschaft und Liebe zum gemeinsamen Weg hin zu einer besseren Welt. Aktivismus bedeutet, „Ja" zu sagen zur Möglichkeit der Veränderung, zur Verflechtung unserer Geschichten und zur Kraft des gemeinsamen Handelns. Die Arbeit von Syrus Marcus Ware ist ein Zeugnis für das transformative Potenzial der Liebe im Reich des Aktivismus.

What is activism?

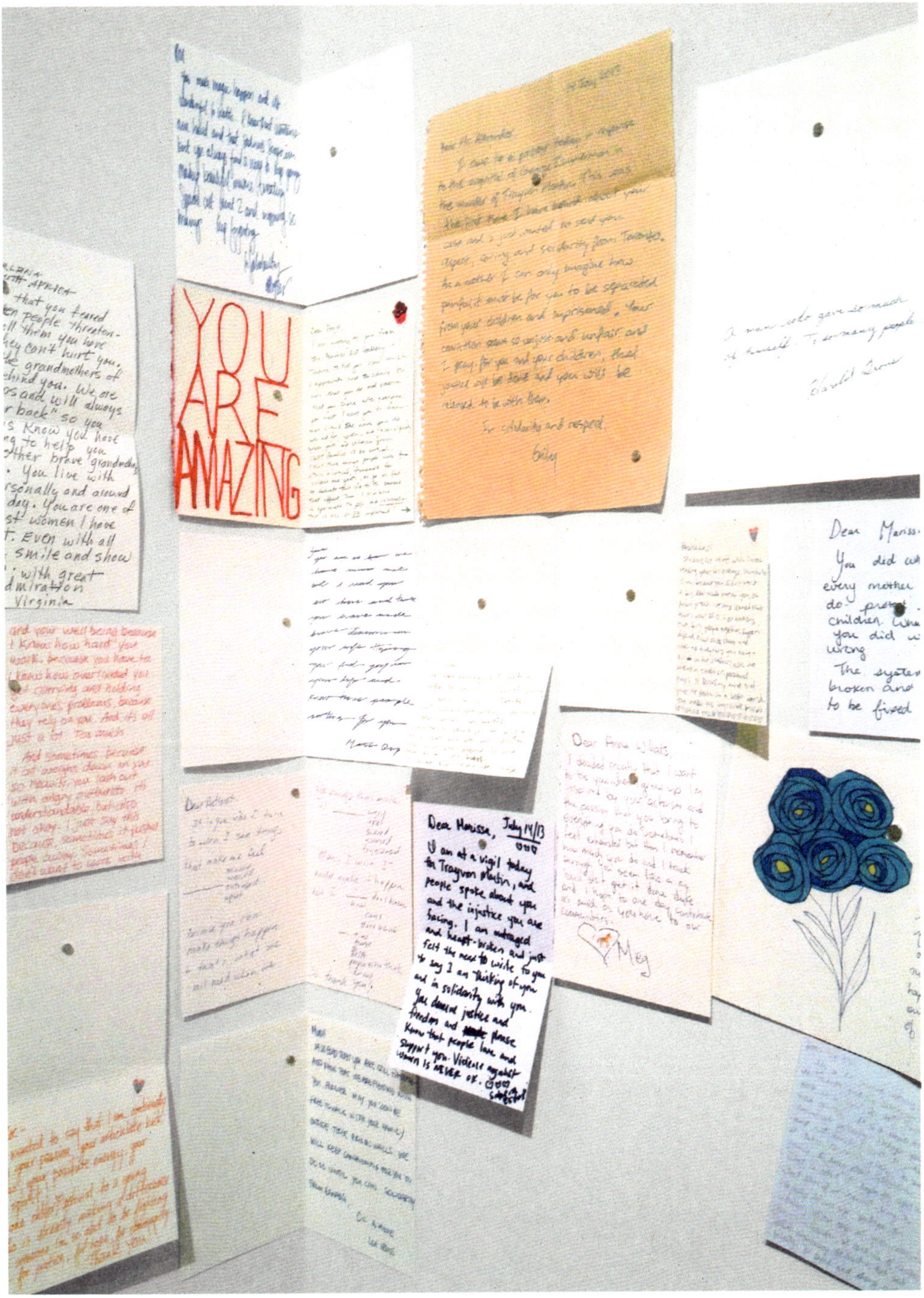

Activist Love Letters, 2021–

Syrus Marcus Ware

The Unsolved

Das ungelöste System

Georg Diez &
Nicolaus Schafhausen

Future-oriented Archaeology

Zukunftsorientierte Archäologie

The future is contested.

That's what the political theorist Mark Fisher[1] pointed out when he described the way the neoliberal governments of Margaret Thatcher and Ronald Reagan introduced their reign over, among other things, time.

They destroyed the notion of the future by claiming, in the words of Margaret Thatcher, "There is No Alternative"—this is how things are and will be; time, it turns out, is inherently a political entity.

But the idea that there is a future that can be shaped and changed is constitutive for the left; if this idea of a better future is lost or given up, the left is losing its course, its meaning, societies are stranded, individuals resign.

Since the 1980s, one could say, we live in the age of "Capital Order," as Clara Mattei calls it—an order that is less democratic than it seems and created the societal instability that we see today and exacerbated the present climate emergency.

Mattei's book[2] is a historic study of "How Economists Invented Austerity and Paved the Way for Fascism," as the subtitle puts it; she talks about the 1920s and 1930s, but the analysis has a lot of bearing for this age of austerity—and imminent fascism.

Die Zukunft ist strittig.

Zu diesem Schluss kam der Politiktheoretiker Mark Fisher,[1] als er die Art und Weise untersuchte, wie die neoliberalen Regierungen von Margaret Thatcher und Ronald Reagan ihren Herrschaftsanspruch – auch über die Zeit – rechtfertigten.

Sie zerstörten die Vorstellung von Zukunft, indem sie behaupteten, um Thatcher zu zitieren, „es gibt keine Alternative" – so sind die Dinge, so bleiben die Dinge; Zeit, zeigt sich, ist ein zutiefst politisches Gebilde.

Aber das Verständnis, dass Zukunft gestaltbar und veränderbar ist, ist essenziell für linkes Denken und Handeln; geht diese Vorstellung einer besseren Zukunft verloren und gibt man sie auf, verliert die Linke ihr Ziel, ihren Sinn; Gesellschaften stranden, Individuen resignieren.

Seit etwa den 1980er-Jahren leben wir im Zeitalter der kapitalistischen Ordnung, wie es die Wirtschaftswissenschaftlerin Clara Mattei in ihrem Buch *Capital Order*[2] beschreibt – diese Ordnung ist weniger demokratisch, als es scheint, sie schuf die gesellschaftliche Instabilität, sie verschärft die aktuelle Klimakrise.

Matteis Buch ist eine historische Studie darüber, „wie Ökonomen die Austerität erfanden und dem Faschismus den Weg ebneten", wie es im Untertitel heißt; sie schreibt über die 1920er- und

The roots of this fascism might be different, as every epoch is different in fundamental ways, as the historicist knows; the roots might also be similar, as there are structural and political and most of all economic decisions which create resistance and enforce the struggle for power, as the historical materialist knows.

History, for Mattei, is a place for understanding a present which has lost its horizon; history, in this sense, is a place for questioning power and correcting the present.

The past, in other words, is as equally contested as the future. Time itself, it seems, has become the medium of conflict; if you unearth history, if you free time from its seemingly logical and linear path, you can see beyond the realm of the real—which is always constructed by those with the power to rule over the stories that govern our societies.

These stories shape reality; these stories need to be challenged, constantly, be it in politics or academia or media or art.

An exhibition about the future—and survival is mostly a question of the future—needs to think about the contestations of the past. In a lot of ways, this is the starting point for thinking about what is to come: how it all started.

1930er-Jahre, doch ihre Analyse hat viel mit der aktuellen Zeitalter der Austerität zu tun – und der Bedrohung durch den Faschismus.

Die Wurzeln für diesen Faschismus können andere sein, das ist die Erkenntnis des Historizismus; die Wurzeln können sich aber ähneln, denn wie der historische Materialismus lehrt, sind es strukturelle und politische und vor allem wirtschaftliche Entscheidungen, die Widerstand wecken und den Machtkampf entfachen.

Geschichte ist für Mattei ein Ort, an dem wir eine Gegenwart besser verstehen lernen, die ihren Horizont verloren hat; Geschichte ist so gesehen ein Ort, an dem Macht hinterfragt und die Gegenwart korrigiert wird.

Die Vergangenheit ist, anders gesagt, genauso strittig wie die Zukunft. Die Zeit selbst, so scheint es, ist zum Medium des Konflikts geworden. Fördert man die Geschichte zutage, löst man die Zeit aus ihrem scheinbar logischen, linearen Verlauf, dann eröffnet das den Blick über das Reich des Realen hinaus – das die konstruieren, die genug Macht haben, um über die Geschichten zu herrschen, die unsere Gesellschaften bestimmen.

Diese Geschichten formen Realität; diese Geschichten müssen immer wieder hinterfragt werden, in Politik, Medien, Kunst.

Eine Ausstellung über die Zukunft – und Überleben ist vor allem eine Frage der Zukunft – muss über die Konflikte der Vergangen-

These stories again, origin stories of sorts, are layered, are present in different ways, showing themselves only to those who are looking, appearing when the time is right.

It is a bit like the people on the beach in Gotland, looking for something right here, right now, under the bushes, between the stones; while the night is beginning, the light is fading, the sky is lighting up with all the stars that tell stories mostly of time.

This practice of looking, meditative in its own ways, this exercise of examining what might be familiar or foreign, this collective action by individuals with their own minds is connecting a tender spiritual and political vision with the larger metaphysics of where this all comes from—and why we exist.

In the context of climate change, this metaphysical reflection turns into an ontology of action: deep time is the term for understanding with the age of the universe, the age of the planet, in a moment of destruction of what humans created, a speck in time.

Deep time is a way to access the geological history of our existence, again a meditation on the beauty and the cruelty of the reality of the finite in the realm of the infinite.

Future-oriented Archaeology

heit nachdenken. In mehr als einer Hinsicht lautet der Ausgangspunkt für eine Reflexion über das, was uns bevorsteht: Wie alles begann.

Diese Geschichten, oder eher Entstehungsgeschichten, sind vielschichtig, sind auf unterschiedliche Weise gegenwärtig, sie zeigen sich denen, die hinschauen, sie zeigen sich, wenn die Zeit gekommen ist.

Es ist wie bei Sharon Lockharts Menschen am Strand von Gotland, die genau hier, genau jetzt etwas suchen, unter den Büschen; zwischen den Steinen; während die Nacht hereinbricht, das Licht schwindet, am Himmel die Sterne leuchten, die vor allem Geschichten über die Zeit erzählen.

Diese meditative Praxis des Suchens, diese Übung im Erforschen dessen, was vertraut und was fremd ist, dieses gemeinschaftliche Handeln von Individuen mit ihren eigenen Gedanken verbindet eine zarte spirituelle und politische Vision mit der größeren metaphysischen Frage, wo alles herkommt; und warum wir existieren.

Im Kontext des Klimawandels wird diese metaphysische Reflexion zu einer Ontologie des Handelns: Der Begriff Tiefenzeit hilft uns im Moment der Zerstörung dessen, was die Menschheit geschaffen hat, zu verstehen, dass es im Verhältnis zum Alter des Universums, des Planeten, nur ein Wimpernschlag ist.

Tiefenzeit ist ein Tor zur geologischen Geschichte unserer Existenz, eine Meditation über die Schönheit und Grausamkeit der Realität des Endlichen im Reich des Unendlichen.

Charles Stankievech turns this reflective act of human self-understanding into a projection into the vast context of existence, volcanos, rock formations, the magic of non-existence.

A world without humans is neither a fiction nor an option; it was a reality and will be reality. The measure of this insight is the willingness to act now, to preserve and protect, to protest and prevail.

The canvas of cosmology is not a calming sight—there is a certain violence in the grandeur of time, there is a modicum of destruction in the absence of human life; there is a warning here to think hard about the present and the future while trying to grasp the dimensions of history before history.

That is before the recording of time and events; which, seen differently and explored anew, offers some insights into our presence. History, one could say, was invented by the ancient Greeks—Herodotus, who lived between 484 and 425 BC, is credited as the first known historian: at least that's what Cicero called him a couple of centuries later.

History, the story of the past, of our past, is a pillar of civilization, of Western civilization; it is also a playground of power, and "humanity's childhood," as the late David Graeber

Charles Stankievech macht aus diesem reflexiven Akt menschlicher Selbsterkenntnis eine Projektion des weiteren Horizonts der Existenz: Vulkane, Gesteinsformationen, der Zauber der Nichtexistenz.

Eine Welt ohne Menschen ist weder eine Fiktion noch eine Option; sie war Realität und wird es wieder sein. Das Maß dieser Einsicht ist der Wille, hier und jetzt zu handeln, zu bewahren und zu behüten, sich zu wehren und sich zu behaupten.

Die Kosmologie ist dabei keine beruhigende Kulisse – der Erhabenheit der Zeit haftet etwas Gewaltsames an, und in der Abwesenheit menschlichen Lebens liegt ein gewisses Maß an zerstörerischer Kraft; es sollte uns eine Warnung sein und dazu bringen, uns intensiv mit Gegenwart und Zukunft zu befassen und zu versuchen, die Dimensionen der Geschichte vor der Geschichte zu begreifen.

Die Zeit also vor der Aufzeichnung von Zeit und Ereignissen; die, wenn man sie anders und neu erforscht, einige Einblicke in unsere Anwesenheit liefern kann. Geschichte, so heißt es, wurde von den alten Griechen erfunden – Herodot, der von ca. 484 bis 425 v. Chr. lebte, gilt als der erste Historiker. Wenigstens nannte ihn Cicero so, ein paar Jahrhunderte später.

Geschichte, die Erzählung der Vergangenheit, unserer Vergangenheit, ist ein Fundament westlicher Zivilisation; sie ist auch ein Spielfeld der Macht, und die „Kindheit der Menschheit", wie sie David

and David Wengrow called it in their book The Dawn of Everything,[3] might actually hold very different lessons for us than we are taught, both about the deep past, but also about the imminent future.

Their project was to present "a new history of humanity," as they called it, a look at the pre-history of humans, unearthing alternative ways of organizing communities, cities, societies, creating a different understanding of what we call civilizations—Graeber, the anthropologist, and Wengrow, the archeologist, went back thousands of years to question the premises our political concepts are built on; like: "are we inherently selfish and violent, or innately kind and co-operative?"

We are neither, would be the most realistic answer; but political philosophy in the West has told a different story, has divided into two camps, has taken two radically different notions of what humans are as absolute and built on these extremes: Thomas Hobbes and Jean-Jacques Rousseau held contradictory claims about human nature, dangerous versus good, and the systems they propose are accordingly different in character.

Is democracy, in the end, a way to mediate fear or to enable trust? This is the strange polarity that political philoso-

Graeber und David Wengrow in ihrem Buch The Dawn of Everything[3] (dt. Anfänge) beschreiben, könnte uns in der Tat etwas ganz anderes lehren, als man uns beigebracht hat, über die tiefe Vergangenheit ebenso wie über die vor uns liegende Zukunft.

Ihr Projekt war „eine neue Geschichte der Menschheit", wie sie es nannten, die Vorgeschichte der Menschheit zu untersuchen, alternative Organisationformen von Gemeinschaften, Städten und Gesellschaften zu entdecken und ein anderes Verständnis für das zu entwickeln, was wir Zivilisation nennen – der Anthropologe Graeber und der Archäologe Wengrow gingen Tausende von Jahren in die Vergangenheit, um die Prämissen zu hinterfragen, auf denen unsere politischen Konzepte aufbauen; sind wir etwa „von Natur aus egoistisch und gewalttätig oder von Natur aus freundlich und kooperativ"?

Weder noch, das wäre die realistischste Antwort; aber die politische Philosophie des Westens erzählt eine andere Geschichte, sie schuf eine Spaltung, basierend auf grundlegend entgegengesetzten Menschenbildern, die zur absoluten Wahrheit erklärt wurden: Darauf bauten Thomas Hobbes und Jean-Jacques Rousseau ihre gegensätzliche Vorstellungen von der menschlichen Natur, von Gut und Böse, und entsprechend unterschiedlich sind die von ihnen entwickelten politischen Systeme.

Ist Demokratie letztlich ein Mittel, um Angst zu erzeugen oder um Vertrauen aufzubauen? Diese eigenartige Polarität erforscht

phy explores, based on fickle assumptions that actually were, in the case of Hobbes and Rousseau, nothing but assumptions—turned, over time, into truisms that govern our political imagination to this day.

Graeber and Wengrow go much deeper in their future-oriented archeological endeavor: they try to understand the interplay between indigenous knowledge and Enlightenment thought, they investigate the first cities and question the interpretation that hierarchy is a necessary feature of any settlement of society, they upend the idea of property.

Archaeology, in the anarchistic way proposed by Graeber and Wengrow, becomes an emancipatory act. Archaeology can free humans' earliest history from the prongs of the historians. Archaeology becomes a speculative adventure.

Speculation about the future is one starting point of thinking about survival. Any historical work, Graeber and Wengrow write, "which purports to be about the origins of social inequality is really an inquiry into the origins of civilization"—civilization defined as a "system of social complexity, guaranteeing greater overall prosperity," but also ensuring compromises "in the areas of freedom and equality."

die politische Philosophie, die auf wackligen Annahmen beruht, die im Fall von Hobbes und Rousseau tatsächlich nicht mehr waren als Annahmen – die im Lauf der Zeit zu Gemeinplätzen wurden, die unsere politische Vorstellungskraft bis heute prägen.

Graeber und Wengrow gehen bei ihrem Projekt einer zukunftsorientierten Archäologie viel weiter: Sie analysieren das Wechselspiel zwischen indigenem Wissen und der Aufklärung, sie untersuchen die ersten Städte und untersuchen, ob Hierarchie ein notwendiges Merkmal jeder sesshaften Gesellschaft ist, sie stellen die Idee des Eigentums infrage.

Archäologie wird – auf Graebers und Wengrows anarchistische Art – zu einem Akt der Emanzipation. Archäologie kann die Ur- und Frühgeschichte der Menschheit aus den Klauen der Historiker befreien. Archäologie wird zum spekulativen Abenteuer.

Ein Anfang für das Nachdenken über unser Überleben ist die Spekulation, was die Zukunft bringt. „Jede historische Arbeit, die angeblich die Ursprünge sozialer Ungleichheit in den Fokus stellt", ist laut Graeber und Wengrow „eigentlich eine Untersuchung der zivilisatorischen Ursprünge" – Zivilisation definiert als „System sozialer Komplexität", das „einen insgesamt höheren Wohlstand" garantiert, was gleichzeitig voraussetzt, dass bestimmte Kompromisse „im Bereich von Freiheit und Gleichheit gemacht werden müssen."

What would be an alternative story? What would be the difference between the past we know and the future we want? It is in a lot of ways the democratic project not to accept the obvious, the plain and simple, "reality"; it is a democratic act to complicate the past and the present and find the hidden patterns, the lost stories, the buried possibilities.

In this sense, Abbas Akhavan's take on the contradictions of civilization is like a starting point—colonial powers in every epoch enforced structures of exploitation and ownership that went beyond the physical; the occupation extended to the imaginary, to the stories and narratives, to the truths conveyed throughout time and history.

The green screen becomes a space for projection and contention—property reaches beyond the present and way into the past. Any attempt to understand the future needs to go back in time.

Wie sähe eine alternative Erzählung aus? Was wäre der Unterschied zwischen der Vergangenheit, die wir kennen, und der Zukunft, die wir wollen? Es ist in vielerlei Hinsicht das demokratische Projekt, nicht einfach das Offensichtliche, das Einfache und Schlichte, nicht einfach „Realität" hinzunehmen. Es ist ein demokratischer Akt, die Vergangenheit und Gegenwart in ihrer Kompliziertheit zu zeigen und die verborgenen Muster, die untergegangenen Geschichten, die verschütteten Möglichkeiten zu entdecken.

In diesem Sinne ist die Arbeit von Abbas Akhavan ein guter Anfang, um die Widersprüche der Zivilisation zu bemessen – in jeder Epoche erschufen die Kolonialmächte mit Gewalt Strukturen der Ausbeutung und des Eigentums, die über das Physische hinausgingen; die Besatzung betraf auch das Imaginäre und erstreckte sich auf Geschichten und Narrative und die Wahrheiten, die durch Zeit und Geschichte tradiert wurden.

Der Greenscreen öffnet sich Projektionen und Konflikten. Eigentumsfragen erstrecken sich über die Gegenwart hinaus und weit in die Vergangenheit. Jeder Versuch, die Zukunft zu verstehen, muss in der Vergangenheit beginnen.

1 Mark Fisher, Capitalist Realism (Ropley: John Hunt 2009).
2 Clara Mattei, The Capital Order: How Economists Invented Austerity and Paved the Way to Fascism (Chicago: University of Chicago Press 2022).
3 David Graeber and David Wengrow, The Dawn of Everything: A New History of Humanity (New York: Macmillan 2021).

1 Mark Fisher, Kapitalistischer Realismus ohne Alternative? Eine Flugschrift, Übers. Christian Werthschulte u. a., Hamburg 2013.
2 Clara Mattei, The Capital Order: How Economists Invented Austerity and Paved the Way to Fascism, Chicago 2022.
3 David Graeber und David Wengrow, Anfänge. Eine neue Geschichte der Menschheit, Übers. Henning Dedekind u. a., Stuttgart 2024.

Post-apocalyptic Melancholy

Postapokalyptische Melancholie

Srećko Horvat

The current devastation of the planet leaves deep scars not only on the surface of the Earth, but in human subjectivity. The overwhelming and prevailing sense of the end could be called "post-apocalyptic melancholy."

The profound changes that we are experiencing on an everyday level, from the destruction of the environment to the age of pandemics, have already transformed human subjectivity. The prevailing sensitivity that can be discerned today is a sort of "post-apocalyptic melancholy," the sense of an ending that is unlike any other ending before, an ending that is inevitable if we continue with our current world system, an ending meaning the end of the biosphere and mass extinction, whether it is rapid or slow, the feeling that everything changes and that the only thing that's certain is extinction. This naturally creates anxiety—and leads to the difficulty, or rather impossibility, of coping with the irreversible loss.

This sort of "post-apocalyptic melancholy" could be discerned in August 2019, at that time the hottest summer ever recorded, when Iceland held a funeral for its first glacier lost to the climate crisis. As scientists warned that hundreds of other ice sheets on the subarctic island risk the same fate, a bronze

Die gegenwärtige Verwüstung des Planten hinterlässt tiefe Narben, nicht nur auf der Oberfläche der Erde, sondern auch im subjektiven Empfinden der Menschen. Das überwältigende und omnipräsente Endzeitgefühl könnte man „postapokalyptische Melancholie" nennen.

Die Veränderungen, die wir jeden Tag spüren, von der Umweltzerstörung bis zum Zeitalter der Pandemien, haben die menschliche Subjektivität schon jetzt tiefgreifend verändert. Die vorherrschende Reaktion darauf ist die „postapokalyptische Melancholie", das Gefühl eines Endes, das anders ist als alle Enden zuvor; ein Ende, das unausweichlich ist, wenn wir nicht unser Weltensystem ändern; ein Ende, das die Zerstörung der Biosphäre und ein massenhaftes Artensterben mit sich bringt, sei es schnell oder langsam; das Gefühl, dass sich alles verändert und nur die Auslöschung sicher scheint. Das sorgt natürlich für Ängste – und führt zu der Schwierigkeit oder Unmöglichkeit, mit diesem unwiederbringlichen Verlust umzugehen.

Eine solche „postapokalyptische Melancholie" war im August 2019 spürbar, als Island im heißesten Sommer aller Zeiten den ersten seiner Gletscher aufgrund der Klimakrise zu Grabe trug. Wissenschaftler*innen warnten, dass Hunderte weitere Eisschilde auf der subarktischen Insel folgen könnten, und an einem kahlen Felsen in der kargen Landschaft, in der sich zuvor der Okjökull erstreckte, wurde eine Bronzetafel angebracht. Darauf steht:

plaque was mounted on a bare rock on the barren terrain once covered by the Okjökul glacier. The plaque reads:

> A letter to the future
> Ok is the first Icelandic glacier to lose its status as a glacier.
> In the next two hundred years, all our glaciers are expected to follow the same path.
> This monument is to acknowledge that we know what is happening and what needs to be done.
> Only you know if we did it.
> Ágúst 2019
> 415 ppm CO_2

Only a month later, in what would become the hottest September ever recorded, another “funeral march” took place. This time in the Swiss Alps, where activists (or rather mourners) marked the disappearance of the Pizol glacier, due to rising global temperatures. And, unfortunately, it seems that the funeral season has only just begun: a recent study by Swiss researchers suggests that by 2050, at least half of Switzerland’s glaciers could vanish, while more than 90 percent of glacier volume in the Alps could

> Brief an die Zukunft
> Ok ist der erste isländische Gletscher, der seinen Status als Gletscher verloren hat.
> In den kommenden 200 Jahren wird wohl alle unsere Gletscher dasselbe Schicksal ereilen.
> Diese Tafel soll daran erinnern, dass wir wissen, was geschieht und was zu tun ist.
> Nur ihr wisst, ob wir es auch getan haben.
> Ágúst 2019
> 415 ppm CO_2

The Unsolved System

Nur einen Monat später, im heißesten September seit Beginn der Wetteraufzeichnungen, setzte sich ein weiterer „Trauermarsch“ in den Schweizer Alpen in Bewegung. Aktivist*innen (oder besser Trauernde) gedachten des Pizolgletschers, der wegen der steigenden globalen Temperaturen geschmolzen war. Und leider ist dies offenbar erst der Anfang der Begräbnissaison: Einer aktuellen Studie Schweizer Forscher*innen zufolge könnten bis 2050 mindestens die Hälfte der Schweizer Gletscher, bis 2100 sogar über 90 Prozent des alpinen Gletschervolumens verschwunden sein. Um das Ausmaß zu verdeutlichen: Diese Zahlen entsprechen knapp 4000 Begräbnissen. Wie trauert man um einen solchen Verlust, wie verarbeitet man das? Und weil diese Trauerprozessionen nicht genug sind, riefen Tausende Aktivist*innen

be lost by 2100. This would mean, in order to visualize the scope of it, almost 4,000 funerals. How do you mourn or ever overcome such a loss? As if this procession of funerals wasn't enough, in October 2019 thousands of activists from the environmental group Extinction Rebellion staged a symbolic "funeral procession" for the planet in central London, carrying coffins and paper skeletons to draw attention to the ongoing climate crisis. One of the activists said: "We're connecting with our grief for the huge amount of species that have already been lost, for those people who have already been impacted by climate change, for our brothers and sisters across the globe."

As funerals from Iceland and Switzerland to London were gaining ground just before the COVID-19 pandemic would make it impossible to enact similar public actions for at least the first several months of 2020, we saw a sort of grief not only for what has already been lost, but also for what will be lost. These funerals were not held just for the lost glaciers; they were funerals for all the glaciers that will be lost, and that are already lost if we continue to act as if this is only going to happen in a very distant future. It was a funeral for the planet destroyed by extraction and expansion. The contemporary "climate grief" is thus closely related both to the disaster that

der Umweltbewegung Extinction Rebellion im Oktober 2019 zu einem symbolischen „Leichenzug" für den ganzen Planeten auf. Um auf die anhaltende Klimakrise aufmerksam zu machen, trugen sie Särge und Skelette aus Pappmaché durch die Londoner Innenstadt. Eine Aktivistin sagte: „Wir trauern gemeinsam um die zahllosen Arten, die bereits verschwunden sind, um die heute schon vom Klimawandel betroffenen Menschen, um unsere Brüder und Schwestern überall auf der Welt."

Die Zahl dieser Begräbnisse von Island über die Schweiz bis nach London nahm stetig zu, bis die Corona-Pandemie solche öffentlichen Aktionen zumindest in den ersten Monaten des Jahres 2020 vereitelte. Gleichzeitig entwickelte sich eine andere Trauer nicht nur über das, was verloren ist, sondern über das, was verloren sein wird. Diese Begräbnisse fanden statt nicht nur für die bereits geschmolzenen Gletscher, sondern für alle Gletscher, die noch schmelzen werden oder die nicht mehr zu retten sind, wenn wir weiter so tun, als ob diese Ereignisse in der fernen Zukunft lägen. Die gegenwärtige „Klimatrauer" ist insofern eng verbunden mit den Katastrophen, die schon geschehen sind, und mit den Katastrophen, die noch kommen oder sich gerade ereignen. All das macht unser gegenwärtiges Empfinden sehr komplex: Es ist nicht nur Trauer über den Verlust, sondern auch eine Art „vorauseilende" Trauer (Solastalgie) über das, was verloren gehen wird oder im Begriff ist, zu verschwinden.

Post-apocalyptic Melancholy

already happened and to the disaster to come, including those that are in the process of happening. It makes our contemporary sensitivity rather complex: it is not just grief towards the loss, but also a sort of "anticipatory grief" ('solastalgia') towards what will be lost or is in the process of being lost.

However, "grief" is perhaps not the best term to describe the actual feeling of the unprecedented loss that humanity is facing. When it is, at least according to Freud's famous text *Mourning and Melancholia*, impossible to come to terms with a loss that is too difficult to comprehend, what is at play is, rather, melancholia. While both mourning and melancholy derive from loss, their outcomes are different. Mourning is a process through which we finally succeed in overcoming the suffering caused by an important and irreversible loss (for instance, the death of a beloved person). It doesn't mean that the loss disappears; it means, rather, that we can finally prevail over sorrow and learn to live with the loss. Melancholy, at least according to this theory, is a sort of "unsuccessful" mourning —Freud even called it "pathological,"—the impossibility of overcoming sorrow leading to an inability to live without the loss or, instead, turning loss into a commodity or fetish. Both end up betraying the loss.

Manual for ~~Survival~~

„Trauer" allerdings ist vielleicht nicht das beste Wort, um das tatsächliche Gefühl angesichts des beispiellosen Verlusts zu beschreiben, vor dem die Menschheit steht. Wenn es also, wie es Sigmund Freud in seiner berühmten Schrift *Trauer und Melancholie* analysiert, unmöglich ist, einen unbegreiflichen Verlust zu verkraften, dann handelt es sich eher um Melancholie. Trauer und Melancholie sind beides Reaktionen auf einen Verlust, jedoch mit unterschiedlichen Auswirkungen. Trauer ist ein Prozess, der es uns letztlich ermöglicht, den Schmerz über einen unfassbaren, unwiderruflichen Verlust wie den Tod eines geliebten Menschen zu überwinden. Damit verschwindet der Verlust nicht aus unserem Leben; damit aber lassen wir den Schmerz hinter uns und lernen, mit dem Verlust zu leben. Melancholie hingegen ist nach Freud eine Art „gescheiterte", sogar „krankhafte" Trauer, die es unmöglich macht, den Schmerz zu überwinden, und einen unfähig macht, den Verlust loszulassen, der sogar im Gegenteil in eine Ware oder einen Fetisch verwandelt wird. Beides verrät den Verlust.

Statt dieser Interpretation von Melancholie und um zu verstehen, was mit „postapokalyptischer Melancholie" gemeint ist, und so vielleicht mit ökologischer Trauer und Solastalgie umgehen zu können, sollten wir uns lieber auf den großen deutschen Philosophen Walter Benjamin beziehen, der keinen Unterschied machte zwischen Trauer und Melancholie. In seiner Studie *Ursprung des deutschen Trauerspiels* verwies er auf die immanente eschatologische Struktur barocker

Instead of this interpretation of melancholy, in order to understand what "post-apocalyptic melancholy" means, and thus perhaps become able to cope with ecological grief and solastalgia, we have to return to the great German philosopher Walter Benjamin, who didn't strictly distinguish between mourning and melancholy. In the book *Trauerspiel* (literally, "Mourning Play"), his early study of theater plays during the Baroque period in the late sixteenth and early seventeenth centuries, Benjamin exposed the implicit eschatological structure of those works. It is "mourning" (Trauer) that is recognized as the predominant mood inherent to this structure. But what is interesting, as many readers of Benjamin have pointed out already, is how he doesn't follow the traditional dichotomy between mourning and melancholy. What we have at play here is, rather, a conjunction of mourning and melancholy. Instead of "pathologizing melancholy," Benjamin rehabilitated the subversive potential of melancholy, showing that it always contains the possibility of its own undermining. The way to confront the dire reality in early modernity was a sort of dialectics of melancholy that was able to play (spielen) with mourning (Trauer), turning mourning into a potential political tool and thus coping with the loss in a more constructive way. For Benjamin, history will have been, and it is

Theaterstücke des späten 16. und frühen 17. Jahrhunderts. Trauer ist deren Merkmal und vorherrschende Stimmung. Benjamin folgte dabei, darauf ist schon vielfach hingewiesen worden, interessanterweise nicht der traditionellen Dichotomie von Trauer und Melancholie, sondern verknüpfte beides miteinander. Statt die Melancholie zu „pathologisieren", rehabilitierte er die subversive Kraft der Melancholie, die immer auch die Möglichkeit in sich trägt, sich selbst infrage zu stellen. Die Dialektik der frühen Neuzeit ermöglichte es, der düsteren Realität zu begegnen, mit der Trauer zu „spielen", sie in ein potenzielles politisches Instrument zu verwandeln und so den Verlust konstruktiver zu bewältigen. Für Benjamin, so der Philosoph Sami Khatib, wird Geschichte dereinst geschehen sein, und gerade „diese eigentümliche Form des *futur antérieur*" bietet seiner Meinung nach „die strukturelle Voraussetzung sowohl für das rückwirkende Nachholen einst verpasster Chancen als auch für das vorausschauende Ziehen der ‚Notbremse' im katastrophal dahinrasenden Zug der kapitalistischen Moderne".

Angesichts der Möglichkeit, dass die Welt als Ganzes, also Bio- und Semiosphäre, als Folge der kapitalistischen Moderne untergehen könnte, ist es sinnvoll, auf Benjamins Konzept der Melancholie zurückzukommen, das trotz aller Ambiguitäten doch Wege aufzeigt, um die „Notbremse" zu finden und sie auch zu bedienen. Die „Klimatrauer" und die „Solastalgie" bleiben wichtig für das Verständnis unserer zeitgenössischen Psychosphäre und sollten weltweit für Bildung, Organi-

"this peculiar form of futur antérieur that," as Sami Khatib notes, "provides the structural condition of possibility for both the retroactive redemption of missed chances for happiness in the past and the anticipating pulling of the 'emergency brake' of the catastrophically racing train of capitalist modernity."

Faced with the possibility that the world as a whole—its biosphere and semiosphere—might come to an end precisely as a result of this capitalist modernity, it seems useful to return to Benjamin's understanding of melancholy, which, with all its ambiguities, perhaps contains the means to find a way to discover and pull the "emergency brake." Both "climate grief" and "solastalgia" remain important fields of research into our contemporary psychosphere, and they should become part of primary education, organization, and activism worldwide, but what must be acknowledged at the same time is the melancholy that can't be reduced to mourning and can't be cured by it. Why? Simply because the history that will have been is called extinction. And this is a loss that is not just the loss of a beloved person, the loss of habitat, or even the loss of whole species. It is all of this together, and more. This loss is so big that it encompasses all other losses. It is not only all our human experiences, including cultures and languages, architecture, art and science,

sation und Aktivismus verwendet werden. Zugleich sollte aber auch klar sein, dass es eine Melancholie gibt, die nicht identisch ist mit bloßer Trauer und auch durch sie nicht geheilt werden kann. Warum? Einfach weil die Geschichte dereinst die Geschichte des Aussterbens gewesen sein wird. Und dabei verlieren wir nicht nur einen geliebten Menschen, einen Lebensraum oder gar eine ganze Art, sondern alles zusammen und noch viel mehr. Dieser Verlust ist so ungeheuerlich, dass er jeden anderen Verlust mit einschließt. Verschwinden werden nicht nur unsere Erfahrungen als Menschen einschließlich Kultur, Sprachen, Architektur, Kunst und Wissenschaft, sondern die komplette Biosphäre mit allen lebenden Arten; die Zukunft selbst geht verloren. Und wie betrauert man nicht nur einen zukünftigen Verlust, sondern den Verlust von Zukunft überhaupt? Die Antwort lautet sehr oft „Normalisierung", ein Prozess, der den Verlust in einen Fetisch oder eine Ware verwandelt.

Benjamin erinnert uns an das dialektische Potenzial einer Melancholie, die keine „pathologische" Reaktion auf den Verlust ist und die Trauer auch nicht in eine Ware verwandelt. Wenn hier von „postapokalyptischer Melancholie" die Rede ist, dann soll dieser Begriff nicht nur den aktuellen Zeitgeist beschreiben, sondern vielmehr an Benjamins Dialektik der Melancholie erinnern, die die Chance bietet, einen Ausweg aus dem Teufelskreis des Verrats am Verlust zu finden. Das Ende der Welt (Massenaussterben) ist nicht irgendein Verlust. So wie auch der Tod eines geliebten Menschen nicht irgendein Verlust ist.

that will disappear, it is the entire biosphere and other living species; it is the future itself that is being lost. And how do you mourn a loss that is not merely a future loss, but loss of the future itself? Very often, the response is "normalization," a process that turns the loss into a fetish or commodity (this is, among other things, the topic of the chapter on Chernobyl).

What Benjamin reminds us of is the dialectical potential of melancholy that would be neither a "pathological" response to loss nor a commodification of grief. When the term "post-apocalyptic melancholy" is used in this book, it is not only to describe the current Zeitgeist, but also to remind us of Benjamin's dialectics of melancholy that contains the possibility of finding a way out of the vicious circle of betraying the loss. The end of the world (mass extinction) is not just any loss. Nor is the death of someone you love just any loss. It can be the loss of a whole world. But just as the loss of a beloved person represents the loss of a whole world (which can lead to mourning or melancholy), so the loss that the "post-apocalyptic melancholy" refers to is a loss that is impossible to mourn, because it is too big ("supraliminal") and represents a loss that already happened in the future. Yet, as dark as this sounds, "post-apocalyptic melancholy" doesn't necessarily have to lead to that paralyzing

Es kann den Verlust einer ganzen Welt bedeuten. Aber wie der Verlust eines geliebten Menschen Trauer oder Melancholie bedingen kann, ist auch der Auslöser der „postapokalyptischen Melancholie" ein Verlust, den wir gar nicht durch Trauer bewältigen können, weil er zu enorm („supraliminal" oder „überschwellig") ist und sich erst in der Zukunft ereignet haben wird. Doch so düster es klingen mag, muss „postapokalyptische Melancholie" nicht zwangsläufig zu einem lähmenden Gefühl der Unabänderlichkeit führen. Gerade die Verknüpfung von „postapokalyptischer Melancholie" (der Unfähigkeit, sich mit einem Verlust abzufinden) mit radikalem politischem Handeln eröffnet einen Ausweg aus der Sackgasse, in der wir heute stecken.

Was wäre, wenn unser einziges Mittel gegen einen Verrat am Verlust, wie ihn Trauer und Melancholie mit sich bringen, die Entpathologisierung der Melancholie ist? Entpathologisierung bedeutet die Erkenntnis, dass wir „die Geschichte, die dereinst geschehen sein wird", nicht betrauern können. Gleichzeitig bedeutet es, mit dem Verlust konstruktiv umzugehen, ohne die üblichen Merkmale der Selbstbezogenheit und des Kreisens um die Trauer. Stattdessen könnte Subversion (oder Spiel) ein Heilmittel darstellen: Wenn unser einziger Horizont die Auslöschung ist und wir mit einem so beispiellosen Verlust konfrontiert sind, tragen wir künftigen Generationen gegenüber die Verantwortung, die jetzt schon existierenden eschatologischen Bedrohungen richtig einzuordnen und zu minimieren – sie vor den

feeling that we can't change anything. It is precisely the conjunction of post-apocalyptic melancholy (the impossibility of coming to terms with the loss) and unprecedented political action that offers a way out of our contemporary deadlock.

What if the only way to avoid betraying the loss (present in both mourning and melancholy) lies in de-pathologizing melancholy? To de-pathologize means to acknowledge the impossibility of mourning "the history that will have been" and, at the same time, it means coping with the loss in a way that is constructive, not involving the usual characteristics of self-absorption and recycling of grief, but rather a subversion (or spiel) that could present a cure through which post-apocalyptic melancholy could become useful. When our horizon becomes extinction and we are faced with such an unprecedented loss, we have a responsibility towards future generations to properly understand and minimize the already existing eschatological threats, to warn them of the "pyramids of the twenty-first century," a necropolis of radioactivity or deadly viruses, but also to construct a different end of the world. This should not just be a moral dictum, but our political duty. And it is precisely this duty or ethics—and unprecedented collective action indivisible from loss—that can perhaps teach us how to live with "post-apocalyptic melancholy."

„Pyramiden des 21. Jahrhunderts" warnen, einer Nekropole voll radioaktiver Strahlung oder tödlicher Viren, aber auch ein anderes Ende der Welt zu ermöglichen. Dies sollte uns nicht nur ein moralisches Gebot sein, sondern eine politische Pflicht. Diese ethische Pflicht – und gemeinschaftliches Handeln, das aus dem Verlust entsteht – kann uns vielleicht lehren, mit der „postapokalyptischen Melancholie" zu leben.

Srećko Horvat

Post-apocalyptic Melancholy

Ocean Farming

Meereswirtschaft

Holly Jean Buck

Capture sunlight, turn it into fuel: it sounds like a futuristic formula. Yet one of the pioneering efforts in kelp cultivation, the Ocean Food and Energy Farm project, began in 1972 with an infusion of US Navy funding. OFEF also gleaned funding from the United States Energy Research and Development Administration (the forerunner of the Department of Energy), the National Science Foundation, and the American Gas Association, which hoped that methane production on a significant scale could contribute to the national gas supply. (Just imagine a constellation of players like this interested in seaweed fuels today.) "If successfully realized, this technology would enable the planet's oceans to become a huge new source of feeds, foods, fuels, and chemicals—fixed carbon and fixed nitrogen—for the benefit of humanity," wrote the project leader, Dr. Howard Wilcox, noting that the major question was economic feasibility. "But" he added, "the issue is more one of 'when' rather than 'whether' the concept will eventually pay off."

Wilcox's concept was to grow the giant kelp Macrocystis in the surface waters of the open ocean. Because most of these surface waters are a desert, nutrient wise, he proposed to pump water up from the nutrient-rich waters that lie about 300 meters below. But building the structures on which

Es klingt wie eine Technologie der Zukunft: Sonnenlicht einfangen und in Treibstoff umwandeln. Doch die Idee geht auf das Jahr 1972 zurück, als mit Subventionen der US-Marine ein Vorhaben zur Kultivierung von Seetang entwickelt wurde – Ocean Food and Energy Farm (OFEF). Weitere Gelder wurden von der United States Energy Research and Development Administration (dem Vorläufer des heutigen Energieministeriums der National Science Foundation sowie der American Gas Association beigesteuert. Man stelle sich eine solche Konstellation von Akteur*innen mit Interesse an Kraftstoffen aus Algen in der heutigen Zeit vor! Das produzierte Methan sollte einen erheblichen Beitrag zur nationalen Gasversorgung leisten: „Wird diese Technologie erfolgreich umgesetzt, könnten die Ozeane der Erde eine gewaltige neue Quelle für Tierfutter, Nahrungsmittel, Brennstoffe und Chemikalien in Form von gebundenem Kohlen- und Stickstoff eröffnen, die der ganzen Menschheit zugutekommen würde", so der Projektleiter Dr. Howard Wilcox seinerzeit. „Die Frage ist nicht, *ob*, sondern *wann* sich das Konzept letztlich bezahlt macht."

Wilcox plante die Ansiedlung einer Aquakultur der Kelp-Spezies *Macrocystis* im Oberflächenwasser offener Ozeane. Da diese Meeresschichten meist extrem nährstoffarm sind, wollte er Wasser aus nährstoffreicheren Schichten in rund 300 Meter Tiefe an die Oberfläche pumpen. Die Konstruktion der Gerüste, auf denen der Tang wachsen sollte, und die Pumpvorrichtungen stellten zu jener Zeit eine

kelp would grow, as well as the mechanisms for pumping water up presented immense engineering challenges. What's more, storms and biological organisms plague human efforts to cultivate this fluid terrain. How could the kelp be held together in a farm unit without being lost to tides and currents? To solve these problems, Wilcox imagined free-floating farms that would use propulsion systems to keep them circulating around the ocean's massive eddy patterns.

The scale was also a problem: to make fuel out of kelp, you need a lot of it. Dr. Wilcox's calculations indicated that the farms would have to stretch 100,000 acres or more to be a cost-competitive source of energy. Moreover, at the end of the 1970s, the gas sector was deregulated, and oil embargoes ended. And by 1982, the funders were no longer interested.

However, there has been remarkable progress in engineering in marine environments, and technology more broadly, since the 1970s. Could advances in robotics help kelp farms scale?

The startup Marine BioEnergy could be seen in some sense as a descendant of OFEF, as it was founded by the son of Dr. Howard Wilcox, Brian Wilcox, and his wife, Cindy. Marine BioEnergy is investigating cultivation of long-line culture of kelp

enorme technische Herausforderung dar. Überdies machen es Stürme und Meeresorganismen den Menschen schwer, einen solchen flüssigen Acker zu bestellen. Wie bewerkstelligte man es, dass dieser Teppich aus Tang erhalten blieb, anstatt durch Gezeiten abzudriften und durch Strömungen auseinandergerissen zu werden? Wilcox stellte sich schwimmende Farmen vor, die mithilfe eigener Antriebssysteme durch die Weltmeere navigieren konnten.

Ein Problem waren die riesigen Mengen an Tang, die benötigt wurden, um Treibstoff herzustellen. Wilcox' Berechnungen zufolge hätten sich Algenfarmen als Energiequelle mit wettbewerbsfähiger Kostenstruktur über mindestens 400 Quadratkilometer erstrecken müssen. Dies galt insbesondere, da Ende der 1970er-Jahre die Gasmärkte dereguliert und die Ölembargos beendet wurden – und so sprangen die Geldgeber bis 1982 ab.

Dennoch gab es seit den 1970er-Jahren im Hinblick auf Aquakulturen und die damit verbundenen Technologien erstaunliche Fortschritte. Könnten Kelpfarmen etwa durch die jüngsten Entwicklungen in der Robotik vergrößert werden?

Das Start-up Marine BioEnergy ist gewissermaßen der Nachfolger der OFEF, denn seine Gründer sind Howard Wilcox' Sohn Brian Wilcox und seine Frau Cindy. Marine BioEnergy befasst sich mit der Langleinenkultur von Seetang in robotergestützten Aquafarmen und hat damit das Interesse international verbreiteter englischspra-

in robotic farms—work that has attracted press interest from the likes of Fast Company, National Public Radio, and the New York Times.

The new kelp farm concept is simple: the entire kelp farm gets moved down at night to receive nutrients from deeper waters, and up during the day to reach sunlight. This is a significant difference with the 1970s concept: submerging the kelp rather than building a large pumping infrastructure saves a lot of money because it means the farms can be smaller. Drone submarines would tow these kelp farms to new waters, communicating with harvesters by satellite, which would save labor costs. The drones could also submerge the farms to avoid big storms and passing ships. It's an ambitious but well-thought-out project, involving many collaborators and supported by ARPA-E.

The first step for the Marine BioEnergy consortium is to figure out the mechanics of kelp farming. As Cindy Wilcox told me, "Right now the biology question is the dominant question: Does a fast-growing kelp thrive when submerged to depth to absorb nutrients and surfaced during the day to absorb sunlight?" Marine BioEnergy is working with marine biologists and scientific divers at the University of Southern California to better understand this piece of the puzzle. The various species will

chiger Medien wie Fast Company, National Public Radio und der New York Times geweckt.

Das Konzept für die neuartigen Kelpfarmen ist einfach: Die Kulturen werden nachts in tiefere, nährstoffreichere Meeresschichten abgesenkt und am Morgen wieder an die Oberfläche gehoben, um tagsüber Sonnenlicht zu tanken. Diese Methodik unterscheidet sich radikal von jener der 1970er-Jahre: Das Absenken der Kulturen ist weitaus kostengünstiger als der Bau gewaltiger Pumpanlagen, zumal die einzelnen Farmen nun kleiner sein können. Unterwasserdrohnen würden die Kulturleinen in neue Gewässer ziehen und per Satellit mit Ernteteams kommunizieren, was wiederum Kosten spart. Um schweren Stürmen und vorüberfahrenden Schiffen auszuweichen, könnten Drohnen die Farmen in der Tiefe in Sicherheit bringen. Das ambitionierte, aber wohldurchdachte Konzept bezieht zahlreiche Mitarbeitende ein und wird vom US-Energieministerium ARPA-E (Advanced Research Projects Agency – Energy) gefördert.

Im ersten Schritt muss sich das Marine BioEnergy-Konsortium mit den einzelnen Abläufen vertraut machen. Cindy Wilcox berichtete mir: „Im Moment stehen vor allem biologische Fragen im Vordergrund: Gedeiht ein schnell wachsender Seetang überhaupt, wenn er in nährstoffreiche Wasserschichten untergetaucht und tagsüber ans Sonnenlicht gehoben wird?" Gemeinsam mit Meeresbiolog*innen und Forschungstaucher*innen der University of Southern California

be tested on an anchored research buoy—also known as "the kelp elevator"—near Catalina Island. The buoy has a boom that is surfaced during the day and submerged at night to find out which species thrive in this environment. The target kelp, Macrocystis, grows a foot a day with adequate nutrients. Moreover, some of these kelp plants have been found to grow up to three times faster than their neighbors, implying that there is much more to learn about why some plants are more productive (something other researchers like Dr. Yarish are also working on).

The second step is to harvest the kelp and make a biocrude out of it. Researchers at Pacific Northwest National Labs have devised a process to convert kelp into biocrude (a hydrothermal liquefaction and catalytic hydrothermal gasification process) that takes about an hour in a reactor and doesn't require fermentation; in theory, methane output from the process itself could be used as a power source. Then, an open question is whether it makes more sense to bring the harvested kelp back to land to process it, or instead to process it on the open ocean and have tankers come and fill up out there. Marine BioEnergy's latest idea is to rendezvous the drones with the harvesters four times a year. The technology for all of this exists, but it needs to be integrated for this new application,

bemüht sich Marine BioEnergy, diese Zusammenhänge besser zu verstehen. Dazu testet man verschiedene Seetang-Spezies auf einer vertäuten Forschungsplattform, dem „Tang-Lift" (kelp elevator) vor Catalina Island vor der Küste Kaliforniens. Ein an einer Boje befestigter Schwenkarm schwimmt tagsüber an der Wasseroberfläche und wird nachts im Wasser abgesenkt. Damit will man ermitteln, welche Arten in dieser Umgebung gedeihen. Der aussichtsreichste Kandidat, der Riesentang Macrocystis, wächst bei Nährstoffzufuhr 30 cm pro Tag und damit dreimal so schnell wie benachbarte Pflanzen. Noch versuchen Forscher*innen herauszufinden, warum manche Spezies ertragreicher sind als andere.

Im zweiten Schritt wird der Tang geerntet und zu pflanzlichem Pyrolyseöl verarbeitet. In den Pacific Northwest National Labs entwickelte man hierfür ein Verfahren zur hydrothermalen Verflüssigung und katalytischen hydrothermalen Gasbildung. Der Prozess läuft innerhalb einer Stunde in einem Reaktor ab und setzt keine Gärung voraus. Das dabei anfallende Methan könnte theoretisch wiederum als Brennstoff genutzt werden. Offen ist noch, ob es sinnvoller ist, den geernteten Tang zur Verarbeitung an Land zu befördern oder ihn direkt im offenen Meer zu verflüssigen und in Tankschiffe zu füllen. Aktuell versucht Marine BioEnergy, die Unterwasserdrohnen viermal im Jahr mit den Ernteteams zusammenzubringen. Die Technologie dafür existiert bereits, muss jedoch noch an die neue Anwendung angepasst

Cindy Wilcox told me. "Right now we are working to determine the most cost-effective methods to implement the subsystems and get the end-to-end process underway."

The fuel could also complement renewables, supplying both liquid fuels and methane: as Cindy Wilcox suggests, on days without wind or sun to power the grid, carbon-neutral methane could fuel the turbines. "We don't expect batteries or pumped hydropower to provide adequate storage on the scale needed at a cost-competitive price. Kelp-based methane pumped through the current pipelines will meet the need and stabilize the grid," she explains.

The idea of cultivating seaweed went under the radar between the 1970s and today, but it didn't disappear. During the 1990s, there were several workshops held on the marine biomass concept—and they were specifically focused on climate mitigation. More recently, an interdisciplinary team has proposed a method for using seaweed not only to mitigate climate change but also to achieve negative emissions. Described as "ocean afforestation," the concept, outlined by marine botanist Antoine de Ramon N'Yeurt and colleagues in a 2012 paper,[1] entails several steps: growing and harvesting the seaweed, digesting it as biomethane, extracting the separated carbon

werden, so Cindy Wilcox. „Im Moment arbeiten wir daran, die kosteneffizientesten Methoden zur Umsetzung der Teilsysteme zu ermitteln und den Prozess als Ganzes in Gang zu bringen."

Das Verfahren kann auch als Ergänzung zu erneuerbaren Energien eingesetzt werden, denn es liefert sowohl flüssige Brennstoffe als auch Methangas. Nach Cindy Wilcox' Auffassung könnte man mit CO_2-neutralem Methan auch Turbinen antreiben, wenn mit Windkraft und Sonnenenergie gerade kein Strom ins Netz eingespeist wird. „Wir gehen davon aus, dass Batterien oder Pumpspeicherkraftwerke keine Stromspeicherung in der nötigen Größenordnung und zu wettbewerbsfähigen Preisen ermöglichen. Würde man Methan aus Seetang durch vorhandene Pipelines befördern, könnte man den Bedarf decken und das Netz stabilisieren", erläutert sie.

Die Idee, Meeresalgen in großem Maßstab zu züchten und zu verwerten, geriet seit den 1970er-Jahren in Vergessenheit, ist aber heute wieder aktuell. Schon in den 1990er-Jahren befasste man sich in Workshops mit mariner Biomasse und Klimaschutz. In jüngster Zeit entwickelte ein interdisziplinäres Team von Expert*innen eine Methode, mit der Meeresalgen nicht nur zur Eindämmung des Klimawandels, sondern zum Erzielen negativer Emissionen genutzt werden können. Das Konzept, das der Meeresbotaniker Antoine de Ramon N'Yeurt und

dioxide and methane, recycling the nutrients, and permanently storing the carbon dioxide via some geophysical or geochemical technology. (One idea is to store the carbon as liquid with seawater, inside a geosynthetic membrane tube resting on the sea floor.) They calculate that afforesting 9 percent of the world's ocean surface could be sufficient to replace fossil fuel energy, remove 53 billion tons of carbon dioxide, and increase sustainable fish production. Some of the people involved with these initial calculators are continuing their work within a network called the Ocean Foresters.

Ocean afforestation sounds grandiose—but that may be because we don't have institutions that work on this kind of ecosystem-scale research and development. Most innovation is undertaken by narrow specialists pursuing particular niche products, whereas this idea evolved from a whole host of people, including a former wastewater engineer and a marine botanist from Fiji. Indeed, the authors note, it would be like putting a man on the moon, though likely a much better return on investment; it also involves low-tech components that could scale quickly. The Ocean Foresters have evolved their concepts in the years after the publication of this paper, and their ecosystem-level proposal has captured the imagination of popular

seine Kollegen 2012[1] als „Aufforstung der Meere" bezeichneten, sieht mehrere Schritte vor: Kultur und Ernte der Algen, ihre Aufbereitung zu Biomethan, die Extraktion des abgeschiedenen Kohlendioxids und Methans, die Wiederverwertung der Nährstoffe und die dauerhafte Speicherung des Kohlendioxids mithilfe geophysikalischer oder geochemischer Verfahren. (Aktuell wird geprüft, ob man den Kohlenstoff verflüssigen und mit Meerwasser versetzt in Schläuchen aus geosynthetischer Membran auf dem Meeresboden einlagern kann.) Nach den damaligen Berechnungen der Autoren würde die Aufforstung von 9% der Weltmeere ausreichen, um die Energiegewinnung aus fossilen Brennstoffen komplett abzulösen, 53 Milliarden Tonnen Kohlendioxid zu binden und einen nachhaltigen Fischfang zu fördern. Einige der an diesen ersten Berechnungen beteiligten Forscher*innen setzen ihre Arbeit in einem Netzwerk mit dem Namen Ocean Foresters fort.

Die Formulierung „Aufforstung der Ozeane" mag etwas hochgegriffen klingen, da bisher keine öffentlichen Stellen oder zentralen Ämter für die Forschung und Entwicklung des Ökosystems zuständig sind. Die meisten Innovationen kommen von hochspezialisierten Expert*innen, die ganz bestimmte Nischenprodukte im Auge haben. In diesem Fall wurde jedoch ein Konzept von einer Forschergruppe entwickelt, der auch ein ehemaliger Abwasserfachmann und ein Meeresbotaniker von den Fidschi-Inseln angehören. Nach Einschätzung

science writing—including in the essay collection *Drawdown*,[2] or Australian author Tim Flannery's *Atmosphere of Hope: Searching for Solutions to the Climate Crisis*.[3] Mark Capron of the Ocean Foresters points out that it's not a pure carbon dioxide removal technology; rather, seaweed cultivation is best viewed as holistic mitigation and adaptation. Nevertheless, there has been little actual momentum to pursue these types of multi-step, holistic solutions, which, in order to form even demonstration projects, require coordination of multiple scientific and engineering fields as well as among ocean users.

1 Antoine de Ramon N'Yeurt et al., "Negative Carbon Via Ocean Afforestation," in: *Process Safety and Environmental Protection*, vol. 90, November 2012, pp. 467–474.
2 Paul Hawken (ed.), *Drawdown: The Most Comprehensive Plan Ever Proposed to Reverse Global Warming* (New York: Penguin 2017).
3 Tim Flannery, *Atmosphere of Hope: Searching for Solutions to the Climate Crisis* (New York: Atlantic Monthly Press 2015).

der Gruppe selbst ähnelt ihr Projekt einer bemannten Mondlandung, wenn auch mit deutlich höherer Rentabilität – es geht auch um Low-tech-Komponenten, die schnell erweitert werden könnten. Mittlerweile haben die Ocean Foresters ihr Konzept für das gesamte Ökosystem weiterentwickelt, und der Vorschlag wurde begierig von der populärwissenschaftlichen Literatur aufgegriffen, etwa in der Essaysammlung *Drawdown*[2] oder in *Die Klimawende: wie wir mit neuen Technologien unsere Atmosphäre retten* des australischen Autors Tim Flannery.[3] Mark Capron von Ocean Foresters verweist darauf, dass es bei Kelpkulturen und damit verbundenen Technologien nicht nur um negative CO_2-Emissionen geht. Vielmehr steht ein ganzheitlicher Ansatz zur Eindämmung und Anpassung im Kontext des Klimawandels im Mittelpunkt. Dennoch gibt es bisher kaum Interesse, solche mehrstufigen Lösungen weiterzuverfolgen: So erfordert allein der Bau von Modellprojekten die Koordination verschiedenster wissenschaftlicher und technischer Methoden und Akteur*innen – nicht zu vergessen derjenigen, die die Weltmeere derzeit nutzen.

1 Antoine de Ramon N'Yeurt u. a., „Negative Carbon Via Ocean Afforestation", in: *Process Safety and Environmental Protection*, Bd. 90, November 2012, S. 467–474.
2 Paul Hawken (Hg.), *Drawdown – der Plan: wie wir die Erderwärmung umkehren können*, Übers. Thomas Görden, Gütersloh 2019.
3 Tim Flannery, *Die Klimawende: wie wir mit neuen Technologien unsere Atmosphäre retten*, Übers. Jürgen Neubauer, Frankfurt a.M. 2015.

Aris Komporozos-Athanasiou

Spekulative Technologien

Speculative Technologies

Ever since Adam Smith's mystifying evocation of the "invisible hand," finance's "spectral willfulness," as Joseph Vogl puts it,[1] has been central to popular visual representations of markets. Marx was not alone when he wrote of capitalism's specters of horror and blood-sucking vampires. In the nineteenth and early twentieth centuries, a rich tapestry of personified and satirical allegories in print media sought to capture something of the markets' lewd irrationalities, bestial impulses, and trickery. Biblical visual tropes evoked the frenzy of market crashes, and animal fables fueled distorted imagery of bloated speculators morphing into monstrous bears, bulls, and malevolent octopuses. However, all visual attempts to make sense of finance's unfolding spectacle ultimately surrendered to its abstraction, as Peter Knight writes, "reinforcing the overwhelming power of the market by anthropomorphically depicting it as a kind of sentient being, one quite beyond the comprehension of individual human actors."[2]

In the aftermath of the 2008 global financial crisis, such spectral representations of finance continued to haunt the popular imagination as public attention focused on the gloomiest corners of the banking system. Robert Harris's 2011 best seller *The Fear Index*[3] evokes neo-Gothic tropes of opaque

Seit Adam Smith die geheimnisvolle „unsichtbare Hand" des Marktes beschworen hat, kommt dem „gespenstischen Eigensinn", den der Kulturwisssenschaftler Joseph Vogl dem Finanzwesen zuschreibt,[1] eine zentrale Rolle in populären bildlichen Darstellungen der Märkte zu. Marx war nicht der Einzige, der die blutsaugenden Schreckgespenster des Kapitalismus beschrieb. Im 19. und frühen 20. Jahrhundert versuchten vor allem die Printmedien, die anstößige Irrationalität der Märkte, die Betrügereien und bestialischen Impulse in diversen Personifizierungen und satirischen Allegorien einzufangen: Turbulente Börsencrashs wurden mit biblischen Metaphern bedacht, und Tierfabeln lieferten die Motive für verzerrte Darstellungen aufgedunsener Spekulanten als monströse Bären, Bullen und bösartige Kraken. Doch alle Versuche, das sich darbietende Finanzspektakel in bedeutungsvolle Bilder zu fassen, scheiterten letztlich angesichts seiner Abstraktheit. So beschrieb Peter Knight „die überwältigende Macht des Marktes durch seine anthropomorphe Wiedergabe als eine Art Lebewesen, das sich dem Verständnis einzelner menschlicher Akteur*innen ganz und gar entzieht".[2]

Solche Vorstellungen spukten nach der weltweiten Finanzkrise 2008 herum, als sich die öffentliche Aufmerksamkeit auf die Schattenseite des Bankensystems richtete. Robert Harris' Bestseller-Roman *Angst*[3] aus dem Jahr 2011 beschwor in neogotischer Düsternis undurchsichtige Trading-Algorithmen und eine KI-gestützte Finanzsoftware – einen sich von Angst und Dunkelheit nährenden High-

trading algorithms and AI-supported financial software—a high-tech Frankenstein that feeds on darkness and fear. While the theatrical spectacle of open outcry trading still dominates television news coverage of financial markets, the real action takes place in the darkest corners of dark pools—the technologically powered modern version of upstairs trading: private venues that display no order books or other trading-related data (while transactions themselves remain hidden until they are completed), thus offering total anonymity and invisibility to algorithmic traders. Dark pools are as impenetrable to the public eye as markets can be, epitomizing the abstraction of algorithmically generated finance. Today, more than ever before, the complexities of financial markets are hidden in plain sight, thinly veiled by a world of vast physical infrastructures: phone lines, fiber optics, satellites, cables on the ocean floor, vast warehouses filled with supercomputers, and ultrafast machine-learning trading algorithms.

With the rise of speculative communities, similar complexities are observed—and at the same time occluded—in the communication technologies and digital media animating everyday social life. Image-driven social networking platforms such as Facebook and Instagram and short-form video-sharing

tech-Frankenstein. Auch heute noch dominiert das Spektakel des Parketthandels die Berichterstattung, dabei findet das eigentliche Schauspiel in den verborgensten Ecken der Dark Pools, den sogenannten Schattenbörsen, statt: Diese technologiebasierte moderne Version des außerbörslichen Handels stützt sich auf private Handelsplattformen, die weder Buch führen noch andere handelsbezogene Angaben offenlegen. Die Transaktionen bleiben bis zu ihrem Abschluss verdeckt und garantieren somit absolute Anonymität und Unsichtbarkeit für algorithmische Trader. Dark Pools sind für die Öffentlichkeit ebenso intransparent wie das Marktgeschehen überhaupt und stehen sinnbildlich für die Abstraktheit des algorithmischen Finanzhandels. Seine komplexen Zusammenhänge sind heute intransparenter denn je und verbergen sich in aller Offenheit hinter Unmengen von Infrastrukturen: Telefonleitungen, Glasfasertechnik, Satelliten, über den Meeresgrund geführte Kabel, riesige Lagerhäuser voller Supercomputer und ultraschnelle Trading-Algorithmen des maschinellen Lernens.

Mit dem Aufkommen spekulativer Gemeinschaften in den Kommunikationstechnologien und den sozialen digitalen Medien, die unseren Alltag bestimmen, kann man ähnliche Zusammenhänge beobachten – sie werden aber zugleich verschleiert. Bildbasierte Plattformen wie Facebook und Instagram sowie Kurzvideo-Apps wie TikTok und YouTube dienen zur massenhaften Verbreitung (bewegter) Bilder. Durch ihr Design laden sie zur immersiven Nutzung ein und scheinen

apps such as TikTok and YouTube become dominant channels for the diffusion of (moving) images. Their design encourages immersive use and seems to replicate a chaotic order: endless streams of algorithmically produced, visually stimulating stacks of data flow incessantly on smartphone and computer screens. Users' experiences of jarring lip-synching, bot-generated nursery rhyme videos, and repetitive and absurd sketches often resemble the "legibility and logic of a narcoleptic dream." Such platforms increasingly draw on techniques of visualization and obfuscation similar to those of contemporary finance, with similar effects (immersion, acceleration, volatility) on social actors. This tension between visibility (the complexity that we are able to see through the technologies we use) and invisibility (the complexity that remains hidden beneath these technologies) has been central to our contemporary experiences of uncertainty.

How, then, do we collectively respond to the constant stream of images that we seem to find both strikingly familiar and baffling? Adam Smith's invisible hand no longer deals only in money. It carries images, videos, or even menu options and prospective sexual partners to our screens while we nervously tap and swipe on them. Speculative communities form in the eddies and vortices of this unceasing flow of images.

eine chaotische Ordnung zu replizieren: Endlose Ströme algorithmisch produzierter, visuell stimulierender Datenstapel fließen unablässig über Smartphone-Displays und Computerbildschirme. Die Erfahrungen der User mit unstimmigen Lippensynchronisationen, bot-generierten Kinderlieder-Videos und der Wiederholung absurder Sketches erinnern oft an die „Lesbarkeit und Logik eines betäubenden Traums". Die Plattformen bedienen sich zunehmend ähnlicher Visualisierungs- und Verschleierungstechniken wie die heutige Finanzwelt – mit ähnlichen Auswirkungen (Immersion, Beschleunigung, Volatilität) auf die sozialen Akteure. Die Spannung zwischen dem Sichtbaren (der Komplexität, die wir durch die von uns genutzten Technologien erleben,) und dem Unsichtbaren (der Komplexität, die hinter ihnen verborgen bleibt,) steht im Zentrum heutiger Erfahrungen mit Unsicherheit.

Wie also reagieren wir kollektiv auf die ständige Flut von Bildern, die uns bemerkenswert vertraut und zugleich verwirrend erscheinen? Adam Smiths „unsichtbare Hand" handelt nicht mehr nur mit Geld. Sie bringt Bilder, Videos sowie Menüoptionen und potenzielle Sexualpartner*innen auf unsere Bildschirme, während wir nervös tippen und wischen. In den Wirbeln und Strudeln des endlosen Bilderstroms bilden sich spekulative Gemeinschaften heraus. Der Politikwissenschaftler Benedict Anderson schrieb: „Gemeinschaften sollten

As Benedict Anderson puts it, "communities are to be distinguished, not by their falsity/genuineness, but by the style in which they are imagined."[4] By analyzing the ubiquitous role of contemporary technologies, I intend to shed more light onto the collective imaginings that they help fashion. Just as print capitalism catapulted new nationally bound mythologies through the force of narrative tools (from print media and novels to maps, censuses, and museums), contemporary finance capitalism has leaned on speculative technologies to re-narrate modern nation-states.

My use of the term speculative technologies, then, intends to account for the dramatic growth of commodified digital, algorithmic, and computational technologies that has taken place throughout the first two decades of the twenty-first century, most notably technologies that feed on images. I refer to images as creations (rather than mere pre-given, or imitative, reflections) of society, and thus as a key dimension of the speculative imagination. One important implication of this perspective is that I am interested in a more agentic account of speculative technologies, such that users are not passive consumers (or interpreters) of images but active participants in their production and circulation as a means of connection.

nicht durch ihre Authentizität voneinander unterschieden werden, sondern durch die Art und Weise, in der sie vorgestellt werden."[4] Indem ich die Allgegenwärtigkeit heutiger Technologien untersuche, möchte ich ihr Einwirken auf unsere kollektiven Vorstellungen beleuchten. So wie der Printkapitalismus durch die Wirkmacht narrativer Werkzeuge (von Printmedien und Romanen bis hin zu Landkarten, Datenerhebungen oder Museen) neue nationale Mythologien schuf, so stützt sich auch der heutige Finanzkapitalismus auf spekulative Technologien, um die modernen Nationalstaaten neu zu erfinden.

Mit dem Begriff der spekulativen Technologien soll dem dramatischen Wachstum Rechnung getragen werden, das sich in den beiden ersten Jahrzehnten des 21. Jahrhunderts in der Kommerzialisierung sowie der Digitalisierung und Algorithmisierung vollzogen hat, vor allem im Zusammenhang mit Bildern. Diese verstehe ich als Schöpfungen (anstatt als festgelegte oder imitierende Abbilder) der Gesellschaft und somit als ein Schlüsselelement der spekulativen Imagination. Eine Konsequenz daraus ist, dass ich mich auch eher für eine „agentische" Auffassung spekulativer Technologien interessiere, die Benutzer*innen nicht als passive Konsument*innen (oder Deuter*innen) von Bildern sind, sondern aktive Beteiligte an ihrer Produktion und Verbreitung als einem Mittel der Verbindung.

In den letzten zehn Jahren haben die spekulativen Technologien eine rasante Ausbreitung virtueller Kollektive möglich gemacht:

Speculative technologies have enabled a rapid expansion of virtual collectivities during the past decade: platforms like Instagram, YouTube, Facebook, and Reddit emerged out of Silicon Valley and US university campuses before taking major urban centers by storm. Even so, their current demographic spread globally is broader than ever. In the United States, the adoption of image-based social media and mobile dating apps has been increasing across urban, suburban, and rural areas, with impressive growth across all four US regions. The conglomerates behind these technologies are themselves deeply financialized. Their own meteoric rise (and, for some among them, an equally dramatic demise) is shaped by the spectacle of finance, and their individual operations are girded by intense speculation. Technology workers are often paid in stock shares, venture capitalists pay upfront, and a massive user base is cultivated before the companies go public. Appearance (conjuring the image of the "next big thing" in the eyes of the market) is all-important, even if it means running at a colossal loss.

These developments mark a growing convergence of financialization and digitization, which inflects social relations and the formation of the contemporary sense of self. Many investigations of our uncertain times have sought to make

Von Silicon Valley und US-Campussen ausgehend, eroberten Plattformen wie Instagram, YouTube, Facebook und Reddit die Großstädte. Inzwischen haben sie sich global und demografisch weiterverbreitet. In den Vereinigten Staaten etwa nahm die Nutzung bildbasierter sozialer Medien und mobiler Dating-Apps im urbanen, suburbanen wie auch ländlichen Raum zu und legte in allen vier Teilen der USA ein beeindruckendes Wachstum hin. Die hinter diesen Technologien stehenden Konglomerate sind stark finanzialisiert, ihr kometenhafter Aufstieg (und in manchen Fällen ebenso dramatischer Niedergang) wird vom Spektakel der Finanzmärkte geprägt und ihre Geschäftstätigkeit von intensiven Spekulationen begleitet. IT-Fachleute werden häufig in Aktien entlohnt, Risikokapitalgeber*innen zahlen im Voraus, und vor dem Börsengang von Unternehmen wird eine massive User-Basis aufgebaut. Das Auftreten ist entscheidend, um den Eindruck des „nächsten großen Trends" zu suggerieren, selbst wenn sich kolossale Verluste damit verbinden sollten.

Diese Entwicklungen zeigen die zunehmende Verschränkung von Finanzialisierung und Digitalisierung, die sich auch auf die sozialen Beziehungen und auf die Herausbildung des Selbstverständnisses der Menschen auswirkt. Viele Untersuchungen über die jetzigen ungewissen Zeiten haben sich bemüht, dem auf den Grund zu gehen. Die Aufmerksamkeit der Soziolog*innen richtete sich zunächst auf die zunehmende Rolle von Facebook oder Twitter für populistische Be-

sense of this impact. Typically, sociological attention has focused on the growing role of Facebook or Twitter in populist movements that emerged during global liberal democracy's most recent crisis. Such overtly political use of digital technologies is well documented in academic discussions of algorithmic activism and digital populism on both the right and the left. Less is known, however, about how the quotidian use of new (and less overtly politicized) interfaces, such as video-sharing and location-aware social media apps, influence today's more insidious mode of speculative sociality. My claim is that such popular and commodified media constitute technologies of speculation: they are nourished by speculative imaginations and, at the same time, they spread them like wildfire. Importantly, speculative technologies form part of an interconnected system that binds economic, social, and even intimate spaces together—and, in doing so, they animate finance capitalism in ways that have not yet been fully understood.

Returning to Anderson's original framing of imagined communities, if, as we have seen, today's speculative imagination provides capitalism's new vernacular language, then speculative technologies offer its grammar—forming the skeletal structure

wegungen, die während der jüngsten Krise der liberalen Demokratien weltweit hervorgetreten sind. Im akademischen Diskurs über algorithmischen Aktivismus und Populismus ist die gezielte politische Nutzung digitaler Technologien durch die Rechte wie auch die Linke gut dokumentiert. Weniger bekannt hingegen ist die perfidere Art und Weise, in der die tägliche Nutzung neuer (und weniger offen politisierter) Schnittstellen wie etwa Video-Sharing und standortbezogener Social-Media-Apps das „spekulative" Sozialverhalten der Gegenwart beeinflussen. Diese populären und kommerzialisierten Medien stellen meiner Meinung nach Technologien der Spekulation dar: Sie werden von spekulativen Vorstellungen genährt und verbreiten diese gleichzeitig ungehemmt. Vor allem aber sind diese Technologien Teil eines vernetzten Systems, das wirtschaftliche, soziale und auch persönliche Räume miteinander verbindet – und hierdurch den Finanzkapitalismus auf eine Weise antreibt, die wir noch nicht ganz verstanden haben.

Kehren wir noch einmal zum ursprünglichen Konzept von Andersons vorgestellten Gemeinschaften zurück. Wenn heute die spekulative Imagination, wie zuvor beschrieben, die neue kapitalistische „Volkssprache" liefert, so bilden die spekulativen Technologien die dazugehörige Grammatik – als tragendes und stützendes Skelett eines modernen Glashauses. Anderson schreibt: „Denn der Kolonialstaat trachtete nicht allein danach, eine unter seiner Kontrolle stehende menschliche Landschaft von vollkommener Sichtbarkeit zu erschaf-

of its modern glass house, providing its supporting pillars and rafters. As Anderson put it, "the colonial state did not merely aspire to create, under its control, a human landscape of perfect visibility; the condition of this visibility was that everyone, everything, had (as it were) a serial number. This style of imagining did not come out of thin air. It was the product of the technologies of navigation, astronomy, horology, surveying, photography and print, to say nothing of the deep driving power of capitalism."

Today's glass house still offers the means for capital to survey financialized society, circulating data to produce a "totalizing classificatory grid," as Anderson put it. But, at the same time, its new technologies imbue society with a new "style of imagining," animating speculative communities. And if navigation, astronomy, and photography offered us more or less stable images of a shared future, computational and algorithmic platforms (from social media to popular astrology apps) produce much more distorted and opaque images of such a future.

The act of representation is key to understanding this tension between visibility and invisibility at the heart of our own glass house: the ways we become visible (or invisible) to both ourselves and others, and the images we rely on to endow our speculative communities with meaning. Such images are

fen; die Voraussetzung für diese ‚Sichtbarkeit' bestand darin, daß jedermann und jedes Ding (gewissermaßen) eine Seriennummer besaß. Diese Art der Imagination fiel nicht vom Himmel. Sie war das technologische Produkt von Navigation, Astronomie, Uhrmacherkunst, Landvermessung, Photographie und Druckwesen, um erst gar nicht von der treibenden Kraft des Kapitalismus zu sprechen."

Das Glashaus von heute gibt dem Kapital Mittel an die Hand, um die finanzialisierte Gesellschaft zu überwachen und Daten zirkulieren zu lassen, die, so Anderson, einen „auf Totalität ausgelegten Klassifikationsraster" erzeugen. Gleichzeitig aber durchdringen diese innovativen Technologien die Gesellschaft mit einer neuen „Art der Imagination", die spekulative Gemeinschaften antreibt. Wo uns Navigation, Astronomie und Fotografie noch mehr oder weniger stabile Bilder einer gemeinsamen Zukunft boten, produzieren nun computergestützte und algorithmische Plattformen (von den sozialen Medien bis hin zu populären Astrologie-Apps) weitaus verzerrtere und undurchsichtigere Zukunftsbilder.

Der Akt der Repräsentation ist der Schlüssel zum Verständnis der Spannung zwischen Sichtbarkeit und Unsichtbarkeit, die sich in unserem eigenen Glashaus auftut: die Art und Weise, wie wir für uns selbst und für andere sichtbar (oder unsichtbar) werden, und die Bilder, auf die wir uns verlassen, um unseren spekulativen Gemeinschaften einen Sinn zu geben. Solche Bilder sind per se ungewiss –

inherently uncertain—fragments of a fragile and impermanent social reality. Yet, as they course ceaselessly through our smartphone screens, they also shape our visions of the future. Representation itself is a speculative act and therefore crucial in the fulfillment or betrayal of promises made in markets and societies alike—a prerequisite for imagining speculative communities. In that sense, even chaos and darkness have an image—be it the line chart patterns of the VIX (the "fear index") representing stock price movements or TikTok's narcoleptic lip-synching videos. Yet the images disseminated by speculative technologies can be at once highly legible and misleading—a "splendid trompe l'oeil" (Anderson) of deceptive optical illusions, binding speculative communities together despite their respective differences and underlying cleavages of power. The glass house's technological obscurity often masks new forms of inequality and exploitation, predicated on people's differential powers of seeing: while some are able to navigate darkness effortlessly without a flashlight, others are paralyzed and forced to stand still.

Successful stakes in algorithmic high-frequency trading cast no light on the price movements that they trigger. They become visible to many through the (often sensationalized) volatility they seed in markets and the vulnerabilities they

Fragmente einer so fragilen wie unbeständigen sozialen Wirklichkeit. Und doch formen sie auch unsere Vorstellungen der Zukunft, während sie unablässig über unsere Smartphone-Screens laufen. Die Repräsentation selbst ist ein spekulativer Akt: Er ist wesentlich für die Erfüllung von oder den Verrat an Versprechen, die auf Märkten und in Gesellschaften gleichermaßen gegeben werden – als eine Voraussetzung für die Bildung spekulativer Gemeinschaften. In diesem Sinne haben sogar Chaos und Dunkelheit ein Abbild, seien es nun die Liniendiagrammmuster des VIX (oder „Angst-Index"), die die Bewegung von Aktienkursen darstellen, oder aber narkoleptische lippensynchrone TikTok-Videos. Dennoch können anhand spekulativer Technologien verbreitete Bilder gut lesbar und irreführend zugleich sein: Wie ein „großartiges bürokratisches Trompe l'œil" (Anderson), eine trügerische optische Illusion, die spekulative Gemeinschaften ungeachtet ihrer jeweiligen Unterschiede und zugrunde liegenden Machtgefälle miteinander verbindet. Die technologische Undurchsichtigkeit des Glashauses soll oft neue Formen der Ungleichheit und Ausbeutung kaschieren, die auf dem unterschiedlichen Sehvermögen der Menschen basieren: Während sich die einen mühelos ohne Taschenlampe durch die Dunkelheit bewegen, bleiben die anderen wie gelähmt auf der Stelle stehen.

Erfolgreiche Transaktionen im algorithmischen Hochfrequenzhandel kommen nicht durch die von ihnen bewirkten Kursbewegungen ans Licht. Für viele werden sie in den (oft sensationshungrig

expose in society writ large by reallocating debt, or through the great environmental impact of high-frequency trading's giant, energy-hungry data centers. How speculative technologies are wielded and to what purpose can make all the difference between profits and misery.

aufbereiteten) Schwankungen der Märkte sichtbar, in den Schwachstellen der Gesellschaft, die sie durch die Umverteilung von Schulden aufdecken, oder den großen Umweltbelastungen durch die für sie benötigten riesigen Rechenzentren. Wie und zu welchem Zweck spekulative Technologien letztlich eingesetzt werden, kann den entscheidenden Unterschied zwischen Profit und Untergang ausmachen.

1 Joseph Vogl, The Specter of Capital (Stanford: Stanford University Press 2014).
2 Peter Knight, Reading the Market: Genres of Financial Capitalism in Gilded Age America (Baltimore: Johns Hopkins University Press 2016).
3 Robert Harris, The Fear Index (London: Hutchinson 2011).
4 Benedict Anderson, Imagined Communities: Reflections on the Origin and Spread of Nationalism (London: Verso 1991).

1 Joseph Vogl, Das Gespenst des Kapitals, Zürich 2010.
2 Peter Knight, Reading the Market: Genres of Financial Capitalism in Gilded Age America, Baltimore 2016.
3 Robert Harris, Angst, München 2011.
4 Benedict Anderson, Die Erfindung der Nation: Zur Karriere eines folgenreichen Konzepts, Übers. Benedikt Burkard u. Christoph Münz, Frankfurt a.M./New York 2005.

Unknown Objects
Unbekannte Objekte

Object 81111

The one that decided it wanted to be a circle.

Object 8111 once had a restless soul. Now it looks for balance. Old measurements show it in a feverish, elliptical dance—hurling into the cosmos with heavenly ambition then plunging back to Earth in an infernal dive. High highs. Low lows. With every cycle, Object 81111 would leap to a distance of almost 14,000 kilometers, then plunge to a mere 250. Each decent came at a cost; its energy began to dissipate. The highs never got higher, but the lows got lower and lower. Object 81111 found itself in an untenable cycle.

In January, 2021, Object 81111 began to soften its attachment to extremes. It began a journey towards equilibrium. Like a pendulum seeking stillness, Object 81111 sought to restrain its fiery descents and moderate its lofty goals.

Its highs are coming down. Its lows are coming up. Object 8111 is choosing quietude.

The earliest records of Object 81111's orbit show that it was previously in a 13,813 × 238 km orbit. Over time, the object has lowered its apogee and raised its perigee, making the orbit more stable. By doing this, it has extended its lifetime by an additional ten years. Its orbit continues to circularize.

Object 81111 is currently in a 336 × 10,221 km orbit with an inclination of 62.87 degrees. As the object continues to circularize its orbit, it will further extend its lifetime.

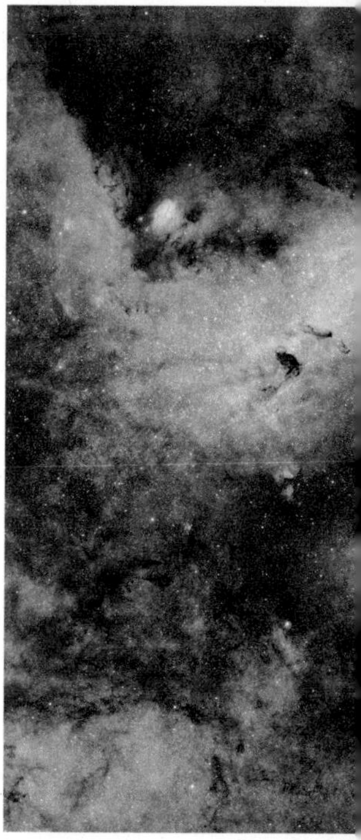

Objekt 81111

Jenes, das beschloss, ein Kreis zu sein.

Objekt 81111 hatte einst eine rastlose Seele. Nun sucht es nach Gleichgewicht. Alte Messungen zeigen einen fiebrigen, elliptischen Tanz – wie es sich mit himmlischem Ehrgeiz in den Kosmos aufschwang und dann in einem Höllensturz zur Erde zurückstürzte. Hohe Höhen. Tiefe Tiefen. Mit jedem Umlauf sprang das Objekt auf eine Entfernung von nahezu 14 000 Kilometer, um anschließend auf nur 250 Kilometer hinabzustürzen. Jeder Fall hatte seinen Preis; die Energie begann zu schwinden. Die Höhen wurden nicht mehr höher, aber die Tiefen wurden immer tiefer. Objekt 81111 befand sich in einer unhaltbaren Kreisbewegung.

Im Januar 2021 ließ die Neigung zu Extremen nach. Das Objekt begann eine Reise Richtung Gleichgewicht. Wie ein Pendel, das zur Ruhe strebt, versuchte Objekt 81111, seine feurigen Stürze zu kontrollieren und seine hochfliegenden Ziele zu mäßigen.

Seine Höhen sinken. Seine Tiefen steigen. Objekt 81111 wählt die Ruhe.

Die frühesten Aufzeichnungen zu Objekt 81111 zeigen, dass es sich zuvor auf einer 13 813 mal 238 Kilometer großen Umlaufbahn befand. Im Laufe der Zeit sank sein Apogäum, das Perigäum stieg, wodurch sich die Bahn stabilisierte. Hierdurch verlängerte sich seine Lebensdauer um zusätzliche zehn Jahre. Sein Orbit wird immer kreisförmiger.

Objekt 81111 bewegt sich derzeit auf einer Umlaufbahn von 336 mal 10 221 Kilometer mit einer Neigung von 62,87 Grad. Die zunehmende Kreisbewegung wird seine Lebensdauer noch verlängern.

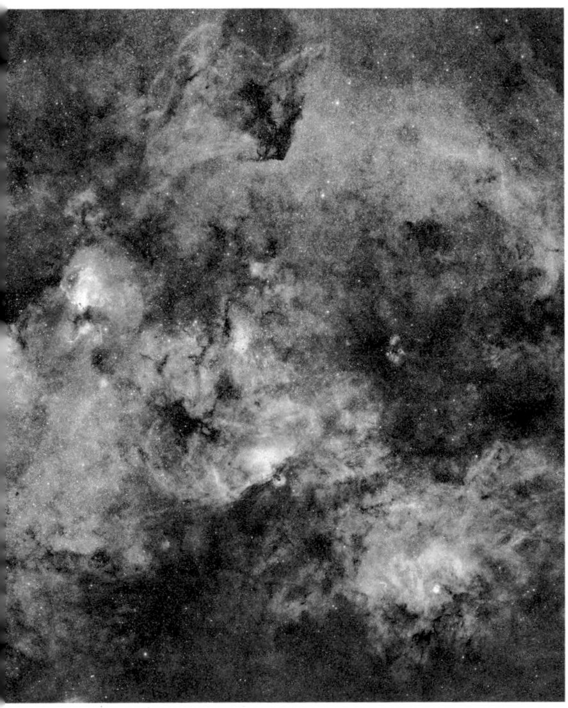

UNKNOWN #81111 (Unclassified Object Near the Eagle Nebula), 2023

Trevor Paglen

Object 85217

The one that goes the wrong way backwards.

Object 85217 cuts a peculiar figure. It floats above much of the thermosphere, performing misshapen loops around our planet. 969 kilometers on the high side, 635 on the low.

Its behavior and geometry most resemble that of a sensor platform ... but it's just a little wrong. A sensor prefers a circular orbit, rather than the oblong-but-not-too-oblong orbit that 85217 inhabits.

And then there's the fact that it's going backwards—Object 85217 rotates in the direction just slightly opposite to the Earth's rotation.

This isn't unheard of. The Israelis launch orbits into retrograde because they can only shoot rockets to the west (the east holds some unpleasantness). But they commit: their spy satellites usually find an inclination of about 142 degrees (an object's inclination is the angle at which it passes the equator). Object 85217 doesn't have the same resolve. With an inclination of 101.03 degrees, it just goes a little bit backwards, as if it were asking "is this really for me?"

Object 85217 is an oddball. When you squint hard, it starts to look like something recognizable, but then again, when you squint everything just kind of looks the same. Maybe trying to make sense of it is the most nonsensical thing you could do. Anyway, you're here and it's there and maybe that's about as much certainty as anyone can hope for.

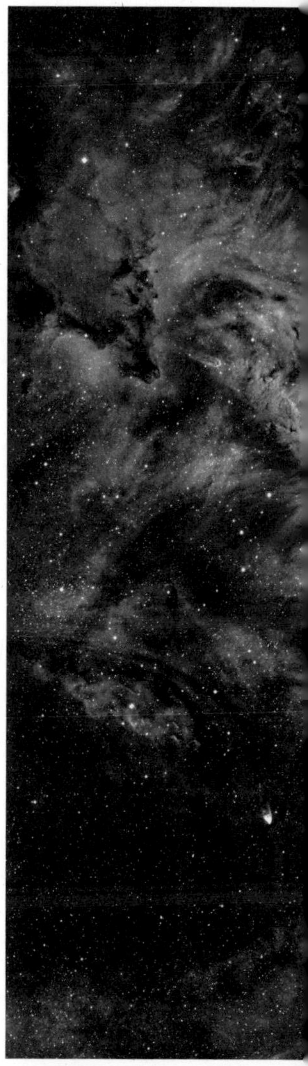

Object 85217 is currently in a 969 × 635 km orbit with an inclination of 100.78 degrees.

Objekt 85217

Jenes, das falsch rückwärts läuft.

Objekt 85217 gibt ein eigenartiges Bild ab. Es schwebt über der Thermosphäre und umkreist unseren Planeten auf deformierten Bahnen: Die weiteste Entfernung beträgt 969 Kilometer, die geringste 635 Kilometer.

Sein Verhalten und seine Geometrie ähneln am ehesten denen einer Sensorplattform ... aber irgendetwas stimmt nicht. Ein Sensor bevorzugt einen kreisförmigen Orbit gegenüber der länglichen-aber-nicht-zu-länglichen Bahn, der 85217 folgt.

Und dann wäre da noch die Tatsache, dass es sich rückwärts bewegt – Objekt 85217 umkreist die Erde in einer deren Rotation leicht gegenläufigen Richtung.

Das ist nicht ungewöhnlich. Die Israelis bringen ihre Satelliten in eine retrograde Umlaufbahn, denn sie können Raketen nur nach Westen abschießen (der Osten birgt allerlei Unannehmlichkeiten). Aber sie legen sich fest: Ihre Spionagesatelliten haben meist eine Neigung von etwa 142 Grad (der Winkel, in dem sie die Äquatorebene passieren). Objekt 85217 ist weniger entschieden. Mit einer Neigung von 101,03 Grad bewegt es sich leicht rückwärts, so als fragte es sich: „Entspricht mir das wirklich?"

Objekt 85217 ist ein Sonderling. Mit zusammengekniffenen Augen meint man, etwas zu erkennen, doch so betrachtet, sieht alles irgendwie gleich aus. Vielleicht ist ja der Versuch, ihm einen Sinn zu geben, das Unsinnigste, was man tun kann. Jedenfalls befindet man sich hier und das Objekt dort, und darin liegt möglicherweise die einzige Gewissheit, auf die man hoffen kann.

Objekt 85217 bewegt sich derzeit auf einer 969 mal 635 Kilometer großen Umlaufbahn mit einer Neigung von 100,78 Grad.

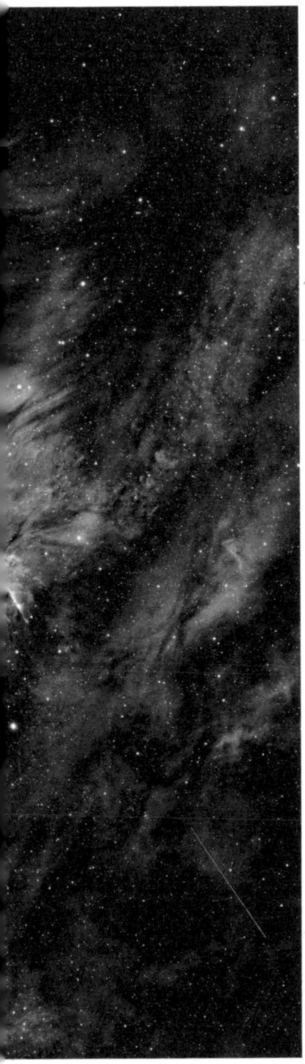

UNKNOWN #85217 (Unclassified Object near the Cone Nebula), 2023

Trevor Paglen

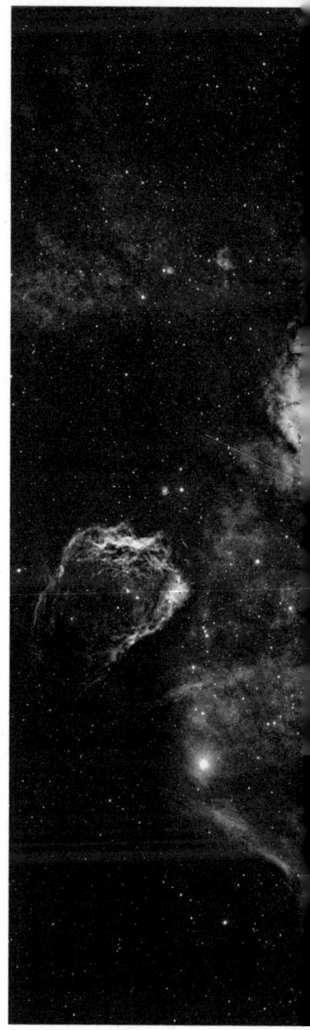

Object 81301

The one that will be old.

How long has Object 81301 been in orbit? No one appears to know. Whatever its past, we have a sense of its future. It will be there for a long time. A thousand years or more. The cosmos is incomprehensibly slow.

Object 81301 lives in the exosphere, a thousand kilometers above the turbulence below. Its orbit is mildly elliptical, and it undulates like waves—expanding and contracting by about ten kilometers on a seven-month cycle. Perhaps Object 81301 is futilely trying to align itself with the summer and winter solstices, or with the annual cycle of the polar regions' long white nights and endless winter darkness.

Object 81301's circumnavigations will continue long into the future, as steadily and as surely as the rising and falling tide.

A thousand years ago, the world was not as it is now. Ancestral Pueblo lived in the cliff dwellings of Mesa Verde and Canyon de Chelly. Leif Eriksson glimpsed a vast world beyond the edge of any map. William the Conqueror commissioned the Domesday Book of all the lands and property in England.

A thousand years from now, Object 81301 will end a millennium of celestial wandering, ripping through the sky in a tear of fire and light. That much is certain. Less certain: Will there be anyone here to look up and watch?

Object 81301 is currently in a 923 × 1,047 km orbit with an inclination of 66.75 degrees.

A rough estimation of its decay rate shows it on-orbit for another 500–2,000 years, depending on unpredictable environmental factors.

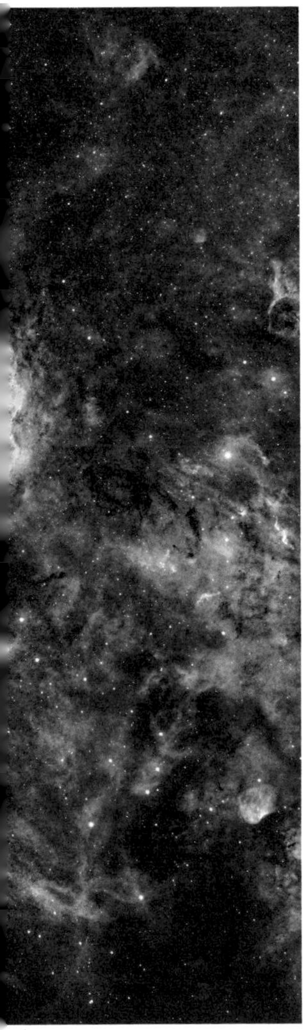

Objekt 81301

Jenes, das alt sein wird.

Wie lange befindet sich Objekt 81301 bereits in seiner Umlaufbahn? Niemand scheint es zu wissen. Was auch immer in seiner Vergangenheit liegt, wir erahnen doch seine Zukunft. Es wird noch lange da sein. Tausend Jahre oder mehr. Der Kosmos ist unbegreiflich langsam.

Objekt 81301 bewohnt die Exosphäre, 1000 Kilometer oberhalb der Turbulenzen. Seine leicht elliptische Umlaufbahn ist wellenförmig – sie erweitert und verkürzt sich im Sieben-Monats-Zyklus um gut 10 Kilometer. Vielleicht versucht das Objekt ja vergeblich, sich den Sommer- und Wintersonnenwenden oder dem polaren Wechsel langer weißer Nächte und endloser winterlicher Dunkelheit anzupassen.

Die Umkreisungen von Objekt 81301 werden sich noch bis weit in die Zukunft fortsetzen, so beständig und gewiss wie Ebbe und Flut.

Vor 1000 Jahren sah die Welt noch anders aus. Die frühen Pueblos lebten in Felsbehausungen der Mesa Verde und des Canyon de Chelly. Leif Eriksson erblickte eine weite Welt jenseits der Ränder aller Karten. Wilhelm der Eroberer gab das Domesday Book mit einem Verzeichnis sämtlichen Grundbesitzes in England in Auftrag.

In 1000 Jahren wird Objekt 81301 seine Himmelswanderung beenden und eine Spur aus Feuer und Licht durch den Himmel reißen. So viel ist gewiss. Weniger gewiss ist, ob das irgendjemand von der Erde aus beobachten wird.

Objekt 81301 beschreibt derzeit eine 923 mal 1047 Kilometer große Umlaufbahn mit einer Neigung von 66,75 Grad.

Nach grober Schätzung seiner Absinkrate wird es sich – je nach dem Eintreten unvorhersehbarer Umweltfaktoren – noch weitere 500 bis 2000 Jahre im Umlauf befinden.

(top) UNKNOWN #81301
(Unclassified Object near Erakis), 2023

Object 82139

The one that struggles.

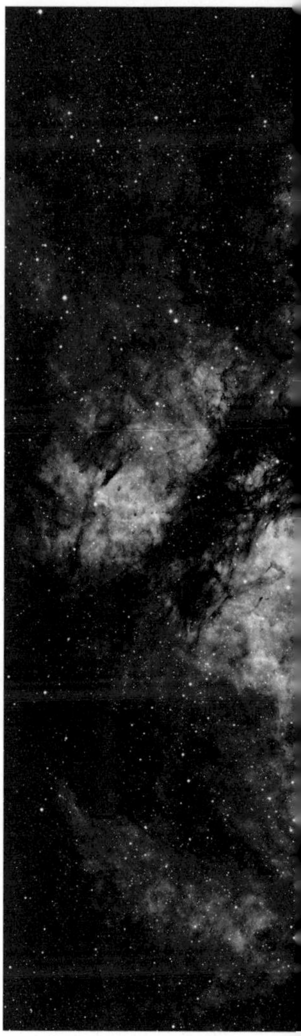

Object 82139 is slowly falling out of the sky … although it circles the Earth far above the thermosphere where there is little to impede its motion, stray molecules from below creep up when our planet gently sighs. When the object encounters the trace of Earth's subtle breath, Object 82139 loses a little energy. Perhaps the object weighs very little, perhaps it has a large surface area, perhaps it is affected by the breeze like the flickering flame of a candle. We don't know what it looks like. We don't know what it weighs.

We can only see its faint trail in the night sky and watch as its orbit slowly decays under the twin influences of gravity and an evaporating atmosphere.

But Object 82139 is like a jellyfish fighting against an ocean current, struggling against a power far larger than itself. Every four months or so, it tries to increase its altitude, resisting the forces that are slowly dragging it down. Its results are mixed. A gain here. A loss there. Between June and August 2020, it managed to raise itself over three kilometers. Then it fell even lower than it was before. A steeper decline began in late 2022.

But Object 82139 has plenty of room to fall. Its Sisyphean resistance to gravity and entropy may continue for over a hundred years.

By that time, Object 82139 will be exhausted.

Object 82139 is currently in a 938 × 803 km orbit with an inclination of 99 degrees.

Its orbit oscillates every two months, with the object gaining on average 10 km in height before dipping down lower than where it began.

(top) UNKNOWN #82139
(Unclassified Object in the Sadr Region)

Objekt 82139

Jenes, das sich schwertut.

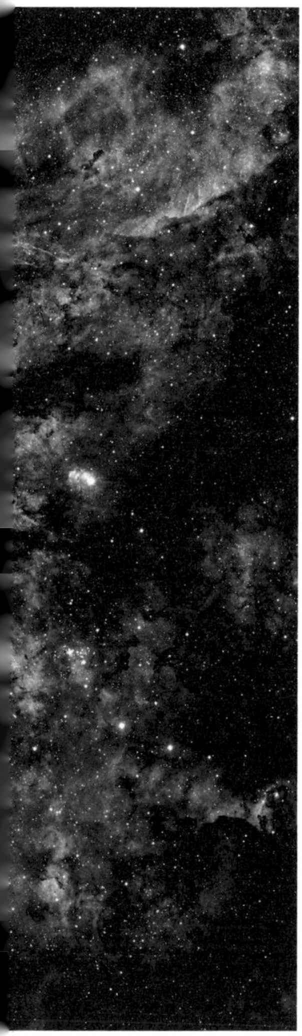

Objekt 82139 fällt langsam aus dem Himmel. Zwar umkreist es die Erde weit oberhalb der Thermosphäre, wo kaum etwas seinen Umlauf behindern sollte, doch schleichen sich von unserem leise seufzenden Planeten verirrte Moleküle hinauf. Trifft das Objekt auf die Spur des feinen Atems der Erde, so verliert es etwas Energie. Vielleicht wiegt Objekt 82139 ja sehr wenig, vielleicht hat es eine große Oberfläche, oder aber es reagiert ähnlich wie Kerzenlicht auf eine Brise. Wir kennen weder sein Aussehen noch sein Gewicht.

Wir können nur seine schwache Spur am Nachthimmel sehen und beobachten, wie es unter dem zweifachen Einfluss der Schwerkraft und einer verdampfenden Atmosphäre langsam auf eine tiefere Umlaufbahn sinkt.

Doch gleicht Objekt 82139 einer Qualle, die gegen die Meeresströmung kämpft, gegen eine Macht, die weit größer ist als sie selbst. Ungefähr alle vier Monate versucht das Objekt, in die Höhe zu steigen und sich den Kräften zu widersetzen, die es langsam nach unten ziehen. Die Ergebnisse sind durchwachsen. Mal klappt es. Mal klappt es nicht. Zwischen Juni und August 2020 schaffte es mehr als drei Kilometer. Danach fiel es noch tiefer als zuvor. Ende 2022 begann ein steilerer Sinkflug.

Objekt 82139 hat allerdings viel Luft nach unten. Sein unermüdlicher Widerstand gegen Schwerkraft und Entropie kann noch über 100 Jahre anhalten.

Zu diesem Zeitpunkt wird Objekt 82139 erschöpft sein.

Objekt 82139 befindet sich derzeit auf einer 938 mal 803 Kilometer großen Umlaufbahn mit einer Neigung von 99 Grad.

Seine Bahn schwankt alle zwei Monate, wobei das Objekt durchschnittlich 10 Kilometer an Höhe gewinnt, bevor es tiefer hinabsinkt als zu Beginn.

Object 000601

The one that is a faraway secret.

Object 000601 is very far away. Its existence is a military secret. It is a "black" object.

For more than three decades, astronomers have watched this unacknowledged object glide past a backdrop of stelliferous gardens, maw-like holes, spider-silk galaxies and ink-black nebulae.

At an altitude of 35,000 km, it circles Earth exactly once per day. Hovering over a fixed-point above equatorial Colombia, its motion is tuned to the rotation of the planet.

Object 000601 does not appear on charts or catalogs, rosters or maps. But it is there for all to see nonetheless. It must be large.

Beyond that, we know very little.

When did it arrive? Why is it there? What is it doing? We don't know, but someone does.

Object 000601 (also known to amateur astronomers as Object 90007) is a very unusual object: its identity is unknown and its existence a classified secret.

It is slightly inclined at 13.8 degrees, which, when coupled with its geosynchronous orbit at 35,960 × 35,601 km, means that the object traces a tight figure-eight pattern over Colombia and Peru.

From its visual signature, amateur astronomers have hypothesized that it has a cylindrical shape approximately 4 meters long with a 2-meter diameter.

Manual for ~~Survival~~

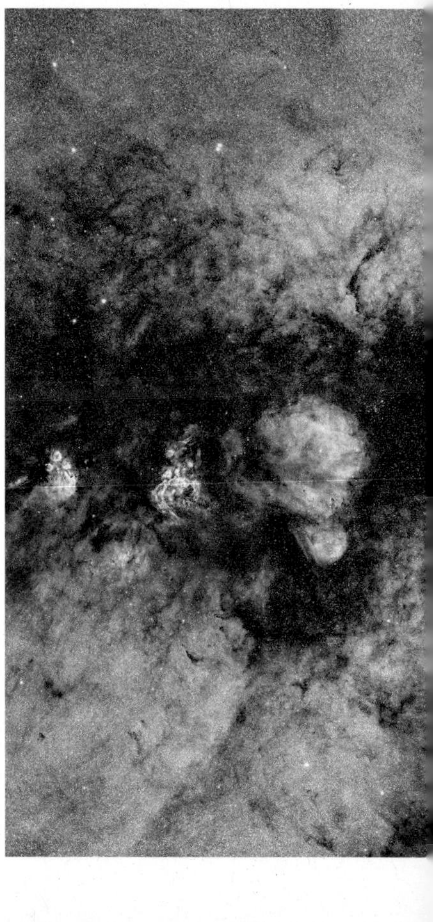

UNKNOWN #000601
(Classified Object Near the Lagoon Nebula), 2023

Objekt 000601

Jenes, das ein fernes Geheimnis ist.

Objekt 000601 befindet sich sehr weit weg. Seine Existenz ist ein Militärgeheimnis. Es handelt sich um ein „schwarzes" Objekt.

Seit über drei Jahrzehnten beobachten Astronom*innen dieses unbekannte Objekt, das vor einer Kulisse sternenreicher Gärten, schlundartiger Löcher, spinnenseidener Galaxien und tintenschwarzer Nebel vorübergleitet.

In einer Höhe von 35 000 Kilometern umkreist es die Erde genau einmal täglich. Es schwebt über einem festen Punkt oberhalb des äquatorialen Kolumbiens, seine Bewegung ist auf die Erdrotation abgestimmt.

Objekt 000601 ist weder in Karten noch in Katalogen oder Verzeichnissen erfasst. Dennoch ist es für alle sichtbar. Es muss groß sein.

Darüber hinaus wissen wir nur sehr wenig.

Wann tauchte es auf? Warum ist es dort? Was macht es? Wir wissen es nicht, aber irgendjemand weiß es.

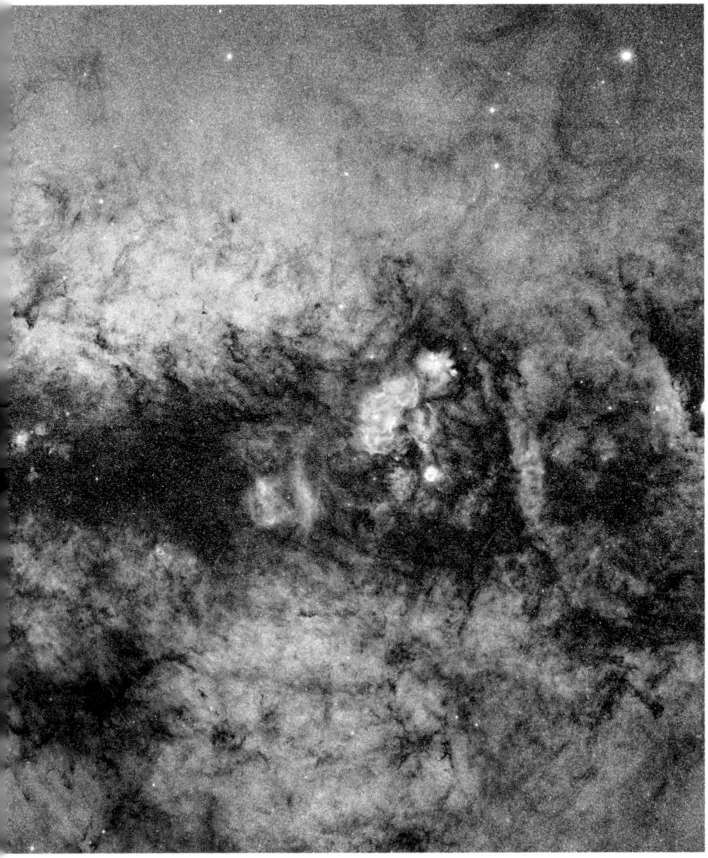

Objekt 000601 (unter Amateurastronom*innen auch als Objekt 90007 bekannt) ist höchst ungewöhnlich: seine Identität ist unbekannt und seine Existenz ein streng gehütetes Geheimnis.

Es hat eine leichte Neigung von 13,8 Grad, was in Verbindung mit seiner geosynchronen Umlaufbahn von 35 960 mal 35 601 Kilometern bedeutet, dass das Objekt eine enge Acht über Kolumbien und Peru beschreibt.

Ausgehend von seiner visuellen Signatur vermuten Amateurastronom*innen, dass es eine zylindrische Form mit einer Länge von etwa 4 Metern und einem Durchmesser von 2 Metern aufweist.

Superhero Sighting Society

Sabih Ahmed &
Taus Makhacheva

Superhero Sightings

Carry Your Pram Man/ Sl.No. 02567/ Tokyo.2019 (Japanese)
Dex Laserskater/ Sl.No. 4478/ Vantaa.2019 (Finnish)
Galapagos Guardian/ Sl.No. 222/ Marchena.2019 (English)
Le Spiderman/ Sl.No. 5543/ Paris.2018 (French)
Super Perfect Working Robot (a.k.a Rich Ann)/ Sl .No. 3345/ Taipei.2019 (Mandarin)
The Apostrophiser Nemeses/ Sl.No. 005/ Bristol.2019 (English)

Carry Your Pram Man/ Sl .No. 02567/ Tokyo.2019
Tokyo, Japan
Store owner reporting to SSS

To Whom It May Concern,
I am writing to report an incident of interest to your Society.
I own a costume rental store on the edge of Tokyo. I stock finely woven silk capes and Touken Ranbu cosplay costumes.
A while back, someone left me an old Power Rangers suit, it was a cheap reproduction, the client told me he was "hanging up his cape." I got the thing dry-

Superheld*innen-Sichtungen

Carry Your Pram Man/ Sl-Nr. 02567/ Tokyo.2019 (Japanisch)
Dex Laserskater/ Sl-Nr. 4478/ Vantaa.2019 (Finnisch)
Galapagos Guardian/ Sl-Nr. 222/ Marchena.2019 (Englisch)
Le Spiderman/ Sl-Nr. 5543/ Paris.2018 (Französisch)
Super Perfect Working Robot (aka Rich Ann)/ Sl-Nr. 3345/ Taipei.2019 (Mandarin)
The Apostrophiser Nemeses/ Sl-Nr. 005/ Bristol.2019 (Englisch)

Carry Your Pram Man/ Sl-Nr. 02567/ Tokyo.2019
Tokio, Japan
Bericht des*der Geschäftsinhaber*in an die SSS

Sehr geehrte Damen und Herren,
Ich schreibe Ihnen, um einen Vorfall zu melden, der für Ihre Gesellschaft von Interesse ist.
Ich besitze einen Kostümverleih am Stadtrand von Tokio und führe fein gewebte Seidenumhänge sowie Touken-Ranbu-Cosplay-Kostüme.
Vor einiger Zeit brachte mir eine Kunde eine alte, preiswerte Nachbildung eines Power-Rangers-Kostüms und sagte, er wolle „seinen Umhang an den Nagel hängen". Ich ließ das Kostüm chemisch reinigen und

cleaned, it sagged at the knees and around the butt. I wanted to get rid of it almost as soon as I'd accepted it, but I couldn't sell it; the reputation of my store depends on the quality of my costumes, and so it sat there in my store cupboard for weeks on end.

I only managed to rid myself of the suit when a new client came into my store. I could tell he was no otaku, he wanted a mask, I asked him whether he was going for Mod or Base, he didn't seem to care and I began to wonder if he was planning a bank robbery.

I tried to make a mental note of his features in anticipation of picking him out from a police line-up, imagining the chief of police shoving a fat fist into mine, congratulating me for my exceptional work in apprehending a prolific criminal.

I was all the more suspicious when I laid out sturdy leather eye masks and full face luchador-type things and he looked disheartened when I told him prices started at ¥10,000. I thought of the foul Power Rangers suit that sat in the back of the shop, it was fraying at the ankles and the seams were baggy but it had a hood.

wollte es eigentlich sofort weiterveräußern, doch waren die Knie und der Hosenboden ausgeleiert, und weil mein Geschäft für qualitätvolle Ware bekannt ist, blieb es wochenlang liegen.

Es gelang mir dann, den Anzug an einen Neukunden loszuwerden. Ich konnte ihm ansehen, dass er kein otaku war, denn er wollte nur eine Maske, und es schien ihm egal zu sein, ob in der Mod- oder Base-Variante. Darum fragte ich mich, ob er wohl eine Bank überfallen wollte.

Ich versuchte, mir seine Gesichtszüge einzuprägen, um ihn bei einer eventuellen Gegenüberstellung identifizieren zu können, und malte mir aus, wie der Polizeichef mir fest die Hand drücken und zu meiner außerordentlichen Mitwirkung an der Festnahme eines Schwerverbrechers gratulieren würde.

Mein Misstrauen wuchs noch, als ich ihm robuste Augenmasken aus Leder und Luchadores-Vollgesichtsmasken vorlegte und er angesichts der Preise ab 10 000 Yen niedergeschlagen wirkte. Da fiel mir der schäbige Power-Rangers-Anzug im hinteren Teil des Ladens ein. Die Hosensäume waren ausgefranst und die Nähte ausgeleiert, doch er hatte eine Kapuze.

Der Nov drückte mir einen 1000-Yen-Schein in die Hand und verließ den Laden. Ich hatte ein wenig Gewissensbisse, weil ich den Anzug ohne Zögern einem Verbrecher angedreht hatte.

The nov shoved a ¥1000 note into my hand and left the store. I'd felt a little guilty about palming it off to a criminal at the first chance I'd had.

After the weekend, energy ebbing low after a trip to Nipponbashi, I spotted the bootleg Power Ranger in the bowels of the Tokyo metro, squatted down picking up a pram. My stomach dropped when I thought I hadn't masked a bank robber but a child snatcher.

But I soon realized women and old people were smiling at him. He picked up the pram and took the stairs two at a time, placing it down at the top before looping his arm under the elbow of a wrinkly old man, guiding him down the steep steps before flying back up for another stroller.

Dex Laserskater/ Sl.No. 4478/ Vantaa.2019
Vantaa, Finland
Clipping from a newspaper piece | report to SSS

I first met Dex in the winter of 2014. It was 2 degrees Celcius and the snow had barely melted off the pavements. He skated past in obscene little shorts, semi-circles of buttocks poking out from beneath the white hem.

Als ich nach dem Wochenende ermattet von meinem Ausflug nach Nipponbashi zurückkehrte, sah ich tief unten in der Tokioter Metrostation, wie ein falscher Power Ranger in die Hocke ging und einen Kinderwagen hochhob. Mir wurde schlecht bei dem Gedanken, ich hätte einen Kindesentführer verkleidet.

Dann aber sah ich, wie Frauen und alte Leute ihn anlächelten. Zwei Treppenstufen auf einmal nehmend, trug er den Kinderwagen hinauf und stellte ihn oben ab, um sodann einen runzeligen alten Mann unterzufassen und ihn die steile Treppe hinunterzuführen, bevor er wieder nach oben flog, um einen weiteren Kinderwagen zu holen.

Dex Laserskater/ Sl-Nr. 4478/ Vantaa.2019
Vantaa, Finnland
Zeitungsausschnitt/Bericht an die SSS

Ich begegnete Dex das erste Mal im Winter 2014. Es war 2 Grad und der Schnee auf den Gehwegen noch nicht ganz geschmolzen. Er skatete an mir vorbei mit obszön kurzen Shorts, unter deren weißem Saum halbkreisförmige Pobacken hervorsahen.

Ich hatte mein Portemonnaie fallen gelassen, und er fuhr schnell hinter mir her, um es für mich aufzuheben. Seine dünnen Beine zitterten, als er einen Bogen schlug, vor mir

He'd picked up my wallet that I had dropped behind me and skated quickly to catch up. His thin legs were trembling as he rounded to a stop and returned it in my hands. He skated alongside me for a little while. He wore silver sunglasses even though it was night, and a crop top, just like in the cartoons my grandchildren watch. He even explained his work to me as a superhero: tipping waiters, guiding tourists, depositing lost property.

He also explained his superhero outfit made him both easier to recognize and more approachable.

Images in his likeness are sprayed across the skate parks of Vantaa!

<u>Galapagos Guardian/ Sl.No. 222/ Marchena.2019</u>
Marchena, Ecuador
Direct personal account to SSS

Attention: SSS

I would like to report a sighting. My account might be vague, but it has been thrown out by all other relevant investigative bodies.

zum Stehen kam und mir das Portemonnaie überreichte. Anschließend begleitete er mich ein Stück. Er trug eine silberne Sonnenbrille, obwohl es dunkel war, und ein Croptop wie in den Zeichentrickfilmen, die meine Enkel sehen. Er erklärte mir seine Arbeit als Superheld: Kellner*innen Trinkgeld geben, Tourist*innen den Weg weisen, Fundsachen abgeben.

Auch verweis er darauf, dass sein Superhelden-Outfit ihn leichter erkennbar und zugänglicher mache.

In den Skateparks in Vantaa finden sich gesprayte Porträts von ihm!

<u>Galapagos Guardian/ Sl-Nr. 222/ Marchena.2019</u>
Marchena, Ecuador
Direkter persönlicher Bericht an die SSS

Zu Händen: SSS

Ich möchte eine Sichtung melden, auch wenn meine Schilderung vage erscheinen mag und von allen weiteren zuständigen Ermittlungsbehörden abgewiesen wurde.

Ich bin Kapitän und früher bei der Marine zur See gefahren, doch mit der Beförderung von Tourist*innen in entlegene, schwer zugängliche Meeresgebiete lässt sich mehr Geld verdienen.

I am a skipper, I used to sail ships in the navy, but there is more money to be made ferrying tourists to remote, difficult to access corners of the seas.

In recent years it seems to have gotten trendy to tour the Galapagos Islands. You're not supposed to deviate from the main strip of nineteen islands that constitute the archipelago, but my clients don't like to run into other tourists. They want to feel the thrill of discovery.

I've been collecting maps from government quotas and hungry visitors. There is a small landmass north of Marchena; only intermittently is it recorded. I have reason to believe it is home to the most diverse flora and fauna of the entire archipelago.

But the curious thing is, I cannot find it. Each time it glides into sight it evades me. The ocean swallows the land, or unpredictable currents render it impossible to sail. The seas begin to foam angrily and I cannot approach it. For non-seafaring folk this may not seem out of the ordinary, but I assure you such events are meteorologically impossible.

The tourists no longer trust me, watching the island slip into nothingness, they now favor the large catamarans that guarantee turtles and teak decks. So now I examine this phenomenon alone.

In den letzten Jahren scheinen Reisen auf die Galapagos-Inseln in Mode gekommen zu sein. Man darf den Hauptbereich der neunzehn Inseln, aus denen das Archipel besteht, nicht verlassen, doch wollen meine Kund*innen andere Tourist*innen meiden und den Nervenkitzel des Entdeckens spüren.

Ich habe Kartenmaterial aus amtlichen Quellen und von erlebnishungrigen Besucher*innen gesammelt. Nördlich von Marchena liegt eine nur sporadisch verzeichnete, kleine Landmasse, von der ich annehme, dass sie die vielfältigste Flora und Fauna der gesamten Inselgruppe beherbergt.

Seltsamerweise gelingt es mir aber nicht, sie zu erreichen. Jedes Mal, wenn sie in Sichtweite kommt, entzieht sie sich wieder. Der Ozean verschlingt das Land, oder unberechenbare Strömungen verhindern das Navigieren. Das Meer beginnt wütend zu schäumen, und ich komme nicht näher heran. Für Nicht-Seeleute mag das nicht ungewöhnlich erscheinen, ich versichere Ihnen aber, dass solche Ereignisse meteorologisch unmöglich sind.

Die Tourist*innen sehen zu, wie die Insel im Nichts verschwindet, und vertrauen mir nicht mehr. Sie bevorzugen nun die großen Katamarane mit garantierten Schildkrötensichtungen und Teakholzdecks. Daher untersuche ich das Phänomen künftig allein.

Le Spiderman/ Sl.No. 5543/ Paris.2018
Paris, France
One of the people filming the incident reporting to SSS

I was the one that spotted Le Spiderman first!!!

I was the first one to start filming. It's all on Instagram; some people from the TV called me and asked me if they could use it too. If you saw it on the news, it's probably my footage.

His name was Mamoudou Gassama before everyone started calling him Le Spiderman. He climbed five floors with his bare hands and feet, and grabbed this lil baby who was about to fall off a balcony. There were all these other guys hanging from the railings trying to follow him up but they all just looked like little insects on their back with their legs wiggling round.

You probably heard that Macron offered him citizenship, but, like, do superheroes need citizen status? Do the ones that fly show their passports to the border control in the sky? They also gave him a job with the fire service, that's where you'll be able to find him, tall guy, broad shoulders, about twenty-two, kind face. It's only an internship though, so poor

Manual for ~~Survival~~

Le Spiderman/ Sl-Nr. 5543/ Paris.2018
Paris, Frankreich
Bericht einer Person, die das Ereignis gefilmt hat, an die SSS

Ich habe Le Spiderman als Erste*r gesehen!!!

Damals habe ich als Erste*r angefangen zu filmen. Es ist alles auf Instagram; Leute vom Fernsehen haben mich angerufen und gefragt, ob sie die Aufnahmen verwenden dürfen. Das, was Sie in den Nachrichten gesehen haben, war vermutlich mein Filmmaterial.

Sein Name lautete Mamoudou Gassama, bevor alle anfingen, ihn Le Spiderman zu nennen. Er kletterte mit bloßen Händen und Füßen fünf Stockwerke hoch und packte das Kleinkind, das von einem Balkon herabzustürzen drohte. Es gab noch andere, die ihm zu folgen versuchten, aber sie hingen am Geländer wie kleine, auf dem Rücken liegende und mit den Beinen zappelnde Insekten.

Vermutlich haben Sie gehört, dass Macron ihm die Staatsbürgerschaft angeboten hat. Brauchen Superheld*innen überhaupt Bürger*innenstatus? Zeigen sie beim Herumfliegen ihre Pässe an der Grenzkontrolle am Himmel vor? Le Spiderman erhielt außerdem eine Stelle bei der Feuerwehr, dort ist er nun anzutreffen, ein großer Kerl, breite Schultern, etwa 22, mit freundlichem Gesicht. Es ist aller-

Mamadou'll only be getting 500 bucks for those spidey powers.

Super Perfect Working Robot
(a.k.a Rich Ann)/ Sl.No. 3345/ Taipei.2019
Taipei, Taiwan
Direct report to SSS -
colleague reporting about hero colleague

In February my boss hired a Super Perfect Working Robot to replace Sue who went on maternity leave. She has a creepy monotone voice but it seems evident she isn't really a robot. She introduced herself as Rich Ann, and behind her back the boss refers to her as the in-house Super Hero. He thinks he's making a joke, but she's not a machine, she just possesses the power to forgo sleep and avoid human error, so Super Hero seems like quite an apt appellation, even if I'm not sure what evil she is saving us from.

Since the arrival of Rich Ann the boss's love for efficiency has reached eye-twitching levels of obsession. He fiddles with the air conditioning every morning, making sure it's just cold enough to keep us

dings ein Praktikum, daher bekommt der arme Mamoudou nur 500 Dollar für seine Spider-Kräfte.

Super Perfect Working Robot (aka Rich Ann)/
Sl-Nr. 3345/ Taipei.2019
Taipeh, Taiwan
Direkter Bericht über eine Heldenkollegin an die SSS

Im Februar hat mein Chef einen Super Perfect Working Robot als Elternzeitvertretung für Sue eingestellt. Die Roboterfrau besitzt eine unheimliche, monotone Stimme, ist offenkundig aber kein echter Roboter. Sie stellte sich als Rich Ann vor, und der Chef bezeichnet sie hinter ihrem Rücken als hausinterne Superheldin. Er findet das lustig, aber sie ist keine Maschine, sondern besitzt nur die Fähigkeit, auf Schlaf zu verzichten und menschliche Fehler zu vermeiden. Insofern ist Superheldin eine durchaus treffende Bezeichnung, auch wenn ich nicht sicher bin, vor welchem Bösen sie uns retten soll.

Seit der Einstellung von Rich Ann hat sich die Effizienz-Liebe meines Chefs ins Krampfhafte gesteigert. Jeden Morgen fummelt er an der Klimaanlage herum und sorgt dafür, dass es gerade so unangenehm kalt ist, dass wir wach bleiben, und ich habe ihn auch beim Googeln nach dem patentierten Arbeitskäfig von Amazon ertappt …

Sabih Ahmed, Taus Makhacheva, Superhero Sighting Society, 2019

mixed media installation, sound

Scenography | Szenografie: Super Taus

Text: Jessica Saxby

3D visualisation | 3-D-Visualisierung: Nikita Kulchitsky

Sound design: Denis Dronov

Voices | Stimmen: Falak Ali, Ahmed Abouelela, Henriikka Ahtiainen, Roman Bashtovoy, Daniel Begon, Sofia Poppius Brichta, Christopher Caffrey, Mike Cole, Jacob Ferree, Amira Gherbaoui, Ruben Gorkink, Olaoye Tundee Habeeb, Nishida Hidemi, Vojtech Jirka, Michael Koriche,

uncomfortably awake and I even caught him Googling the Amazon-patented worker cage…

I can't fight Rich Ann, nor do I want to compete with her superhuman powers for productivity. So I decided to resist. I sleep, as an antithesis to productivity. But as I loll across my office chair my boss passes behind me saying he's happy that I am adhering to his advice to follow the Uberman polyphasic sleep plan.

The Apostrophiser Nemeses/
Sl.No. 005/ Bristol.2019
Bristol, UK
Superhero turning themselves in to SSS

It all started when the Herald Courier started publishing smug congratulatory reports about the so-called local superhero, "The Apostrophiser."

It bothered us so much, because I imagined some bored old Bristolian feeling self-satisfied that his funny little vigilante mission had saved the city from idiots and foreigners eroding the splendor of the English language.

Ich kann es nicht mit Rich Ann aufnehmen und will auch nicht mit ihren übermenschlichen Produktivitätskräften konkurrieren. Also habe ich beschlossen, Widerstand zu leisten. Ich schlafe als Antithese zur Produktivität. Doch während ich auf dem Bürostuhl hänge, sagt mein Chef im Vorbeigehen, er sei froh, dass ich auf seinen Rat hin den polyphasischen Uberman-Schlafmodus befolge.

The Apostrophiser Nemeses/ Sl-Nr. 005/ Bristol.2019
Bristol, Großbritannien
Superheld*in, der*die sich der SSS stellt

Es fing damit an, dass der Herald Courier begann, lobhudelnde Berichte über den örtlichen Superhelden namens „The Apostrophiser" (der Apostrophierer) zu bringen.

Das ärgerte uns sehr, denn ich stellte mir einen gelangweilten und selbstgerechten alten Bristoler vor, der glaubt, mit seiner komischen kleinen Bürgerwehrmission die Stadt vor Verhunzungen der glanzvollen englischen Sprache durch Dummköpfe und Ausländer*innen zu retten.

Wir haben dann einige Apostrophe zurückgesetzt. Aus „Rachel's Nails" wurde wieder „Rachels Nail's" usw. Dass Ersteres auf die Nägel einer Person namens Rachel verweist und Letzteres auf den nicht zuzuordnenden Nagel unzähliger Rachels, scheint wenig damit zu tun zu haben,

Johan Brink Lorenz, Njegos Manojlovic, Victoria Moya, Martyna Nowinska, Ayodele Oluwaseun, Mary Rose, Talib Shillaev, Marie Vacher, Joa Verrijzer, Natalja Verrijzer, Olyvia Wilde, Xia Yin

Production | Produktion: Anzhelika Baryshnikova, Clément Caignart, Kristina Chernyavskaya, Corégie Expo, Andrey Efits, Sophie Potelon, Guillaume Thireau

Installation production | Produktion der Installation: Carlo Bas-Sancho, Sasha Dykhne, Mark Kuzin, Mathis Oesterlen, Maria Plavinskaya, Albert Romantsov, Svetlana Yefremova, Mark Yesin

Translation | Übersetzung: Pio Abad, Ayò Akínwándé, Abdelmalek Ben Salah, Chen Chen,

We started to put some of the apostrophes back. Rachel's Nails became Rachels Nail's etc. That the former implies a set of nails belonging to a person called Rachel and the latter multiple Rachels and an unidentified possession of a nail seems to have little bearing over whether potential clients comprehend that in this establishment, they may have procedures done that pertain to fingernails and toenails.

I should mention, we're a collective that also possesses what you might call super-human powers. One of my collaborators for example has hyper-extendable arms; she is the one editing the billboards that The Apostrophiser could never reach.

Usually we like to remain anonymous, but with all this lauding of The Apostrophiser as a local hero, we thought it would be useful to distinguish between a loser with a ladder and those using their supernatural capacities to ding a little dent in the quietly imperialist projects of middle England.

ob potenzielle Kund*innen verstehen, dass das Geschäft irgendetwas mit Mani- und Pediküren anbietet.

Ich sollte auch erwähnen, dass wir ein Kollektiv sind und über das verfügen, was man als übermenschliche Kräfte bezeichnen könnte. So hat etwa eine meiner Mitstreiter*innen hyperdehnbare Arme; sie bearbeitet Plakate, an die der Apostrophierer nie herankommen würde.

Normalerweise bleiben wir gern anonym, aber angesichts der Lobreden auf den Apostrophiser als Lokalheld wollten wir klarmachen, dass es einen Unterschied gibt zwischen einem Loser mit Leiter und jenen, die ihre übernatürlichen Fähigkeiten dafür nutzen, den stillen imperialistischen Projekten in Mittelengland einen kleinen Stich zu versetzen.

Alfredo Hubard Escalera, Hiroyuki Kojima, Bruno Leitão, Magda Mietka, Iheanyi Onwuegbucha, Mégane Paradis, Rosa Preuss Ililonga, Lala Rascic, Sini Rinne-Kanto, Jessica Saxby, Ruijun Shen, Jonas Staal

Research | Recherche: Andrey Efits, Katia Porro, Sophie Potelon

Commissioned by | Im Auftrag von KADIST Foundation

Production supported by | Produktion unterstützt durch narrative projects, London (2019), The Tetley (2020), Edith-Russ-Haus für Medienkunst (2020), Jameel Arts Centre (2022)

Cryptic Optimism
Kryptischer Optimismus

Georg Diez &
Nicolaus Schafhausen

The Unsolved System

What is a museum? What is an exhibition? What is the space in between? Can we really clearly mark the difference? Do we need to? And what do we miss if we don't?

Reality is in convulsion. The longer the debates go, the more clear it becomes that the epistemic earthquake that we are experiencing is far from over.

We are in the middle of a period or process which we will be able to measure and name (and for that matter comprehend) only much later.

We need to build spaces for this in between, laboratories for the interregnum. Institutional design becomes a matter of survival—or the other way around. The end informs the beginning.

This exhibition as a whole is not so much a way to address "how to survive" but rather to propose a polyphony of ideas around different modes of survival and crisis, and what they might propose or mean.

What we are gaining in information, each day, with our phones and everything else, we are losing in understanding; input and output are in a volatile balance.

With all this talk about crisis—how can we find the margins of crisis? (What gets left out?) Who talks about care, grief and loss,

Was ist ein Museum? Was ist eine Ausstellung? Und was ist der Raum dazwischen? Kann man den Unterschied klar benennen? Müssen wir es? Und was verpassen wir, wenn wir es nicht tun?

Unsere Wirklichkeit ist im Umbruch. Je länger die Debatten andauern, desto deutlicher wird, dass das epistemische Erdbeben, das wir erleben, noch nicht vorüber ist.

Wir befinden uns mitten in einem Zeitraum oder Prozess, den wir erst viel später bemessen und benennen (oder auch begreifen) können.

Wir müssen Räume für das Dazwischen schaffen, Laboratorien für das Interregnum. Institutionelles Design wird zu einer Frage des Überlebens – oder umgekehrt. Das Ende bestimmt den Anfang.

Diese Ausstellung geht im Ganzen weniger der Frage nach, „wie man überlebt", sie bietet vielmehr eine Polyphonie von Ideen zu verschiedenen Überlebens- und Krisenmodi sowie deren möglichen Bedeutungen.

Was wir täglich an Informationen gewinnen, mit unseren Telefonen und sonstiger Technik, verlieren wir an Verstehen; Input und Output sind in einem volatilen Gleichgewicht.

Bei all dem Reden über die Krise – wie können wir da die Zwischenräume der Krise entdecken? (Was bleibt außen vor?) Wer spricht über Pflege, Trauer und Verlust, finanzielle Unsicherheit, Migration?

Georg Diez & Nicolaus Schafhausen

financial insecurity, migration?

Can we see outside and inside at the same time? Can we understand and act? Can we be slow and fast? Can we see the particular and the larger structure of expectations / reality / financial capitalism?

Again, is there an outside? Is there an inside?

Where is the space for interconnected perspectives, in an age and among communities where dialogue about different perspectives becomes a kind of taboo?

Think a massacre; think the causes, the context, the victims; think war and destruction; think anger, despair and rage; think silence.

Are we even struggling to "survive"? In the Western Hemisphere, and this is where we are, most people would not say they do (aside from financial hardship etc.).

What, then, is hardship? What is suffering? How can we (eternal question) relate?

Do we have a different outlook in 2024? In 2025? In 2026? In 2027? How long do we live? And what does it mean to strive to survive in this new era?

Manual for ~~Survival~~

Können wir nach außen und innen zugleich sehen? Können wir verstehen und handeln? Können wir langsam und schnell sein? Können wir die besondere und die umfassendere Struktur von Erwartungen / Realität / des Finanzkapitalismus sehen?

Noch einmal, gibt es ein Außen? Gibt es ein Innen?

Wo ist Raum für unterschiedliche Perspektiven, in einer Zeit und in Gemeinschaften, in denen das Gespräch über unterschiedliche Perspektiven eine Art Tabu ist?

Stell dir ein Massaker vor; stell dir die Ursachen, den Kontext, die Opfer vor; stell dir Krieg und Zerstörung vor; stellt dir Zorn, Verzweiflung, Wut vor; stell dir Schweigen vor.

Kämpfen wir denn ums „Überleben"? In der westlichen Hemisphäre, in der wir uns befinden, würden die wenigsten dem zustimmen (außer in Bezug auf finanzielle Nöte etc.).

Was also ist Not? Was ist Leiden? Wie können wir (die ewige Frage) verstehen?

Sehen wir die Dinge 2024 anders? 2025? 2026? 2027? Wie lange leben wir? Und was bedeutet der Versuch zu überleben in dieser neuen Ära?

Ist sie neu? Ist es eine Ära?

Eine Ausstellung wird heute zu einer Aussage über den Zustand der Kultur, zu einem Kurzporträt der Gesellschaft

Is this new? Is this an era?

An exhibition, today, becomes a proposition about the state of culture, a portrait in brief of society in the twenty-first century through different voices / perspectives.

Any crisis—and survival—implies a rethinking of what has gone weird: or gone wrong.

Weirding is a verb.

An exhibition, today, is an opportunity to point to the difficulties to express what is wrong with the current state of political ideology: who does it serve?

A state of crisis is both a beginning and an ending, it bookends a period of stability, but it pushes new models of adaptation onto those who survive.

Cryptic Optimism

There are limits to making exhibitions. (Is art always too late?)

But which art is the latest?

How do we present and encounter art, literature, music, theater, opera? What are spaces and unspaces?

How can we build more unspaces that are open for habitation? How can we be open?

des 21. Jahrhunderts, vermittelt durch verschiedene Stimmen / Sichtweisen.

Jede Krise – und jedes Überleben – bedeutet auch zu bedenken, was seltsam war: Was schief lief.

Seltsam ist ein Verb.

Eine Ausstellung bietet heute die Gelegenheit, darauf hinzuweisen, wie schwer es ist, die Probleme gegenwärtiger politischer Ideologie abzubilden; wem dient sie?

Eine Krise ist Anfang und Ende, die Buchdeckel einer Periode der Stabilität; sie zwingt den Überlebenden neue Formen der Anpassung auf.

Ausstellungen haben Grenzen. (Ist Kunst immer zu langsam?)

Aber welche Kunst ist aktuell?

Wie zeigen und begegnen wir Kunst, Literatur, Musik, Theater, Oper? Was sind Räume und Nichträume?

Wie können wir mehr Nichträume schaffen, die bewohnbar sind? Wie können wir offen sein?

Es gibt einen thematischen Weg (der inhärent politisch ist), sich diesen Zusammenhängen mit einer Vielzahl künstlerischer Praktiken annähern, die sich nicht unmittelbar mit der „Krise“ befassen und doch einen besonderen Blick und eine kritische Stimme bieten, was den Zustand der Welt betrifft in verschiedenen Momenten; Theorien vom Beginn der Krise bis zu ihrem Ende.

There is a thematic way (which is inherently political) to approach an array of artistic practices that may not directly address "crisis" but have a unique approach and critical voice on the state of the world at different moments, from theories about its inception to its end.

Deichtorhallen Hamburg is an unspace which has turned into a space; more precisely, it was a space which has turned into an unspace and has been turned into a space.

That is a problem and an opportunity; unspaces are open, they attract meaning where there was none. Spaces are securing meaning; a museum positions itself as a place for fostering long-term stability, even when there is none by definition.

This is art.

But how can we promote peace, reconciliation, and social cohesion? (Is this the surplus subtext of the School of Survival?)

Accountability and justice: yes—and how.
Empowering or showcasing initiatives; education and awareness-raising; emphasizing the role of art.

Die Deichtorhallen Hamburg sind ein Nichtraum, der sich in einen Raum verwandelt hat; besser gesagt, es war ein Raum, der einen Nichtraum und wieder in einen Raum verwandelt wurde.

Das ist ein Problem und eine Chance; Nichträume sind offen, sie verlangen Bedeutung, wo keine war.

Räume sichern Bedeutung; ein Museum positioniert sich als ein Ort der langfristigen Stabilität, auch wenn es die per Definition nicht gibt.

Das ist Kunst.

Wie aber können wir Frieden, Versöhnung und sozialen Zusammenhalt fördern? (Ist das ein zusätzlicher Subtext der „School of Survival"?)

Verantwortung und Gerechtigkeit: ja; und wie?

Emanzipation oder neue Initiativen; Bildung und Bewusstsein; die Betonung der Rolle der Kunst.

Durch Erziehung und gemeinsame Verständnis für Einsicht, Empathie und Toleranz: Die Besucher*innen sollen ermutigt werden, sich kritisch mit der Komplexität heutiger (politischer, sozialer und humanitärer) Krisen zu beschäftigen.

Eine Ausstellung ist wie eine Membran; sie ist weder präskriptiv noch deskriptiv.

Through education and public awareness in promoting understanding, empathy, and tolerance: encouraging visitors to critically engage with the complexities of today's (political, social, and humanitarian) crises.

An exhibition is like a membrane; it is neither prescriptive nor descriptive.

Cryptic Optimism

The

School

of

Survival

Vocabulary for the 21st Century

Vokabular für das 21. Jahrhundert

Ece Temelkuran &
Georg Diez

Our world is struggling with political and moral collapses of such impact that mere superficial and temporary solutions cannot help. Which is why we need to simultaneously discuss the realms of moral philosophy, politics—and emotions.

While some of the greatest thinkers of the twentieth century—Simone Weil, Hannah Arendt, Theodor W. Adorno, or Erich Fromm—answered the very question about the origin of all this human evil by concluding that fascism is the total loss of faith in humankind, today, the central question we must ask is this: How can we restore our faith in our kind?

Mind you, faith is a mischievous word; it has a habit of getting out of hand. It has been monopolized by religions and cults for such a long time that we must now reclaim it for a secular understanding of the world. And if we really want to deal with the problems of our age, we must also acknowledge the need for courage and creativity in our thinking—and in our political language.

Yes, we need a new political language that goes beyond common political discourse. In the age of extreme polarization and manufactured hatred, we need a vocabulary

Unsere Welt ist konfrontiert mit politischen und moralischen Zusammenbrüchen von solcher Tragweite, dass oberflächliche und vorläufige Lösungen nicht mehr weiterhelfen. Deshalb müssen wir gleichzeitig über Moral und Politik sprechen – und über Gefühle.

Einige der großen Denker*innen des 20. Jahrhunderts – Simone Weil, Hannah Arendt, Theodor W. Adorno oder Erich Fromm – beantworteten die Frage nach dem Ursprung des Bösen im Menschen damit, dass Faschismus für sie der Verlust jeglichen Glaubens an die Menschheit bedeutete. Heute lautet die zentrale Frage: Wie können wir den Glauben an unsere eigene Spezies wiederherstellen?

Doch Vorsicht, Glaube ist ein tückisches Wort; es hat seine eigene Logik. Lange Zeit wurde es durch Religionen und Sekten vereinnahmt, heute müssen wir es für ein säkulares Weltverständnis zurückfordern. Und wenn wir die Probleme unserer Zeit wirklich angehen wollen, müssen wir Mut und Kreativität in unser Denken integrieren – und in unsere politische Sprache.

Ja, wir brauchen eine neue politische Sprache, die über die gewöhnliche politische Rede hinausgeht. In dieser Zeit der extremen Polarisierung und des künstlich geschürten Hasses brauchen wir ein Vokabular, das dem Herzen und der Seele der Menschen so nahe ist, dass es viele erreicht und zum Miteinander bewegt. Wir sollten Hannah Arendts Idee von der Banalität des Bösen aufgreifen – und das Böse

located close to the human heart and soul in order to reach the many and prompt them to togetherness. We need to take Hannah Arendt's concept of the banality of evil and reverse it to the evil of banality, which contains the core reason for today's political and moral mess. This new political lexicon should thus be an antidote to the evil of banality.

In the second half of the twentieth century two ways of trying to organize the world have stood out: the grand narrative of socialism and the deconstruction of said socialist narrative. Apparently, neither of the two is helping us today. We lack both a moral and a political ethos. These two can only be built by revisiting some fundamental human concepts with a new vision, age-old and timeless concepts like joy of dignity, active attention, faith in humankind, friendship as a political relation—but not only—and love of fellow humans.

The young generations especially will need these concepts. They are born into a century of cynicism and meaninglessness by which, in fact, we are all infected. Shocking though it seems, it is almost sinful today not to smirk when there is a mention of human love, despite the fact that it was one of the main references of the progressive movements in the last century. This only shows how fear of talking about

der Banalität als Hauptgrund sehen für die derzeitigen politischen und moralischen Verwüstungen. Dieses neue politische Lexikon sollte deshalb wie ein Mittel gegen das Böse der Banalität wirken.

In der zweiten Hälfte des 20. Jahrhunderts dominierten zwei Ansätze zur Ordnung der Welt: das große Narrativ des Sozialismus und dessen Dekonstruktion. Es scheint so, dass uns heute weder das eine noch das andere weiterhilft. Uns fehlt ein moralisches und ein politisches Ethos. Wir können beides nur dann neu entwickeln, wenn wir aus einer heutigen Perspektive zu grundlegenden menschlichen Vorstellungen zurückkehren, zu uralten, zeitlosen Konzepten wie Freude über die Würde des Menschen, aktive Zuwendung, Glaube an die Menschheit, Freundschaft als politische Umgangsform – nicht nur – und Nächstenliebe.

Vor allem die jungen Generationen werden diese Konzepte brauchen. Sie werden in ein Jahrhundert des Zynismus und der Sinnlosigkeit hineingeboren, und wir sind längst angesteckt davon. Es ist schockierend, aber heutzutage gehört es regelrecht zum guten Ton, herablassend zu lächeln, wenn von Menschenliebe die Rede ist – einem der wichtigen Referenzpunkte fortschrittlicher Bewegungen im vergangenen Jahrhundert. Das zeigt nur, wie die Angst davor, über Moral und das Gute als Grundlagen progressiver Politik zu sprechen, uns alle letztlich von den wichtigsten Vorstellungen abgeschnitten hat, die das Menschsein ausmachen.

morality and the good in progressive politics ended up barring us all from the main concepts which make up humankind.

So, we need new words. Words which can operate as hearts in a heartless world. Because many of us are lost like Rick in Casablanca, in solitude, bitter and defeated, before the incredibly complex problems of the world. We need a language which operates much like Ilsa, who reminds Rick of who he is in this world—and what he is really capable of.

Democracy in its current liberal form is conceived around abstract (and rational) notions of ideals—freedom, equality, solidarity, in the way the French Revolution claimed these words and concepts. These concepts are abstract; these words can mean a lot of things to a lot of people, they can be used to fight power or establish power or uphold power. They describe a certain topography of politics; they limit the democratic space in some ways to what is done in professional politics or parliament. They had their time; for our time, we need new words that can serve as the foundation for a different conception of political theory built on emotions.

Deshalb brauchen wir neue Wörter. Wörter wie Herzen in einer herzlosen Welt. Denn viele von uns sind verloren wie Rick in Casablanca angesichts der unfassbar komplexen Probleme in der Welt, in Einsamkeit versunken, verbittert und besiegt. Wir brauchen eine Sprache wie die Ilsas: Sie erinnert Rick daran, wer er ist in dieser Welt – und wozu er wirklich in der Lage ist.

Demokratie in ihrer heutigen liberalen Form baut auf abstrakten (und rationalen) Idealvorstellungen auf – Freiheit, Gleichheit, Geschwisterlichkeit, so wie die Französische Revolution diese Begriffe und Konzepte für sich beanspruchte. Diese Konzepte sind abstrakt; diese Worte haben die unterschiedlichsten Bedeutungen, man kann sie benutzen, um Macht zu bekämpfen, Macht zu erringen oder Macht zu verteidigen. Sie beschreiben eine bestimmte Topografie der Politik; sie schränkten in gewisser Weise den demokratischen Raum ein auf das, was in der professionellen Politik oder im Parlament geschieht. Sie hatten ihre Zeit; aber unsere Zeit braucht neue Wörter, die als Fundament dienen können für eine Vorstellung von politischer Theorie, gebaut auf Emotionen.

Emotionen in der Politik gelten, und das 20. Jahrhundert hat die Haltung für viele bestätigt, als gefährlich – und Vernunft wird gesehen als Bollwerk gegen die Politisierung der Emotionen, die den Faschismus bereits in sich trägt. Doch das ist nicht zwangsläufig so.

There is an understanding, substantiated in some way by twentieth century history, that emotion in politics is dangerous and reason is a safeguard against politicized emotions which seem to take on the form of fascism. This is not necessarily so. History is contingent in a certain sense. We cannot be defensive about the future; we cannot defend what is not working anymore. Emotions are what makes us human. The age of abstraction was not a mistake—but it created an inherent poverty in the conception of what politics is. It drained democracy of life, over time, most visibly in recent decades. To democratize democracy, we need to make democracy and the way we talk about it and conceive of it more concrete.

Emotions are concrete. We cannot escape emotions. We cannot hide from emotions. Emotions might be dangerous in some way, but it does not help to ignore them. They are real anyway; they might appear in a different form, molded, metastasized, if we repress them through just ideas. The goal is not to replace reason with emotion. The goal is to open up reason to emotion, the abstract to the concrete—and to create a political reality that is adaptable and adequate to concrete feelings as well as abstract ideas. The challenge is: the abstract ideas

Geschichte ist in gewissem Sinne zufällig. Wir können der Zukunft nicht defensiv begegnen; wir können nicht verteidigen, was nicht mehr funktioniert. Gefühle machen uns Menschen aus. Das Zeitalter der Abstraktion war kein Fehler – aber es hat eine verarmte Vorstellung davon geschaffen, was Politik ist. Mit der Zeit ist das Leben aus der Demokratie entwichen, besonders in den vergangenen Jahrzehnten. Um die Demokratie zu demokratisieren, müssen wir sie selbst, aber auch die Art, wie wir über sie sprechen und sie verstehen, konkreter machen.

Gefühle sind konkret. Wir können vor Gefühlen nicht fliehen. Wir können uns vor Gefühlen nicht verstecken. Gefühle können gefährlich sein, aber es hilft nicht, sie zu ignorieren; sie sind dennoch real. Sie treten in anderer Gestalt in Erscheinung, verformt, metastasiert, wenn wir sie durch abstrakte Ideen unterdrücken. Das Ziel ist dabei nicht, Vernunft durch Emotionen zu ersetzen. Das Ziel ist, die Vernunft für Emtionen zu öffnen und Abstraktes für Konkretes zu öffnen – und so eine politische Realität zu schaffen, die anpassungsfähig ist und angemessen für konkrete Emotionen wie abstrakte Ideen. Die Herausforderung ist: Die abstrakten Ideen sind oft leer; die konkreten Gefühle sind oft zu viel, überbordend, unbewacht.

Wie können wir über das Leben reden, wie es wirklich ist, und das in unsere Überlegungen einbauen, wie Politik näher an dem sein kann, was Menschen wirklich wollen oder brauchen? Wie können wir die Schwächen der liberalen Demokratie ansprechen, ohne dem

are often hollow; the concrete emotions are often too much, overflowing, unguarded.

How can we find a way to talk about what life is like and integrate this into our reflection about a politics that is closer to what people really want or need? How can we address the weaknesses of liberal democracy without opening to populist fascism? How can we integrate all there is in terms of knowledge about the human experience and create a truly universalist understanding of a universalism which always needs to be a particularism as well? Society is an abstract concept meant to be studied; lives are lived individually, together they form a sense of coherence and webs of meaning. These webs are what matters. They consist of words and shared experience.

We see this "Vocabulary for the 21st Century" as the starting point of a constitution for the twenty-first century.

Desire

Desire is the projection of longing into the future. On an individual level, desire is often connected to objects, either people or things, sometimes places or states of being; on a collective level, desire is a utopia connected to unfulfilled passion.

populistischen Faschismus den Weg zu bereiten? Wie können wir all das, was die menschliche Erfahrung mit sich bringt, in ein wirklich universalistisches Verständnis von Universalismus integrieren, der immer auch ein Partikularismus sein muss? Gesellschaft ist ein abstraktes Konzept, das es zu erforschen gilt; jeder Mensch lebt sein Leben auf seine Weise; erst zusammengenommen entstehen Kohärenz und Bedeutungsgewebe. Das Entscheidende sind diese Gewebe. Sie bestehen aus Worten und gemeinsamen Erfahrungen.

Für uns ist dieses „Vokabular für das 21. Jahrhundert" der Ausgangspunkt zu einer Verfassung für das 21. Jahrhundert.

Begehren

Begehren ist die Projektion von Sehnsucht in die Zukunft. Individuell ist es oft an Objekte gebunden, seien es Menschen oder Dinge, manchmal auch an Orte oder Seinszustände; kollektiv ist Begehren eine Utopie, die mit unerfüllter Leidenschaft einhergeht.

Leidenschaft wird allerdings ausdrücklich aus der demokratischen Politik ausgeschlossen, sie gilt als gefährlich; auch utopisches Denken wurde vom demokratischen Projekt abgekoppelt, das dadurch schal geworden ist und feststeckt im Status quo. Um Politik in ein Projekt zu verwandeln, um die Demokratie wiederzubeleben, muss das Begehren seinen besondern Platz im demokratischen Projekt finden.

Passion, of course, is explicitly removed from democratic politics, it is deemed dangerous; utopian thinking itself has become separated from the democratic project, leaving it stale and stuck in the status quo. To turn politics into a project. to breathe life back into democracy, desire has to find its unique place in the democratic project.

A project is never finished; there are always challenges, there are questions about the form as much as about the content of politics. This openness demands attention, curiosity, the energy to address failures and shortcomings as they become evident. Democratic reality is by definition emergent.

There is no end to the democratic project. This is what, among other things, differentiates it from authoritarian rule—passion in this case is monopolized, the magnet of collective longing and political desire is the ruler; individual desire is relegated from the political to the private sphere. Reactionary politics needs the private to be private and desire to be kept at bay.

Progressive politics, on the other hand, needs to be open to desire as a political force. If longing for a better world is constantly exhausted, passion has run dry, and longing turns into something else, a memory of who you were when you were

Ein Projekt ist nie abgeschlossen; immer gibt es Herausforderungen, immer gibt es Fragen zur Form ebenso wie zum Inhalt der Politik. Diese Offenheit erfordert Aufmerksamkeit, Neugier und die Energie, sich mit Fehlern und Unzulänglichkeiten auseinanderzusetzen, sobald man sie erkennt. Die demokratische Wirklichkeit ist per Definition emergent, im Werden begriffen.

Das demokratische Projekt hat kein Ende, das unterscheidet es, unter anderem, von autoritärer Herrschaft, die Leidenschaft monopolisiert – zentrales Objekt des kollektiven Verlangens und politischen Begehrens ist der Herrscher; individuelles Begehren wird aus dem Politischen ins Private verbannt. Reaktionäre Politik muss das Private privat halten und Begehren beschränken.

Progressive Politik dagegen muss offen sein für das Begehren als politische Kraft. Wird die Sehnsucht nach einer besseren Welt ständig frustriert, versiegt die Leidenschaft, und die Sehnsucht wird zu einer Erinnerung daran, wer man war, als man sich noch lebendiger fühlte. An diesem Punkt stehen wir in den liberalen Demokratien, wir fürchten grundlegende Veränderungen, in der Zeit erstarrt, ohne Leben.

Begehren ist eine Möglichkeit, um diesen Geist neu zu entfachen, der das politische Leben zu einem Spektakel macht – oder zu einem Karneval, wie die politische Philosophin Julia Kristeva es formuliert, ein Raum für gesellschaftliche Erfahrungen und Experimente, die

more alive. This is where we are in liberal democracies, afraid of substantial change, frozen in time, devoid of life.

Desire is a way to rekindle this spirit of turning political life into a spectacle—or a carnival, like the political philosopher Julia Kristeva proposed, a space for societal expression and experimentation, the cultural form of desire put into action. Democracy is not primarily a process; it is a party, a joyful festival of collective action.

We lack these carnival spaces; we even lack the words. Repression in language is repression in life, says Julia Kristeva in the context of the older psychoanalytical tradition that she is part of, connecting Marx with Freud. Today, in an age where the right claims the discourse about freedom, the left needs to remember how to talk about liberation.

A discourse about desire could open this way, even if you don't want to go back to Freud and the unconscious: desire is present and strong in humans, it is a primal force, for better or for worse, the space beyond logic—and the politics of desire needs to map that space and turn the energy into a force of reinvention and reimagination.

If you stop desiring, you stop living. On an individual level, this is tragic—people just slow down and cease to hope,

kulturelle Form von Begehren in Aktion. Demokratie ist nicht primär ein Prozess; sie ist eine Party, ein fröhliches Festival kollektiven Handelns.

Uns fehlen die Räume für diesen Karneval; uns fehlen auch die Begriffe. Verdrängung in der Sprache ist Verdrängung im Leben, sagt Kristeva in Anlehnung an die psychoanalytische Tradition, der sie angehört und die Marx mit Freud verknüpft. Heute, da die Rechte den Diskurs über Freiheit gekapert hat, muss sich die Linke darauf besinnen, wie man über Befreiung spricht.

Ein Diskurs über das Begehren könnte dieses Tor aufstoßen, auch wenn man nicht zu Freud und zum Unbewussten zurückkehren will; das Begehren ist im Menschen gegenwärtig und stark, es ist eine ursprüngliche Kraft, im Guten wie im Schlechten, es ist der Raum jenseits der Logik – die Politik des Begehrens muss diesen Raum vermessen und diese Energie in die Kraft verwandeln, um sich Neues vorzustellen, um Neues zu erfinden.

Ohne Begehren kein Leben. Auf individueller Ebene ist das tragisch – die Menschen geraten ins Stocken und verlieren die Hoffnung, ihren Glauben, ihre Wünsche; in der Politik ist es ein Sieg derer, die nicht zu träumen wagen, die nichts verändern wollen und genug besitzen, um keine Wünsche mehr zu haben.

Die Demokratie hat eine verborgene, verdrängte, verlorene Erotik. Regressive Kräfte sind die natürlichen Feinde der Politik des Begehrens. Sie nähren sich von Hass und Ressentiment. Begeh-

to believe, to wish for something; on a political level, this is a victory for those who don't dare to dream, who want to keep things in their place, who own enough to be able to stop wanting.

There is an erotic in democracy that has been hidden, repressed, lost. The forces of regression are the natural enemies of the politics of desire. They feed on hate and resentment. Desire is radical openness, a sense of lust that transcends the individual.

This is the unifying quality of desire experienced as an awakening: you remember who you were, who you could be, who you want to be. Desire helps you access past, present, and future at the same time.

We are living through a revolution for which we lack the right terminology. We experience something that we don't understand. "The world," writes Roberto Mangabeira Unger, "is restless under the yoke of a dictatorship of no alternatives."

If we want to advance, we need to reinvent the revolutionary movement which has pulsed through societies since the late eighteenth century in form and in substance, Unger contends. And desire, one could add, is one way of doing just this.

ren bedeutet radikale Offenheit, ein lustvolles Gefühl, das Individualität transzendiert.

Darin liegt die verbindende Qualität des Begehrens, das als Erwachen erlebt wird: Man erinnert sich daran, wer man war, wer man sein könnte, wer man sein will. Das Begehren hilft uns, Zugang gleichermaßen zu Vergangenheit, Gegenwart und Zukunft zu finden.

Wir erleben aktuell eine Revolution, für die uns das richtige Vokabular fehlt. Wir erleben etwas, das wir nicht verstehen. „Die Welt", so der Philosoph Roberto Mangabeira Unger, „ächzt ruhelos unter dem Joch einer Diktatur der Alternativlosigkeit."

Wenn wir vorankommen wollen, so Unger, brauchen wir eine Neuerfindung der revolutionären Bewegung, die seit dem Ende des 18. Jahrhunderts in Form und Inhalt durch die Gesellschaften pulsiert. Das Begehren, könnte man hinzufügen, tut genau das.

Es gibt ein körperliches Begehren, es gibt aber auch ein Begehren nach Ideen, eine Erotik des Denkens, die die Begrenztheit der gegenwärtigen demokratischen Praxis überwinden kann.

Eine Politik des Begehrens würde das individuelle Begehren der Projektion einer gemeinsamen Zukunft einverleiben, wenn das das richtige Wort ist.

Physisches und Metaphysisches verschmelzen. Das ist nicht utopisch, das ist nicht realistisch, das ist leibhaftig.

There is a desire in the body, but there is also a desire in ideas. There is an erotic of thought which can overcome the limits of present democratic practice.

A politics of desire would incorporate, if that is the right word, the individual longing into the projection of a common future.

The physical meets the metaphysical. This is not utopian, this is not realist, this is corporeal.

Exhaustion

Tired is different—there has been action once. Therefore, tiredness holds the possibility of contentment. Contentment does not only mean success. You tried, and you failed. There is the possibility of inner peace when tired. Exhaustion is a thing of pre. It is unclear whether you've tried or not. And you are not sure whether you failed or not. Exhaustion is a blur.

When tired, you have the right to rest. Stop and recalculate. Try again. The tired limbs and the consumed mind can reinvigorate. It is possible. There is still a deep knowledge of the next possibility in tiredness. Still a place to go from here. Exhaustion is not to want the next. It is the impossibility of imag-

Erschöpfung

Müde ist anders – da hat man schon etwas getan. Deshalb kann Müdigkeit zufrieden machen. Zufriedenheit ist nicht abhängig von Erfolg. Du hast es versucht, du bist gescheitert. Es gibt die Chance auf inneren Frieden, wenn man müde ist. Erschöpfung hingegen tritt vor etwas ein. Es ist nicht ganz klar, ob man es versucht hat oder nicht. Und man ist sich nicht sicher, ob man gescheitert ist oder nicht. Bei Erschöpfung verschwimmt alles.

Wer müde ist, darf sich ausruhen. Innehalten und alles neu berechnen. Versuch's noch einmal. Glieder und Geist können sich erholen. Es ist möglich. Müdigkeit birgt in sich die Gewissheit, dass es eine nächste Chance gibt. Es gibt den nächsten Schritt. Erschöpfung will nichts Nächstes. Sie ist die Unmöglichkeit, sich etwas Nächstes vorzustellen. Traurigkeit auch, weil man sich selbst der Vorstellung der Erfahrung von etwas Nächstem verweigert. Erschöpfung ist keine Pause; Erschöpfung ist die Endstation in einer Stadt, in der du niemanden kennst. Erschöpfung ist die Angst vor dem Ankommen.

Müdigkeit steht im Einklang mit der Welt. Erschöpfung ist Abscheu vor der Welt.

Eine Eisesstarre, die jede Handlung lähmt, jede Möglichkeit der Handlung. Regloses Verharren, ohne anders sein zu wollen. Die

ining the next. A certain kind of sadness deriving from the disdain to imagine, to know the next. It is not a break; it is the last bus stop in a city where you have nowhere to go. Exhaustion is the fear of arriving.

Tiredness is with the world. Exhaustion is the repugnance of the world. It is a frozen state of being that paralyzes the possibility of action, any action. It is staying put and not wanting to be otherwise. It is the overwhelmingly impossible question: What is the point? It is an impossibility of being convinced that there is a point.

We are not tired. We are exhausted.

Tiredness needs rest. Exhaustion can only be remedied with a reinvented conviction. The reason or the evidence for conviction is not in the past. One might think that there is encouragement or a joyful possibility in the sentence: You didn't even try, not really. If you really have tried. But it doesn't work either with the individual or with the masses. The reason for the conviction to act, to try, can only be invented now, in the present. Only the present can provide the exhausted with the energy to reignite. What is in the present that is so powerful to give the reason to the impossibly exhausted one?

überwältigend unmögliche Frage nach dem Sinn. Die Unmöglichkeit, davon überzeugt zu sein, dass es einen Sinn gibt.

Wir sind nicht müde. Wir sind erschöpft.

Müdigkeit verlangt nach Ruhe. Erschöpfung ist nur durch eine neu gefundene Überzeugung zu überwinden. Der Grund oder der Beweis für diese Überzeugung liegt nicht in der Vergangenheit. Eigentlich könnte Ermutigung oder eine freudige Chance liegen in dem Satz: Du hast es nicht einmal versucht, nicht ernsthaft. Hättest du dir mehr Mühe gegeben ... Aber das funktioniert weder auf individueller Ebene noch für die Massen. Nur in der Gegenwart finden wir den Grund für die Überzeugung zu handeln, ausschließlich jetzt. Nur die Gegenwart kann Erschöpften die Energie geben, neu zu starten. Was in der Gegenwart ist stark genug, um den unfassbar Erschöpften diesen Grund zu geben?

Nicht Hoffnung. Nicht eine rosige Zukunft. Nicht das vage Versprechen vom Paradies auf Erden. Diese Zeiten sind vorbei. Zum ersten Mal in der Geschichte der Menschheit ist die Zeit für uns Menschen begrenzt. Zum ersten Mal läuft die Zeit ab. Sie läuft nicht auf eine Zukunft zu, sondern auf einen Endpunkt. Die Gegenwart ist klar, und hier sind wir gezwungen, eine Überzeugung, einen Neustart zu finden.

Der Verlust ist ein Prozess, ein existenzieller Raub. Doch nach dem Verlust wirkt die brutale Eindeutigkeit der Realität befreiend. Wir haben verloren. Die Niederlage ist ein langes Ausatmen, eine Erleichterung. Wir sind am Nullpunkt angekommen, und das ist ein guter

Not hope. Not a prosperous future. Not the far-away possibility of a heaven on Earth. Those days are gone. For the first time in human history and for humanity, time is limited. Time, for the first time, is a clear countdown. It does not go towards a future, but it runs to an end. The present is clear, and in this one we are obliged to find a conviction, a reignition.

The process of losing is a profound deprivation. Yet, having lost, the brutal clarity of the reality is liberating. We lost. Admitting the defeat is a long exhale, a relief. A good starting point to think that we are on ground zero. The present is nothing but the state of survival. A humbling fact. We need the humbleness of the defeated. Because that is the reality of the present, and that is what we have.

Survival is where the emotions of languor become too luxurious to indulge in and might well have deadly consequences. The state of survival is the radical downsizing of the unnecessary. Why, how, but—they all go down the drain and the aloof self is put aside. Thus, only landing in the reality of the present and admitting our state of survival can wipe away the exhaustion and save us from spiraling into how and why and but. In survival, you stand up and act. The questions of "But how, towards what?" also become irrelevant. Action, within itself,

Anfang. In der Gegenwart zählt nur das Überleben. Eine demütigende Tatsache. Wir brauchen die Demut der Besiegten. Denn das ist die Realität der Gegenwart, und das ist alles, was wir haben.

Überleben ist ein Modus, in dem Trägheit zum Luxus wird, der tödliche Folgen haben kann. Überleben ist der radikale Verzicht auf alles Überflüssige. Das Warum, das Wie, das Aber – lass all das gehen, auch dein hochtrabendes Ich. Allein die Landung in der Realität der Gegenwart und das Eingeständnis, dass wir uns im Überlebensmodus befinden, können die Erschöpfung vertreiben und uns vor der Spirale des Wie, Warum und Aber bewahren. Im Überlebensmodus steht man auf und handelt. Fragen nach dem Wie und Wozu werden irrelevant. Das Handeln findet die Richtung aus sich selbst heraus. Handeln vertreibt die Erschöpfung. Erst mit dem Handeln gibt es auch einen Grund für das Handeln.

Erschöpfung ist kein Problem, das gelöst, und keine Frage, die beantwortet werden kann. Sie ist ein Seelenzustand, den es zu überwinden gilt.

Glaube

Glaube ist kein religiöser Begriff. Leider beanspruchen die Religionen seit Jahrtausenden das Monopol darauf. Und zwar so sehr, dass kaum noch nachvollziehbar ist, dass der Glaube das ureigenste menschliche

invents the direction. Action repels the exhaustion. There can be no reason of action before the action.

Exhaustion is not a problem to be solved or a question to be answered. It is a state of the soul to be surpassed.

Faith

Faith is not a religious word. It is unfortunate that it has been monopolized by religion for some thousand years. So much that one cannot easily understand that it is the most inherent need and skill of being a human. It was, in fact, this need and skill that once invented God. And God became the intermediary for humans to believe in humanity. God came into existence not because we needed the divine but because we needed an assuring voice to tell us that we are allowed to love our neighbors and believe in humans. God has been there to repel the fear and tell us that the neighbor is no less afraid than us. God is not the source of the faith. He is just a middleman; religion is just the agency office for the middleman. Faith is ours as humans. Yet "meaning" has been too big of a word to place in feeble humans, so we outsourced it to the divine. To survive today, that has to change. Faith should be reclaimed.

Bedürfnis und die ureigenste menschliche Fähigkeit ist. Dieses Bedürfnis und diese Fähigkeit führten zur Erfindung Gottes. Und Gott wurde zum Vermittler, damit der Mensch an die Menschheit glauben konnte. Gott wurde nicht erfunden, weil wir das Göttliche brauchten, sondern weil wir eine aufmunternde Stimme benötigten, die uns erlaubte, unsere Nächsten zu lieben und an die Menschheit zu glauben. Gott soll uns die Angst nehmen und versichern, dass unsere Nachbarn genauso viel Angst haben wie wir. Gott ist nicht der Schöpfer des Glaubens. Er ist nur der Zwischenhändler; und Religion ist sein Maklerbüro. Der Glaube betrifft allein uns Menschen. Aber „Sinn" war ein zu bedeutungsschweres Wort, als dass man es schwachen Menschen hätte überlassen dürfen. Also lagerten wir es aus ins Göttliche. Um heute zu überleben, muss sich das ändern. Wir sollten uns den Glauben zurückholen.

Wir haben den Glauben dem Monopol der Religionen ausgeliefert; uns bleibt nur das Wort Hoffnung. Hoffnung ist ein Wort wie aus Federn, ein von Natur aus trauriges Wort. Kein Wort unserer Sprachen kann so schnell Hoffnungslosigkeit wecken wie das Wort Hoffnung. Unsere Abhängigkeit von Hoffnung macht uns hilflos, wenn die Zeiten hoffnungslos sind. Dies ist eine solche Zeit. Was wir heute zum Überleben brauchen, ist nicht Hoffnung, sondern Entschlossenheit. Und entschlossen können die Menschen nur sein, wenn sie festen Glaubens sind.

Wie jene, die trotz des Beweises des Gegenteils an Gott glauben, sollten wir an die Menschheit und die Zukunft glauben – und

We have surrendered faith to the mercy of the religious monopoly; we are left with the word hope. Hope, *being a thing with feathers*, is an inherently sad word. No word in our languages can invite hopelessness more hurriedly than the word hope. And our dependency on hope leaves us helpless when times are hopeless. And today is one of those times. Today, what we need to survive is not hope but determination. And humans can only produce determination when they have faith.

Like those who believe in God despite all contrary evidence, we need to believe in humanity and the future despite all the evidence that tells us about the apocalypse of the planet and humankind. Any kind of survival is closely connected to blind faith. That is the only human skill that can prevent us from extinction and be the *raison d'etre* for our political action during and for survival. When surviving, there is rarely hope; there is the incontrovertibility of believing.

Fascism is the absolute loss of faith in humankind. To counter the brutal insanity of fascism, one needs to position oneself on the opposite: unshakeable faith in humanity. That is the way out philosophically, and our politics of survival should trickle down from this core moral pillar.

wenn noch so viele Belege vom Untergang der Erde und der Menschheit künden. Überleben in jeder Form hat viel mit blindem Vertrauen zu tun. Dieser Glaube ist die einzige menschliche Fähigkeit, die uns vor dem Aussterben bewahren kann, er ist der Grundantrieb unseres politischen Handelns beim Überleben und zum Überleben. Zum Überleben gibt es selten Hoffnung; aber es gibt die Unwiderlegbarkeit des Glaubens.

Faschismus ist der völlige Verlust des Glaubens an die Menschheit. Um dem brutalen Irrsinn des Faschismus etwas entgegenzusetzen, muss man sich bewusst für das Gegenteil entscheiden: den unerschütterlichen Glauben an die Menschheit. Dies ist der philosophische Ausweg, und unsere Politik des Überlebens sollte von diesem moralischen Pfeiler ausgehen.

Mangelnder Glaube an uns selbst, an die Möglichkeiten unseres politischen Handelns und unsere Zweifel werfen uns immer wieder zurück, wenn wir doch bereit sind zu handeln. Noch bevor wir handeln, erschöpft uns mehr als alles andere unsere eigene Ambiguität. Wer glaubte wirklich, dass wir eine andere Welt erschaffen können? Wer ist reinen Glaubens, selbst wenn wir politisch handeln? Wer nähme diese Menschen reinen Glaubens ernst und belächelte sie nicht? Und vor allem: Wer wäre sich denn bewusst, dass unsere Zweifel ein Produkt des Systems sind, mit dem Ziel, unseren politischen Willen zu schwächen und von vornherein zu entwerten?

Lack of faith in ourselves, in our political actions, and our doubts are pulling us back whenever we stand up to act. More than anything else, our own ambiguity exhausts us even before we act. How many of us truly believe that we can build another world? Even when engaged in political action, how many of us have spotless faith? How many of us take those with spotless faith seriously and do not smirk upon hearing them? Most importantly, how many of us are aware that our doubts are manufactured by the system to weaken our political desire to make them a priori incompetent?

There was once a faithful city planner in Poland. Today's Warsaw is built thanks to his faith. When the city was leveled by the Nazi forces, this one city planner, with some help from friends, kept the blueprint of the city during the apocalyptic times when there was no hope in sight. Did he believe in future? Perhaps not. But he believed in his act despite everything. Did he believe that one day the city would be rebuilt from scratch? Is it at all important anyway? Faith in political action happens in the present. And it does not happen because there is the possibility of retribution. It happens because we need it. It does not happen because we have to believe but because we need to believe.

In Polen gab es einmal einen Stadtplaner, der fest an das glaubte, was er tat. Dank seines Glaubens wurde Warschau wiederaufgebaut. Als das NS-Regime die Stadt dem Erdboden gleichmachte und angesichts dieser Apokalypse alle Hoffnung verloren war, versteckte diese Person den Plan der Stadt und bewahrte ihn. Glaubte er an die Zukunft? Vielleicht nicht. Aber er glaubte an das, was er tat, trotz allem. Glaubte er daran, dass die Stadt eines Tages von Grund auf wieder aufgebaut werden würde? Spielt das überhaupt eine Rolle? Der Glauben an politisches Handeln ist ein Akt der Gegenwart. Und dieser Glaube ist nicht da, weil Vergeltung möglich ist, sondern weil wir ihn brauchen. Glaube ist kein Zwang, Glaube ist eine Notwendigkeit.

Nicht die Hoffnung, sondern nur der Glaube kann unsere Schönheit als Menschen bewahren. Das Wesen des politischen Glaubens ist es, im Überleben menschlich zu bleiben.

Angst

Angst, heißt es, ist überlebenswichtig; Angst lehrt uns, wie wir uns in Notsituationen zu verhalten haben.

So gesehen ist Angst rational, denn sie hilft uns, Gefahren auszuweichen und Auswege zu suchen, uns zu verstecken oder zu flüchten; das nennt man Evolution.

Not hope, but only faith can preserve our beauty as humans. Political faith is to stay humane when surviving.

Fear

Fear, they say, is essential for survival; fear teaches you how to act in a time of distress.

Fear is rational, in that sense, as it helps you to find ways to minimize danger and look for options to move, hide, or escape; they call this evolution.

Fear is also irrational, it can be used to incite hysteria in individuals or masses, intimidating people, shoring up anger, looking for enemies; they call this fascism.

Fear as a political factor is deeply ambivalent, mostly perceived as a dark or dangerous force in politics—from Thomas Hobbes who built his concept of democracy around the fear of each other as "the wolf" to Donald Trump's right-wing rhetoric of "American carnage" and beyond.

Fear, it turns out, can be divisive or unifying—it creates suspicion and rumors, it makes alliances possible because a common fear is like a common enemy; just often without the enemy.

Angst ist auch irrational, man kann sie dazu missbrauchen, Hysterie zu schüren, Menschen einzuschüchtern, Wut anzutreiben und Feindbilder aufzubauen; das nennt man Faschismus.

Als politischer Faktor ist Angst zutiefst ambivalent und wird überwiegend als düstere, gefährliche Kraft in der Politik wahrgenommen – von Thomas Hobbes, dessen Demokratiebegriff auf der Prämisse beruhte, der Mensch sei „dem Menschen ein Wolf", bis zu Donald Trumps rechter Rhetorik vom „amerikanischen Gemetzel" und darüber hinaus.

Angst kann spalten oder einen – sie bringt Misstrauen und Gerüchte hervor, sie lässt Bündnisse entstehen, denn eine gemeinsame Furcht verbindet wie ein gemeinsamer Feind; oft allerdings gibt es gar keinen Feind. Vor der Angst sollte man sich fürchten, soll Churchill gesagt haben; aber stimmt das eigentlich?

Angst ist Ideologie; aber das heißt nicht, dass sie nicht wahr, eine Tatsache, real wäre. Angst ist eine treibende Kraft der Weltgeschichte, und wie so vieles im 21. Jahrhundert wächst sie exponentiell, verändert ihre Gestalt und Struktur. Sie multipliziert sich, weil sich die Kommunikationskanäle multipliziert haben.

Angst ist nichts ohne Kommunikation; und dafür braucht sie Technologie. Heute ist die Angst vor Technologie selbst ein Maß für Macht – die Angst vor den digitalen Technologien und vor allem vor der

Fear should be feared, Churchill said famously; but was he right?

Fear is ideology; but this does not mean it is not true, a fact, real. Fear is a driving force in the history of the world; and like so many things in the twenty-first century, fear has become exponential, it has changed its shape and structure, it has become multiplied as the channels of communication have multiplied.

Fear is nothing without communication, and technology is essential. Now, fear of technology has itself become a measure of power—the fear of digital technologies and especially AI is vehemently propagated by the very people developing these technologies and profiting from them.

There is no contradiction in this—the very thing that creates fear is the very fact of the way the world evolves; fear in that sense is intimately linked to change, to progress, if you want to use that word.

The question is who is governing with fear, who is in charge of fear? The question is how to integrate fear into a political theory and practice without blowing up democracy?

The challenge is to reclaim fear from the reactionary side of politics, to acknowledge it and address it, without giving

KI wird von genau denjenigen heraufbeschworen, die diese Technologien entwickeln und von ihnen profitieren.

Darin liegt kein Widerspruch – das, was Angst erzeugt, ist das, was die Welt antreibt. Insofern ist Angst eng mit Wandel und mit Fortschritt, wenn man dieses Wort verwenden will, verbunden.

Doch wer regiert mit Angst, wer kontrolliert sie? Wie kann man also Angst in eine politische Theorie und Praxis einbeziehen, ohne die Demokratie zu torpedieren?

Es geht darum, die Angst nicht dem reaktionären politischen Spektrum zu überlassen, sie anzunehmen und auszusprechen, ohne ihren regressiven Seiten nachzugeben. Das Ziel muss sein, in der Angst ein emanzipatorisches Element zu entdecken.

Denn Angst verschwindet nicht. Für Aristoteles sind „Furcht und Mitleid“ die Kennzeichen der Tragödie. Wie also lässt sich Furcht in Mitleid verwandeln? Wie kann man sich selbst im Spiegel der eigenen Niederträchtigkeit sehen? Wie kann man Gutes aus Bösem schaffen?

Ein erster Schritt könnte sein, die Dichotomie zu überwinden, die einem Großteil des politischen Denkens zugrunde liegt, das mit uralten abendländischen Konventionen und Mustern arbeitet – der Aufprall von Idealismus und Materialismus, Optimismus und Pessimismus, Rousseau und Hobbes.

Ist das gesellschaftliche Leben ein Nullsummenspiel? Und was sind die Konstruktionsprinzipien der aktuellen Politik? Ist sie offen

in to the regressive tendencies connected with it. The aim must be to find an emancipatory element in fear.

Because fear won't go away. Aristotle famously claimed that "fear and pity are characteristic of a tragedy." How then to turn fear into pity? How to see yourself in the mirror of your vileness? How to create the good out of the bad?

A first step could be to overcome the dichotomy that is at the root of so much of political thinking based on traditions and assumptions of the long tradition in Western thinking, the clash of idealism and materialism, optimism and pessimism, Rousseau and Hobbes.

Is social life a zero-sum game? And how is politics currently constructed? Is it open and adaptable to fear without undermining the promise of a just and fair system?

Fear is both a feeling and concrete. And politics, in the way it is administered and communicated, is mostly abstract, devoid of feeling.

This abstraction is the legacy of the idealist strand in political thinking, necessary to reach the lofty heights of humanism—deriving from it the values that form the foundation of the philosophy of rights.

und anpassungsfähig gegenüber der Angst, ohne das Versprechen eines gerechten und fairen Systems zu untergraben?

Angst ist ein Gefühl, zugleich aber etwas Konkretes. Die Politik hingegen ist in der Art, wie sie praktiziert und kommuniziert wird, meist abstrakt, ohne Emotion.

Diese Abstraktion ist ein Erbe des politischen Idealismus, nur so konnten die luftigen Höhen des Humanismus erklommen werden – um daraus die Grundwerte der Menschenrechte abzuleiten.

Aber wie verhalten sich Recht und Angst zueinander? Ist das Recht, ob abstrakt oder konkret, eine Folge der Angst, hält das Recht die Angst in Schach? Oder ist Angst das Ergebnis eines Systems, das Gefühle in Paragrafen, Leben in Urteile, Sühne in Strafe verwandelt?

Regeln sind notwendig; aber was gibt es Drittes jenseits von richtig und falsch? Welche Funktion hat solch ein drittes Element in einer Welt, die von den Dichotomien eines mechanistischen Weltbildes beherrscht wird, an dessen Stelle ein sehr viel komplexeres Verständnis der Welt getreten ist?

Um das dualistische Weltbild zu überwinden, könnte man Angst nicht als singuläres Ereignis, sondern als systemischen Faktor betrachten, als eine Realität, über die man verhandeln muss, weil sie sonst ideologisch oder dogmatisch missbraucht wird.

But how do rights and fear relate? Are rights, both abstract and concrete, a result of fear, a balance of fear? Or is fear a result of a regime that turns emotions into paragraphs, life into verdicts, atonement into punishment?

Rules are necessary; but what is a third between right and wrong? In general: What is the function of the third in a world governed by dichotomies, derived from a mechanistic worldview which has given way to a much more complex understanding of the world?

One way to overcome a dualistic worldview would be to see fear not as a singular occurrence, but as a systemic factor, a reality to be mediated, because otherwise it will be abused, in ideology or in dogma.

There are systems built around fear—most religions function this way. A step away from instrumentalized fear would be a step away from institutionalized religion.

But religion, as an answer to fear, has also found a third, in the prophet, the human between God and the suffering, in any prophet, in pity.

Pity, in other words, in Aristotle's words, is a function of fear, a different, humane reaction to a universal or specific predicament; the challenge is how to turn fear of migration or

Es gibt Systeme, die auf Angst begründet sind – so wie die meisten Religionen. Ein Schritt weg von der instrumentalisierten Angst wäre ein Schritt weg von der institutionalisierten Religion.

Die Religion als Antwort auf Angst hat ein drittes Element gefunden, den Propheten, der Mensch zwischen Gott und Leid, erlöst im Mitleid – der Mensch, der sich selbst erlöst.

Mitleid ist, um mit Aristoteles zu sprechen, eine Folge von Furcht, eine der vielen menschlichen Reaktionen auf allgemeine oder individuelle Not; die Herausforderung besteht darin, die Angst vor Migration, Klimawandel oder übermächtiger Technologie in Mitgefühl für andere oder für sich selbst zu verwandeln.

Angst ist ein starkes Gefühl, aber das kann Mitleid auch sein. Mitleid ist die Fähigkeit, über die eigene Angst hinauszublicken. Mitleid ist die Fähigkeit, sich mit anderen zu verbinden.

Freundschaft

Freundschaft bedeutet das ambitionierte Streben nach ultimativer Gerechtigkeit zwischen Menschen. Anders als in der Liebe (eros), in der die Zeit oft als spannungsgeladener Countdown empfunden wird, zählen wir die Jahre in der Freundschaft in Richtung Ewigkeit. Wir gehen dabei nicht von einem wahrscheinlichen Ende aus; das befreit und bereichert unse-

climate change or technological takeover into pity for the other or one another.

If fear is a strong emotion, pity can be equally strong. Pity is the ability to see beyond the limits of one's own fears. Pity is the ability to connect.

Friendship

Friendship is the most determined attempt towards ultimate justice between human beings. Unlike love (eros) in which time is prone to be perceived as a tense countdown, in friendship we count the years towards eternity. We don't assume a probable ending in friendships; thus our perception of time becomes liberated and enriching. Friendship is the opposite of the consumption of time, and thus, it is the incubator of a fulfilled life.

Friendship, with its innate suggestion of dignity, the fine balance of distance and intimacy—and its ability to accommodate these virtues intrinsically—seems to be the only way to relate to one another in order to stay human.

Can we imagine this concept as a political possibility? Can we imagine our political connections as friendships so that we can overcome the coldness and inadequacy of our current

re Wahrnehmung der Zeit. Freundschaft ist das Gegenteil von Zeitkonsum und somit die Keimzelle für ein erfülltes Leben.

Mit ihrer natürlichen Würde, dem ausgewogenen Verhältnis zwischen Distanz und Intimität und dem Bemühen, sich diese Tugenden anzuverwandeln, erscheint Freundschaft als die einzig mögliche Form, miteinander verbunden zu bleiben, menschlich zu bleiben. Liegt hierin politisches Potenzial? Können wir uns unsere politischen Beziehungen als Freundschaften vorstellen, um die Kälte und Unzulänglichkeit unserer politischen Heimaten zu überwinden, die uns keine Herberge bieten? Denn Freundschaft ist das Gefühl, gehalten zu werden; ähnlich dem Gefühl, zu Hause zu sein. Wie unser Zuhause ist die Freundschaft ein Raum, an dem man nicht performt, an dem man ist. Ein Level an Liebe und Fürsorge ohne Äußerlichkeiten.

In Zeiten des Überlebens sucht das Individuum nach Halt, um sich in Zeit und Raum zu verorten. Es ist nicht viel anders als das Gefühl, durch die Leere zu schweben und nach einem Griff zu suchen, um das schreckliche Gefühl des Fallens zu beenden. Freundschaft ist der Halt, den zwei oder mehr Menschen in der Leere finden, um sich in Zeit und Raum zu verbinden. So wird Zeit ein Beweis, und die Menschen werden einander zum Zeugnis ihrer Existenz. Dann kriechen wir langsam weiter, beginnen zu gehen und richten schließlich die Wirbelsäule auf, um durch Raum und Zeit zu spazieren.

political homes that cannot accommodate us? Because friendship is the sense of being held. Not much different from the sense of being at home. And like home, friendship is the space where you don't perform, but are. A plateau of love and care without the superficial.

In times of survival the individual looks for handles to hold onto in time and space. It is not much different than floating in a void and searching for a hook to stop the terrifying sense of falling. Friendship is the handle that two or more people find in the void to fix themselves in time and space. So, time becomes provable, and people become each other's evidence of existence. Then on we slowly creep, eventually begin walking, and finally hold our spines straight to take a stroll within space and time.

Political and physical survival is too intimate a state of being to be accommodated by conventional political connections. Citizenship, political membership, NGO membership, etc., all have a performative, surficial side that exhausts the soul already tired of the survival performance that predominantly depends on keeping a façade intact while supressing vulnerability. The survivor, though, needs the space of friendship to unravel and then to recompose. That is why even beginning to think politics as a form of friendship might change the perspective.

Das politische und physische Überleben ist ein Seinszustand, der zu intim ist für konventionelle politische Verbindungen. Staatszugehörigkeit, politische Zugehörigkeit, die Mitgliedschaft in einer NGO usw., die performative, vordergründige Seite all dessen ist zu anstrengend für die von der Überlebens-Performance erschöpfte Seele – es gilt, die Fassade aufrechtzuerhalten, die eigene Verletzlichkeit zu unterdrücken. Überlebende aber brauchen den Raum der Freundschaft, um sich zu verlieren und wiederzufinden. Allein der Gedanke, Politik als eine Form von Freundschaft zu verstehen, könnte deshalb den Blick verändern.

Intimität bezieht sich dabei nicht auf die deplatzierten körperlichen Rituale, die intellektuellen oder politischen Versammlungen heute prägen – etwa die Versuche, wie bei einem Yoga-Retreat Verletzlichkeit in die Politik einzuführen. Freundschaften haben raffiniertere, weniger trügerische Mittel, um mit Verletzlichkeit, Trauer und Angst umzugehen, als sie den heutigen Überlebens-Zeitgeist zu beherrschen scheinen. Können wir die Politik des Überlebens damit beginnen, dass wir uns als Freunde sehen?

Zeit wird in der Freundschaft als endlos wahrgenommen. Unsere politischen Beziehungen heute sind hastig und besitzen die Spannung des Eros. Sie setzen ein Ende voraus – als wäre es unsere Bestimmung, der wir freudig entgegensehen, dass wir uns trennen, wenn die Mission erledigt ist. Überleben jedoch dauert länger, und wir

Yet, intimacy should not be perceived as misplaced bodily rituals that are squeezed into today's intellectual or political gatherings. Not the yoga-retreat-like manners that desperately try to bring vulnerability into politics. Friendships have more sophisticated and less bullshit toolboxes to deal with vulnerability, grief, and fear that seem to take over today's survival Zeitgeist. Can we copy friendship's behavioral model in political encounters? Can we start the political action of survival by a priori assuming that we are among friends?

The perception of time in friendship has no end. Our political connections, especially in today's politics, are too hurried, and have the tension of eros. They presume an ending. We are as if destined to break up or even looking forward to doing so when the mission is complete. Survival, however, will take longer, and we need the patient time of friendship. The sense of survival is the absolute loss of home, and only those political connections that give us the sense of being held will hold.

Grief

Grief is the longing for softness. It is most commonly caused by loss, the loss of a person for example. In the twenty-first

brauchen die geduldige Zeit der Freundschaft. Überleben bedeutet den absoluten Verlust des Zuhauses, und nur solche politischen Beziehungen werden halten, die uns vermitteln, gehalten zu werden.

Trauer

Trauer ist die Sehnsucht nach Sanftheit. Meist wird sie durch Verlust verursacht, etwa den Verlust eines Menschen. Im 21. Jahrhundert verbindet sich Trauer mit mehr als dem Verlust einer Person; sie ist verbunden mit dem Verlust einer Welt.

In diesem Sinne wird Trauer zu einem politischen Gefühl; und Gefühl wird zu einem wichtigen politischen Faktor. Wut – ein Teil des Trauerprozesses – ist ein sehr starkes Gefühl in der Politik. Wut in der Form von Trauer öffnet einen Weg, sich mit anderen zu verbinden und diese Wut, die Bitterkeit und Zwietracht zu überwinden; Trauer ist verwandelte Wut.

Trauer erzeugt das Verständnis, dass Individuen eng miteinander und mit der Welt um sie herum verbunden sind. Dieses Gefühl der Verbundenheit führt zu einer reifen Demut im Angesicht des erlittenen Verlustes – und fördert die Kraft, wieder aufzustehen und zu widerstehen.

Trauer ist eine Pause, nicht Passivität. Trauer ist eine Praxis, die einem zeigt, wie man die Hand ausstreckt, wie man etwas suchen

century, grief is connected to the loss of more than one person; it is connected to the loss of a world.

Grief in this way becomes a political emotion, and emotion becomes an important political factor. Anger, which is a part of the grieving process, is an emotion that is very strong in politics. Anger in the form of grief finds a path that opens the connection to others and helps to move beyond the anger, the bitterness, the strife; grief is anger transformed.

Grief creates the understanding of individuals deeply entangled with each other and with the world around them. This sense of entanglement leads to an informed humility in the face of the loss experienced—and the power to rebuild and to resist.

Grief is a pause, not passivity. It is a practice which teaches you to reach out, to seek something that is not you but very much you, that is part of you and part of the world. Grief is a place outside the norm, outside of time; grief is a wound, and the healing is an act of self-realization through the other, as Martin Buber described it, the I and the Thou.

Grief is a way to get closer to oneself and the other and—in this way—to the cosmos. For a political system to integrate grief, it would need to access a different temporality—as grief means staying in the past and stopping time for a while,

kann, das man selbst ist und doch wieder nicht, Teil von einem selbst und Teil der Welt. Trauer ist ein Ort außerhalb der Norm, außerhalb der Zeit; Trauer ist eine Wunde, und die Heilung ist ein Akt der Selbstwerdung durch die jeweils anderen, wie Martin Buber sagt, das Ich und das Du.

Trauer ist ein Weg, sich selbst, anderen und darin dem Kosmos näherzukommen. Ein politisches System, das Trauer anerkennt, müsste Zugang zu einer anderen Zeitlichkeit haben. Denn Trauer bedeutet, in der Vergangenheit zu verweilen und die Zeit eine Weile anzuhalten, bevor sie sich wieder beschleunigt, mal langsam, mal schneller. Während des Trauerns geht das Leben weiter, die Zeit verändert ihren Lauf nicht – das Leben sehr wohl.

Trauer bedeutet die Einsicht in die zersplitterte Natur der Dinge, eine Konfrontation mit den eigenen Grenzen – und sie ist ein Ausgangspunkt für die Rückkehr. Wer Trauer als eine Realität akzeptiert, kann die Hilfe anderer annehmen, was eine größere Bindung formt, die über die Eins-zu-eins-Beziehung hinausreicht zu einer Eins-zu-vielen-Beziehung.

Angesichts der Endlichkeit kann Trauer überwältigend und entmächtigend wirken, wenn sie nicht auf persönlicher und gesellschaftlicher Ebene anerkannt, akzeptiert und in den Entwurf individueller Biografien sowie kollektiver Politik einbezogen wird. So funktioniert Trauer im Zeitalter des Klimazusammenbruchs, nur in weitaus größerem Maßstab.

before accelerating again, slowly sometimes, faster at other times. Life goes on while you grieve, time does not change its course—but it does.

Grief is an insight into the shattered nature of things, a confrontation with one's limits—and a starting point to return. Accepting grief as a reality can lead to accepting help from others, creating a bigger bond that goes beyond the one-to-one relationship to a one-to-many relationship.

In the face of finitude, grief can feel overwhelming and disempowering if it is not acknowledged on a personal and societal scale, if it is not accepted and included into the conception of individual biographies and collective politics. In the age of climate breakdown, grief works the same way, only on a much larger scale.

The challenge is resignation; the call is for resistance. The emptiness that you feel in loss is a place to be filled by reflection and action. You feel, you think, you move. You rebuild. Grief is a social practice that needs space as a political practice.

A grieving democracy would mean looking for something that lies beyond a reductive conception of freedom. Freedom, conceived in the present political form, is cold in the face of finitude; it actively ignores it. Beyond freedom lies dependency.

Die Herausforderung ist die Resignation; ihr gilt es zu widerstehen. Die Leere angesichts des Verlusts ist ein Raum, der durch Denken und Handeln gefüllt werden muss. Man fühlt, denkt, bewegt sich. Baut wieder auf. Trauer ist eine soziale Praxis, die Raum braucht als politische Praxis.

Eine trauernde Demokratie wäre der Versuch, etwas jenseits einer reduktiven Vorstellung von Freiheit zu suchen. Freiheit im gegenwärtigen politischen Verständnis ist gleichgültig gegenüber der Endlichkeit; ignoriert sie aktiv. Jenseits der Freiheit liegt Abhängigkeit.

Die der Trauer innewohnende Sanftheit, Verbundenheit und Demut sind Möglichkeiten, die Demokratie menschlicher zu machen und über Fragen von Macht hinauszugehen; als politische Kraft kann Trauer die Demokratie als kollektiven Raum neu erfinden, um mit der Verzweiflung zu ringen, um mit dem Sinnverlust zu ringen, um über den Tod hinauszugehen.

Der Verlust eines Menschen kann dazu führen, dass man eine Vielzahl von Menschen hinzugewinnt und sie in sein Leben hineinlässt – Verlust und Liebe sind verbunden. Der Verlust einer Welt oder eines Teils von ihr kann zur Erschaffung einer neuen Welt führen, entstanden aus der Liebe, die aus den Trümmern der alten Welt aufsteigt.

Trauer ist angesichts der Endlichkeit eine weltliche Weise, sich etwas Größerem anzunähern. Trauer hat im Glauben eine Form, und zu diesem Zweck wurde Gott vom Menschen erschaffen; doch ist

The softness, the connectivity, the humility that lies in grieving are ways to make democracy more humane and to move beyond questions of power; grief as a political force can reinvent democracy as a collective space for wrestling with despair, for wrestling with the loss of meaning, for moving beyond death.

The loss of one person can lead to gaining a variety of people and inviting them into your life—loss and love are connected in that sense. The loss of one world or part of one world can lead to creating a new world, out of the loss and love that is emerging from the ruins of the old.

Grief, in considering finitude, is a worldly way to approach something bigger. Grief has a form in faith, and God was created by man for that purpose; but faith is not the only form of grief, and religion is not the only place for grief.

In the twenty-first century, considering climate breakdown, politics needs to integrate this part of human longing, of individual need, of mutual care. Grief is spirituality in practice.

Glaube nicht die einzige Form von Trauer, und Religion nicht der einzige Ort für Trauer.

Angesichts des Klimazusammenbruchs muss die Politik im 21. Jahrhundert diesen Bereich menschlichen Verlangens, individueller Bedürfnisse und gegenseitiger Fürsorge einbeziehen. Trauer ist praktizierte Spiritualität.

Freundlichkeit

Freundlichkeit ist praktizierte Demokratie. Das Gegenüber nicht als Gegenüber zu sehen, sondern als sich selbst, ein Gefühl von Zugehörigkeit zu empfinden – so funktionieren Beziehungen (und somit Gesellschaften).

Im Zeitalter des Überlebens öffnet sich dieses Gefühl von Zugehörigkeit über die Menschen hinaus; Freundlichkeit wird zum Instrument der Verbundenheit mit Dingen und Lebewesen: ein Werkzeug, um in dieser Welt mehr zu sein als ein Mensch.

Es ist das Ziel des brasilianischen Philosophen Roberto Mangabeira Unger, jedem Menschen Zugang zu schaffen zum Zustand oder Status einer Gottheit – dies sollte das Ziel einer „high-energy democracy" sein, wie er es nennt.

Laut Unger ist es letztlich die Endlichkeit, die uns dazu bringt, Grenzen überwinden zu wollen, die wir uns mit unseren wissenschaft-

Kindness

Kindness is democracy in practice; to see the other not as the other but as oneself, with a sense of kinship, is the essence of what makes relationships (and by default, societies) work.

In the age of survival, this kinship extends to more than humans; kindness becomes a tool to understand and feel the interconnectedness of things and beings: in this world, a tool to become more than human.

It was the Brazilian philosopher Roberto Mangabeira Unger who wanted each person to access the state or status of a god—this should be the goal of a "high-energy democracy," as he calls it.

For Unger, it is finitude that ultimately pushes us to try to overcome the limitations that we set ourselves, in our scientific and political systems, in what we call rationality.

Unger sees as a starting point for politics and society strong individuals that relate to one another. God, in this sense, is just a metaphor; in the end, a god is not much different from a stone.

lich-politischen Systemen setzen, mit dem, was wir Rationalität nennen.

Als Ausgangspunkt für Politik und Gesellschaft sieht er starke Individuen, die in Beziehung zueinander treten. Gott ist so gesehen nur eine Metapher; letztlich unterscheidet sich eine Gottheit kaum von einem Stein.

Sowohl Gott als auch der Stein befinden sich außerhalb der Zeit – und gewissermaßen auch außerhalb des Raums; beide widersetzen sich einem Begreifen ihrer wahren Bedeutung.

Man muss sie beobachten, nicht aber in unterwürfiger Weise; man muss achtsam für ihre Gegenwart sein, eine Weile still sein und stillstehen.

Freundlichkeit ist insofern Stille; sie ist die Fähigkeit zu hören und zuzuhören, auch wenn nichts gesagt wird.

Freundlichkeit ist eine Art, die Welt zu sehen, mit allem, was sich darin befindet, sofort, in diesem Augenblick; sie ist größer und kleiner als man selbst, real.

Freundlichkeit wird zu einer Technik, um über die Grenzen des eigenen Egos und seiner Erfahrung hinauszugehen und zu einer tieferen Form von Beziehung zu gelangen.

Freundlichkeit kann man üben; indem man sie übt.

Eine auf Freundlichkeit begründete Demokratie zielt über das Erwartbare hinaus auf das Umsetzbare: die Hand ausstrecken, in Beziehung treten, interagieren.

Both god and stone are outside of time—and in some way space; both god and stone object to understanding their true meaning.

They are to be observed, but not in a subservient kind of way; you need to be attentive to their presence, you need to be quiet for a bit, you need to stand still.

Kindness, in this sense, is quietness; kindness is the ability to hear and to listen, even if nothing has been said.

Kindness is a way of seeing the world, with everything in it, at once, in this moment, bigger than you, smaller than you, real.

Kindness becomes a technique to reach beyond the confines of one's own ego and experience and access a deeper form of relationship.

You can practice kindness: by practicing kindness.

A democracy based on kindness moves beyond what you can expect towards what you can do; you can reach out, you can connect, you can interact.

And you get reactions, you get feedback, you get a glance, friendliness, the kindness of strangers.

Such a democracy is richer in the sense that it embraces many aspects of what it means to be human and expands beyond the limited framework of the democracy of rules.

Das provoziert Reaktionen, Feedback, Blicke, Güte, die Freundlichkeit von Fremden.

Eine solche Demokratie ist reicher, weil sie viele Aspekte des Menschseins umfasst und über den engen Rahmen einer Demokratie der Regeln hinausweist.

Wie in allen liberalen Demokratien wird das Leben einer Demokratie der Regeln durch Gesetze geordnet, die Sicherheit gewährleisten, vor anderen ebenso wie vor Behörden und dem Staat.

Doch hat die Herrschaft des Gesetzes auch Grenzen; sie ist oftmals (gewissermaßen per se) darauf ausgelegt, Interessen wie Macht und Eigentum zu schützen.

Auch verflacht sie die Geschichte und Reichweite dessen, was es bedeutet, Mensch zu sein, zu interagieren, zusammenzuleben; sie reduziert uns auf juristische Personen.

Im Zeitalter der Massenauslöschung wird das Gesetz als ein zweischneidiges Schwert geführt: Es kann zum Schutz von Minderheiten, der Natur und des Planeten dienen, ebenso aber zur Ausbeutung und Zerstörung.

Freundlichkeit hingegen basiert nicht auf Interessen; sie ist auf ihre Art uneingeschränkt, es fehlt ihr nichts, und sie erwartet nichts.

Freundlichkeit kann die Herrschaft des Gesetzes nicht ersetzen, aber das Gesetz ist so angelegt, dass es die Beziehung zu anderen beschränkt.

In a democracy of rules, like all liberal democracies, life is regulated by laws which guarantee safety, both from others and from the authorities, the state.

But the rule of law has its limits; it is often (and in some way inherently) constructed to preserve the interests of power and property.

It also flattens the story and scope of what it means to be human, what it means to interact, to live together; it reduces us to legal entities.

In the age of extinction, the law is wielded as a double-edged sword: it can be used to protect minorities, nature, the planet; it can also be used to support extraction and destruction.

Kindness, on the contrary, is based not on interests; kindness is supreme in its own way, refusing want, expecting nothing.

Kindness cannot replace the rule of law; but the rule of law is conceptually limiting to the relationship with others.

Kindness or kinship and law are two layers of how societies can work; their relationship is uneasy, sandwiched between the atavistic and the modern.

Freundlichkeit oder Zugehörigkeit und das Gesetz sind zwei verschiedene Ebenen, auf denen Gesellschaften funktionieren; ihr Verhältnis ist geprägt durch die Spannung zwischen Atavismus und Moderne.

Daher ist Freundlichkeit auch so kompliziert; man kann sie nicht als selbstverständlich ansehen oder erzwingen, man muss vertrauen.

Genügt Vertrauen? Können Gesellschaften ohne Vertrauen existieren?

Freundlichkeit beruht auf einem Ungleichgewicht von Vertrauen; man weiß nicht, ob es erwidert wird. Diese Art von Ungewissheit ist förderlich für eine lebensnähere Form von Demokratie.

Eine der Grenzen der Demokratie von heute liegt darin, dass sie – in der Theorie wie in der Praxis – abgetrennt wurde von der konkreten Erfahrung, dem Alltag, unserer Lebensweise.

Freundlichkeit kann die Demokratie wieder mit ihrer ursprünglichen Bestimmung verbinden: Demokratie ist die Institutionalisierung gegenseitigen Zuhörens.

This is why kindness is tricky; it cannot be taken for granted, it cannot be enforced, you need to trust.

Is trust enough; can societies exist without trust?

Kindness builds on the imbalance of trust; you don't know if it is reciprocal. This kind of uncertainty is conducive to a form of democracy that is closer to life.

One of the limitations of democracy as it has evolved is that it has become separate—in theory and in action—from concrete experience, an everyday occurrence, a form of life.

Kindness can reconnect democracy with its original purpose; democracy is the institutionalization of listening to each other.

Love

To like has many checkboxes to tick. Love is a pre-emptive conviction. A moral stance is what love is. It is not a decision process; it is a state of having already decided. Like faith, it is there or not. You are in it or out.

The reason for human love cannot be liking humans. Humans, in fact, are almost impossible to like, even on a good day. One has to be either the poetically ignorant novice or the

Liebe

Zuneigung hängt von verschiedenen Faktoren ab. Liebe dagegen ist voraussetzungslos, sie ist eine Frage der Überzeugung. Liebe ist eine moralische Haltung und kein Ergebnis von Entscheidungen. Sie ist ein Zustand, in dem bereits alles entschieden ist. Es ist wie mit dem Glauben: Liebe ist da oder sie ist nicht da. Du hast es, oder du hast es nicht.

Der Grund der Liebe kann nicht sein, dass man Menschen mag. Tatsächlich kann man Menschen kaum mögen, selbst an guten Tagen – außer vielleicht, man ist ein poetisch minderbegabter Naivling oder eine Person, die mit Inspirationsblabla für Firmenkunden ihr Geld verdient. Aber Liebe ist, trotz allem. Und um menschenwürdig zu überleben, muss es so sein. Es gibt keinen anderen Weg, als Menschheit und als Individuum fortzubestehen. Denn das Gegenteil von Liebe ist nicht Hass, sondern Gleichgültigkeit. Gleichgültigkeit ist die Keimzelle des Faschismus, ein Zustand der Menschheit, in dem Zuneigung und Abneigung durch eine Reihe verrückter Theorien und völlig willkürlich als Rechtfertigung für Massenmorde dienen können.

Die Menschen halten aneinander fest, um zu überleben. Ein barbarisches Alle-für-sich-Allein gibt es nur in dystopischen Hollywood-Blockbustern. Im wirklichen Leben, wo die Katastrophen weniger dramatisch und die Menschen bescheidener sind, überlebt man durch Solidarität. Das Böse ist ein isoliertes Ereignis, in normalen Zeiten und

corporate motivational speaker to talk about liking humans. Love, despite all the reasons to dislike, *is*. And to survive humanely, it should be. And it is only because there is no other way to self-sustain, both as humanity and as individuals. Because the antonym of love is not hate but apathy. Apathy is the single-cell form of fascism—a state of humanity where likes and dislikes, with a lot of mad theorizing, yet quite arbitrarily, can become justification for mass killings.

Humans, when surviving, hold on to each other. Every-man-for-himself barbarity only happens in dystopian Hollywood blockbusters. In real life, where disasters are less dramatic and where humans are humbler, survival happens through solidarity. Evil is an isolated event, both in ordinary times and states of survival. Humans do not immediately transform into barbarians just because they starve. That is the sick imagination of social Darwinists and people who have not been through or even witnessed the state of survival. Even though they do not like each other, when surviving, people act out of basic human love. Not because it is the sanest thing to do but because it is the last resort to take shelter, the lowest security web that keeps humanity falling into the void of total extinction. One can always visit this fact about humanity by taking a trip to

wenn es ums Überleben geht. Menschen verwandeln sich nicht sofort in Barbaren, bloß weil sie Hunger leiden. Das geschieht nur in der kranken sozialdarwinistischen Fantasie und bei Menschen, die nicht selbst erlebt oder beobachtet haben, was es heißt zu überleben. Selbst wenn sie einander nicht mögen, handeln Überlebende aus tiefer Menschenliebe. Es ist vielleicht nicht vernünftig, aber es ist doch die letzte Zuflucht, das unterste Sicherheitsnetz, das die Menschheit vor dem Sturz in die Leere totaler Auslöschung bewahrt. Davon kann man sich jederzeit durch eine Reise in Kriegs- oder Katastrophengebiete überzeugen, wo sich Gute und Böse in ihrer reinsten Form zeigen. Man wird schnell feststellen, dass das Barbarische nicht wesentlich weiter verbreitet ist als in normalen Zeiten, nur stärker konturiert und damit deutlicher sichtbar, wenn auch nicht unsympathischer als ohnehin schon.

Liebe bedeutet nicht Akzeptanz, sondern eine radikale und entschiedene Offenheit, zu verstehen. Die Abwesenheit von Liebe ist die Verweigerung von Verstehen. Mangel an Liebe ist somit die ultimative Verdunkelung des Geistes.

Die Menschheit nicht lieben zu wollen, zeugt von der ultimativen Überheblichkeit des Individuums. Sie entspringt der Illusion, der Menschheit moralisch überlegen zu sein. *Wer bist du, dass du deinesgleichen nicht liebst?* Um menschenwürdig zu überleben, muss man sich selbst lieben. Die Selbstliebe sollte Menschen dazu befähigen, die Menschheit zu lieben. Das klingt einfach, doch kann der Umkehrschluss

a war zone or a disaster scene where the good and the evil are in their most crystallized form. One can easily observe that barbarity is not much more present than in ordinary times but only sharpened on the edges to become more glaring yet not more dislikeable than usual.

Love is not acceptance but a radical and determined openness to understand. The absence of love is the rejection of understanding. Thus, lack of love is the ultimate darkness of the mind.

Refusing to to love humanity is the ultimate arrogance of the individual. It stems from the illusion that the individual in question has a moral superiority compared to humanity. Who are you not to love your likes? If one needs to survive humanely, one has to love oneself. If one is human, self-love should enable one to love humanity. As basic as it sounds, the reversal of such a deduction can be fatal. If one doesn't love humanity, the self-love that is required to sustain one's existence becomes a priori impossible.

When our dislike of humanity becomes immense, as is frequently the case in human history, human love should be sufficiently radical. Because the other option in the face of immense dislike is the radical disassociation of the individual.

fatal sein. Denn wer die Menschheit nicht liebt, dem ist die zum Erhalt der eigenen Existenz erforderliche Selbstliebe a priori nicht möglich.

Steigt die Abneigung gegen die Menschheit stark an, wie es in der Geschichte häufig der Fall war, sollte die Menschenliebe ausreichend radikal sein. Denn angesichts tiefster Abneigung ist die Alternative die radikale Entfremdung des Individuums. Entfremdung vollzieht sich nicht nur im Sozialen, sondern auch im Individuum. Es ist die schmerzhafteste Art des Wahnsinns, die das Individuum nicht ertragen kann und nicht ertragen sollte.

Liebe ist nicht bequem. Weder eros noch philia. Der süße Schmerz rührt aus dem Unbequemen. Die Sisyphos-Natur der Liebe erfordert endloses Streben zum Unmöglichen. Camus' Sisyphos wird als glücklich gedacht. Für uns heute ist das nicht überzeugend. Aber Sisyphos kann zufrieden sein. Die Liebe hat im Unbequemen auch Raum für Zufriedenheit. Man kann nicht nicht zufrieden sein, wenn man wieder und wieder das Unmögliche versucht. Zu lieben heißt, sich dafür zu entscheiden, unglücklich zu sein und doch zufrieden. Das ist radikale Demut – das Gegenteil von überheblicher Desillusionierung, die das Individuum entfremdet.

Um zufrieden zu sein – und damit ist keine Akzeptanz gemeint –, muss man lieben. Man muss lieben, weil man kann.

Disassociation does not only happen in the social but also within the individual. That is the most painful kind of madness that the individual cannot bear. Should not bear.

Love is not convenient. Neither eros nor philia. The sweet pain stems from the inconvenience. The Sisyphian nature of it requires endless attempts towards impossibility. Camus's Sisyphus is imagined as happy. That is not convincing to us now. But Sisyphus can be content. Love, within its inconvenience, accommodates content. One cannot not be content when attempting and reattempting towards the impossible. To love is to decide to be content despite unhappiness. This is the radical humbleness—the opposite of arrogant disillusion that disassociates the individual.

To be content, and here we are not talking about acceptance, one needs to love. One needs to love because one can.

Violence

Violence is what we define as violence; it can be physical, psychological; it can be structural and systemic and sometimes it might not even be perceived as violence. It is sometimes quick

Gewalt

Gewalt ist, was wir als solche definieren; sie kann physisch oder psychisch sein, strukturell und systemisch, und nicht immer wird sie als Gewalt wahrgenommen. Sie ist manchmal schnell und manchmal langsam; häufig ist sie mit Macht verbunden, entweder als eine Form der Unterdrückung oder als Faktor in einer Revolution.

In jedem Fall sprengt Gewalt die Vorstellung von Zeit und löst körperliche, gesellschaftliche oder geistige Traumata aus. Der durch Gewalt bewirkte Bruch wird als Niederlage erlebt, er raubt Energie, verursacht Schmerzen, hinterlässt ein Vakuum, das darauf wartet, gefüllt zu werden.

Das nennen wir Heilung, es ist die Kehrseite der Gewalt. Heilung dehnt die Zeit und nutzt sie, greift über die Zeit hinaus, um zu verbinden, was zerbrochen wurde. Gewalt und Heilung sind Merkmale des Lebens, im Konflikt wie im Frieden, doch finden sie in der demokratischen Politik keine geeignete Form oder ein Format.

Demokratie richtet und begründet sich auf andere Aspekte, und hierfür gibt es einen Grund und eine Geschichte; die Gewalt, die Teil des Systems ist, wird übertragen in Gesetze, Institutionen und Verfahren; sie wird hierdurch weniger sichtbar und löst sich von der Erfahrung des Bruchs und des Schmerzes.

and sometimes slow; it is often connected to power, either as a form of repression or a factor in a revolution.

Violence, in either way, shatters the notion of time, apart from the bodily, societal, or spiritual trauma it causes. The rupture created by violence is experienced as a defeat, it takes away energy, it induces pain, it leaves a vacuum waiting to be filled.

We call this healing, which is the other side of violence. Healing stretches time, healing uses time, healing reaches across time to connect what has been ruptured. Violence and healing are features of life, in conflict or in peace, but they lack an adequate form or format in democratic politics.

Democracy focuses on and is built around other aspects, and there is a reason for this and a history; the violence that is part of the system is translated into laws, institutions, procedures; it becomes less visible, losing both the experience of the rupture and the pain.

This leaves violence hidden, often in plain sight, and the frustration about this contradiction is unresolved in the political systems we use. It should be a goal of a future-oriented politics to resolve the tension between violence and

So bleibt Gewalt verborgen, obwohl sie für alle sichtbar ist; und die Frustration über diesen Widerspruch bleibt in unseren heutigen politischen Systemen ungelöst. Eine zukunftsorientierte Politik sollte das Ziel verfolgen, die Spannung zwischen Gewalt und Heilung aufzulösen, Gewalt wieder sichtbar zu machen und beides, Gewalt und Heilung, in die politische Praxis einzubeziehen.

Doch nur wenn wir Gewalt definieren, können wir Heilung gestalten. Denn Heilung, ein wesentlicher Teil gesellschaftlicher und individueller Versöhnung nach den Traumata jahrhundertelanger Gewalt, ist abhängig von der Form der Gewalt – und diese wiederum ist eine Folge der historischen Umstände.

Im Zeitalter des Klimazusammenbruchs erkennen wir die strukturelle Gewalt herrschender Ideologien in ihren Folgen, in der Ausbeutung von Mensch und Natur. Doch wird die Gewalt maskiert als Fortschritt, Wachstum oder Komfort.

Dies sind keine Externalitäten, wie sie mitunter bezeichnet werden. Gewalt ist ein Teil des Systems, ein Kontinuum von Systemen der Kontrolle in unserem durch Technologie und Kapitalinteressen aufgeladenen Zeitalter, so wie alles andere auch.

Widerstand gegen diese Gewalt kann viele Formen annehmen: Er kann selbst gewalttätig sein, wie es etwa der Akademiker Andreas Malm vorschlägt, der das Sprengen einer Pipeline und weitere

healing, to make violence visible again, and include both into the political practice.

But only if we define the violence can we design the healing. Because the healing, an essential part of societal and individual reconciliation after the trauma of centuries of violence, is dependent on the form of violence—which again is a consequence of the historical circumstances.

In the age of climate breakdown, the structural violence of the reigning ideologies is seen in its consequences, the exploitation of humans and nature—but the violence is masked as progress or growth or comfort.

These are not externalities, as they are sometimes called. Violence is a feature of the system; violence is a continuum of systems of domination, in this age supercharged by technology and capital interests, like everything else.

Resistance against this violence can take many forms: it can itself be violent, as proposed by the academic Andreas Malm, who discusses how to blow up a pipeline and other tactics of fighting against the fossil cartels; it can be peaceful, like the protests of Die letzte Generation (The Last Generation) and others blocking traffic, and still be called violent and pursued by the full force of the law.

Kampftaktiken gegen die fossilen Kartelle beschreibt; Widerstand kann aber auch friedlich sein, wie die Straßenblockaden der Letzten Generation und anderer – und dennoch als gewalttätig bezeichnet und mit der vollen Härte des Gesetzes verfolgt werden.

Der Unterschied zwischen der von Machthabenden ausgeübten Gewalt und der Gewalt jener, die sich Macht widersetzen, besteht darin, dass die eine Form zum Profit führt, die andere zur Polizei: Denn die erste wird sanktioniert und belohnt, die zweite diffamiert und verfolgt.

Es gibt Institutionen zur Sanktionierung von Gewalt gegen das System – Gerichte und Gefängnisse –, doch keine zur Unterstützung derjenigen, die leiden, keine Institutionen der Heilung, zumindest nicht in weltlich-geistigem Sinne.

Genau da sollten die institutionelle Ausgestaltung und die konzeptionelle Arbeit einer zukunftsorientierten demokratischen Politik ansetzen. Gewalt und Heilung müssen in diesem Sinne zusammengedacht und als utopische Praxis ernst genommen werden.

Gewalt ist radikale Gegenwart und wird durch Geschichten, Erinnerungen, Mythen in die Zukunft verlängert. Der Bruch in der Zeit ist ein Verrat an der Zukunft und Gewalt gegen diese Gewalt eine Rache der Gegenwart.

The difference between the forms of violence perpetuated by those in power and those opposing power is that the one leads to profit, the other to the police: one form of violence is sanctioned and rewarded, another form is vilified and persecuted.

There are institutions to sanction violence against the system, the courts and the prisons; there are no institutions to support those who are suffering, there are no institutions of healing, at least in a secular-spiritual sense.

Institutional design and the conceptual work of a future-oriented democratic politics should start here. Violence and healing, in this sense, must be taken together and must be taken seriously as a utopian practice.

Violence is radical presence, extended into the future through stories, memories, myths. The rupture in time is a betrayal of the future; violence against this violence is a revenge of the present.

Verletzlichkeit

Politik ist ein Angebot von Antworten, die auf eine Frage warten; die richtige Art von Politik versucht, die Natur der Frage zu verstehen.

So gesehen ist Demokratie eine Möglichkeit, sich den aktuellen Fragen zu nähern – oder vielmehr der Reihe von Fragen, die auf eine Antwort warten: Jede Wahl ist ein Versuch, eine Liste von Problemen anhang von Zukunftsversprechen zu formulieren.

Wir werden dieses und jenes lösen; und es gibt einen Grund für diese Art von politischer Rhetorik: Man nennt es Interessen oder Forderungen, Wandel oder Fortschritt, und es ist real. Doch steckt noch mehr dahinter?

Es wäre allzu einfach zu behaupten, dass Politik oberflächlich strukturiert sei; vielleicht wäre es treffender zu sagen, dass grundlegende Aspekte dessen, was es bedeutet, in der Welt zu sein, außen vor bleiben.

Würden sie angesprochen, so veränderte sich dadurch die Art der Fragen und zugleich das Wesen von Demokratie und demokratischer Politik.

In den heutigen demokratischen Verhältnissen neigt die Politik dazu, begrenzt, mechanisch, fast schon technokratisch zu sein – der sprichwörtliche Hammer, der nach einem Nagel sucht.

Vulnerability

Politics is a set of answers looking for a question; the right kind of politics depends on understanding the nature of the question.

Democracy, in this sense, is a way to approximate the question at hand—or rather the set of questions waiting for an answer: each election is an attempt to solicit a list of problems through future promises.

We will solve this, and we will solve that; and there is reason for this political rhetoric; it is called interests or demands or change or progress, and it is real. But is there more?

It is too easy to say that the way politics is organized is superficial; maybe it is more fitting to say that there are fundamental aspects of what it means to be in the world that are left unaddressed.

If addressed, this would change the nature of the questions; it would change the nature of democracy and democratic politics.

In the present democratic setup, politics tends to be limited, mechanical, verging on the technocratic—it is the proverbial hammer looking for a nail.

Wäre es nicht besser, mit dem Nagel zu beginnen? Wäre es nicht besser, wirklich zu versuchen zu verstehen, was sich hinter unseren Bedürfnissen und Sehnsüchten verbirgt, was die Gemeinsamkeit in unserem Leben ist und die Frage aller Fragen – und darauf aufzubauen?

Natürlich gibt es einen Grund, warum das nicht geschieht – es wäre aussichtslos: Es gibt nicht die eine Gemeinsamkeit, nicht die eine Frage; aber vielleicht gibt es etwas anderes, eine gemeinsame Wirklichkeit, die verbindet, wer wir sind?

Der Tod, könnte man sagen, ja. Aber vorher, im Leben? Ist es nicht die Zerbrechlichkeit eines jeden Augenblicks, die uns verbindet, die andauernde Frage nach Verletzen und Verletzt-Werden, Schmerz und Verletzlichkeit, ist es nicht das, was uns menschlich macht?

Und wenn Verletzlichkeit das Verbindende ist, was bedeutet das für Politik und Demokratie? Was wären die Fragen, die zentral wären für solch ein Regierungssystem?

Verletzlichkeit beginnt bei uns selbst, beim eigenen Platz in der Welt – dieser Platz ist fragil und wacklig und verortet uns in einem Systen, das wir nur ansatzweise verstehen; Komplexität regiert.

Angesichts der tiefen Verletzlichkeit gegenüber allem, was uns umgibt, kann man nur versuchen, sich zu schützen – oder man versucht, sich zu verbinden, sich zu öffnen, seine Verletzlichkeit zu zeigen und sie konstruktiv zu nutzen.

Wouldn't it be better to start with the nail? Wouldn't it be better to try to really understand what lies behind our needs and longings, what is the common aspect of our lives, what is the most basic of all questions—and build on that?

There is, of course, a reason why this is not done—it is a losing game: There is no one common aspect, there is not one common question; but maybe there is something else, a common reality that unites who we are?

Death, you could say, yes; but before that, in life? Isn't the frailty of each moment what binds us, isn't the constant question of hurt, of being hurt, of pain, and in the end vulnerability, what makes us human?

And if vulnerability is what connects us; what does that mean for politics and for democracy? What would be the questions at the heart of such a system of governance?

Vulnerability starts with yourself, with your place in the world—which is fragile and shaky and situates you in a system that you can only grasp to understand; complexity rules.

The one thing you can try to do is to protect you, as you sense your profound vulnerability to everything that is around you; or you try to connect, you try to open up, you try to show your vulnerability and use it constructively.

Das birgt natürlich ein Risiko. Denn Verletzlichkeit ist real. Verletzlichkeit ist die Welt; das System baut auf ihr auf, Zerbrechlichkeit ist der Modus Operandi.

Und hat man das erst einmal verstanden, akzeptiert man es und lässt los, so eröffnet sich eine andere Sicht auf die Welt, und man erkennt, dass die eigene Verletzlichkeit die Verletzlichkeit der anderen ist.

Auch hierin liegt ein Wagnis, und die gesamte politische Philosophie gründet auf diesem gewagten Spiel: Ist der Mensch ein Wolf oder im Wesentlichen gut? Und kann man von sich auf andere schließen?

Die eigene Verletzlichkeit anzunehmen, ist eine Abkürzung, um dieser Frage auszuweichen; die Verletzlichkeit anderer anzuerkennen, ist der erste Schritt hin zu einer sanfteren Gesellschaft.

Das erfordert jedoch viel Vertrauen und die Fähigkeit, mit der Ungewissheit umzugehen, dass man einander nie wirklich kennen wird. Es wäre eine andere Demokratie; sie würde auf dem Ungesagten aufbauen.

Eine Äußerung des Komponisten Felix Mendelssohn Bartholdy drückt einiges davon aus. Sie bezieht sich auf seine zwischen 1829 und 1845 komponierten Lieder ohne Worte, eine Sammlung kurzer Klavierstücke.

Of course, there is a risk to that. Because vulnerability is real. Vulnerability is the world; the system is built on it, fragility is the modus operandi.

And once you understand that, once you accept that, once you let go—there is a different perspective on the world, and you see that your vulnerability is their vulnerability.

Again, there is a risk, and basically all political philosophy is built on that gamble: Are you a wolf or are you basically good? And can you make assumptions from you to others?

Accepting one's vulnerability is a shortcut to avoid this question; acknowledging other people's vulnerability is a first step to a gentler form of society.

This requires a lot of trust and the ability to deal with the uncertainty of not really knowing another. It would be a different democracy; it would rest on the unsaid.

There is a quote that seems to capture some of this. It is by the composer Felix Mendelssohn about his "Songs Without Words," a series of short pieces written between 1829 and 1845.

"What the music I love expresses to me, is not thought too indefinite to put into words," writes Mendelssohn to a friend, "but on the contrary too definite."

What would politics look like that incorporates art into its practice? What would that mean for democracy?

„Das, was mir eine Musik ausspricht, die ich liebe, sind mir nicht zu unbestimmte Gedanken, um sie in Worte zu fassen", schrieb Mendelssohn an einen Freund, „sondern zu bestimmte."

Wie sähe eine Politik aus, die die Kunst in ihre Praxis einbeziehen würde? Und was bedeutete das für die Demokratie?

Speculative Gastronomy
Spekulative Gastronomie

Lacto-Fermented Green Gooseberries

Lacto-fermentierte grüne Stachelbeeren

Katinka Versendaal

When summer arrives in Northern Europe, an abundance of gooseberries shows up in Hamburg, in local supermarkets, as well as in the backyards of family homes. With colors ranging from jade-like pale green to deep red and recognizable stripes on their skins. For this fermentation, we use green gooseberries that are just less than ripe and still firm if pinched. This recipe also works brilliantly with red gooseberries, which are usually juicier and sweeter than their green counterparts, and are quicker to ferment. Lacto-fermented gooseberries were the spark that ignited a ten-year exploration of fermentation at the Nordic Food Lab, the former research lab of the "world's best restaurant," Noma from Copenhagen. The significance of these explorations for the gastronomic world of today can hardly be overstated.

Wenn in Nordeuropa der Sommer beginnt, findet man auch in Hamburg reichlich Stachelbeeren, in den Supermärkten ebenso wie im eigenen Garten. Ihr Farbspektrum reicht von Jadegrün bis Dunkelrot, jeweils mit den unverkennbaren Streifen. Zum Fermentieren verwenden wir die grüne Sorte, wenn sie noch nicht ganz reif sind und sich noch fest anfühlen. Das Rezept funktioniert hervorragend auch mit roten Stachelbeeren, die in der Regel saftiger und süßer sind als grüne und auch schneller vergären. Milchsauer eingelegte Stachelbeeren gaben den Anstoß zur Erforschung von Fermentationsprozessen durch das Nordic Food Lab des „weltbesten“ Restaurants Noma in Kopenhagen über die letzten zehn Jahre. Die Ergebnisse sind für die heutige Gastronomie von unschätzbarem Wert.

Zutaten:

- 1 kg reife, aber noch feste grüne Stachelbeeren
- 20 g unjodiertes Salz

Zubereitung:

Die Stachelbeeren in einer Schüssel mit dem Salz vermischen und in den Gärbehälter füllen, dabei sorgfältig alles Salz aus der Schüssel schaben. Die Beeren mit einem Gewicht beschweren (dafür eignet

Ingredients:

- 1 kilo of firm-ripe green gooseberries
- 20 grams non-iodized salt

How to:

Mix the salt and gooseberries together in a bowl, then transfer them to the fermentation jar, making sure to scrape all the salt from the bowl into the container, and press the mixture down with a weight. (A heavy-duty zip-top bag filled with water will do the trick.) Cover the jar with a lid. Use a water lock in the lid, making sure the gas can escape.

Ferment the gooseberries in a warm place until they have soured to your liking. This should take five to six days at 28 degrees Celcius, or a couple of days longer at room temperature. The berries should be tart and briny by the end, but you should start test-tasting after the first few days to make sure they are on the right track.

Once the berries have reached your desired level of sourness, carefully remove them from the jar and strain the liquid through a fine-mesh sieve. The gooseberries and their

sich z. B. ein mit Wasser gefüllter, stabiler Druckverschlussbeutel). Den Behälter mit einem Deckel verschließen, der mit einem Wasserschloss (Gärspund) ausgestattet ist, damit die Gärgase entweichen können.

Die Stachelbeeren an einem warmen Ort bis zum gewünschten Säuregrad vergären lassen. Bei 28 °C dauert das fünf bis sechs Tage, bei Zimmertemperatur etwas länger. Die Beeren sollten dann säuerlich-pikant schmecken. Um sicherzugehen, dass alles gut läuft, sollte man nach den ersten Tagen eine Beere probieren.

Sobald der gewünschte Säuregrad erreicht ist, die Beeren vorsichtig aus dem Glas heben und die Lake durch ein feinmaschiges Sieb abseihen. In getrennten Behältern kann man Beeren und Lake ein paar Tage im Kühlschrank aufbewahren, ohne dass sich der Geschmack merklich verändert. Damit sie nicht weiter gären, kann man sie auch getrennt in Reißverschlussbeuteln vakuumieren und einfrieren.

Ideen zur Verwendung:

Leche de Tigre für Elbe-Ceviche

Vergorener Stachelbeersaft ist in der Noma-Küche ein beliebtes Würzmittel. Allein mit der fruchtsäuerlichen Lake wird aus dünnen Scheiben festfleischigem rohem Fisch, etwa Hecht oder Zander, eine delikate Ceviche. Nach demselben Prinzip entsteht auch eine raffinierte peruanische Variante der Marinade: Leche de Tigre, wortwörtlich „Tigermilch". Dazu püriert man mit dem Stabmixer einen Teil geschälte, rohe Flusskrebse mit drei Teilen vergorenem Stachelbeersaft und passiert

liquid can be stored in separate containers in the refrigerator for a few days without noticeable changes in flavor. To prevent further fermentation, you can also freeze them separately in zip-top bags with the air removed.

Suggested Uses:

Leche de Tigre for Elbe Ceviche

The juice of the fermented gooseberries has been an all-time favorite seasoning in the Noma kitchen. All on its own, the salty, sour, fruity liquid can turn slices of firm raw fish like pike or perch into delectable ceviche. To take that idea to another level, you can make proper *leche de tigre* (the Peruvian term for ceviche marinade). With a handheld blender, blend one part by weight peeled raw crayfish with three parts lacto gooseberry juice, then pass the mixture through a sieve. Add as much finely minced shallot and minced habanero to the liquid as you like, and pour the mixture over sliced raw fish, allowing it to sit for about five minutes before enjoying it with some chopped fresh cilantro.

das Ganze durch ein Sieb. Nach Belieben fein gehackte Schalotten und Habanero-Chilis in die Marinade geben und den in Scheiben geschnittenen rohen Fisch damit übergießen. Rund fünf Minuten ziehen lassen und mit etwas gehacktem Koriandergrün servieren.

Stachelbeer-Relish

In Scheiben geschnitten, erfrischen die leichten, milchsauer vergorenen Stachelbeeren den Gaumen zwischen üppigeren Gerichten wie einem Meeresfrüchteeintopf. Sie können aber auch die Grundlage für ein spektakuläres Relish bilden. Dazu zerkleinert man 100 g Fruchtfleisch und verrührt es mit je 15 g gehackter Petersilie und Estragon, einer fein gewiegten Knoblauchzehe und einem kräftigen Schuss Olivenöl. Wer mag, kann mit Salz abschmecken. Stachelbeer-Relish passt ausgezeichnet zu geschmorten Rippchen, gegrillten Wachteln oder geröstetem Gemüse wie Spargel oder jungem Lauch.

Die Rezepte stammen, leicht abgewandelt, aus dem 2019 auf Deutsch erschienenen *Noma-Handbuch Fermentation* von Rene Redzepi und David Zilber. Um dem Anspruch der School of Survival zu genügen, haben wir die dort empfohlenen Fischarten mit freundlicher Hilfe von Sebastian Baier von Fischfeinkost Baier durch lokale Fischarten aus der Elbe ersetzt. Sollten Sie nicht in Hamburg wohnen, wenden Sie sich an Ihren Fischhändler vor Ort und fragen nach einer geeigneten lokalen Alternative.

Gooseberry Relish

Simply sliced in half, these soured berries make for a refreshingly bright palate cleanser in between mouthfuls of richer dishes, like seafood chowder. But lacto-fermented gooseberries can also serve as the backbone of a spectacular relish. Mince 100 grams fermented gooseberry flesh and combine with 15 grams each chopped parsley and chopped tarragon, 1 finely minced garlic clove, and a liberal drizzle of olive oil. Season with salt, if needed. This topping begs to be smeared over braised short ribs, barbecued quail, or grilled vegetables like asparagus or young leeks.

These recipes are, with minor adaptations, taken from *The Noma Guide to Fermentation*, Rene Redzepi & David Zilber, 2018. To fit into the concept of the School of Survival, the originally proposed fish has been replaced with local fish species from the Elbe River with the support of Sebastian Baier from Fischfeinkost Baier. If you find yourself in a different location than Hamburg, we urge you to consult your local fishmonger to find a suitable local replacement.

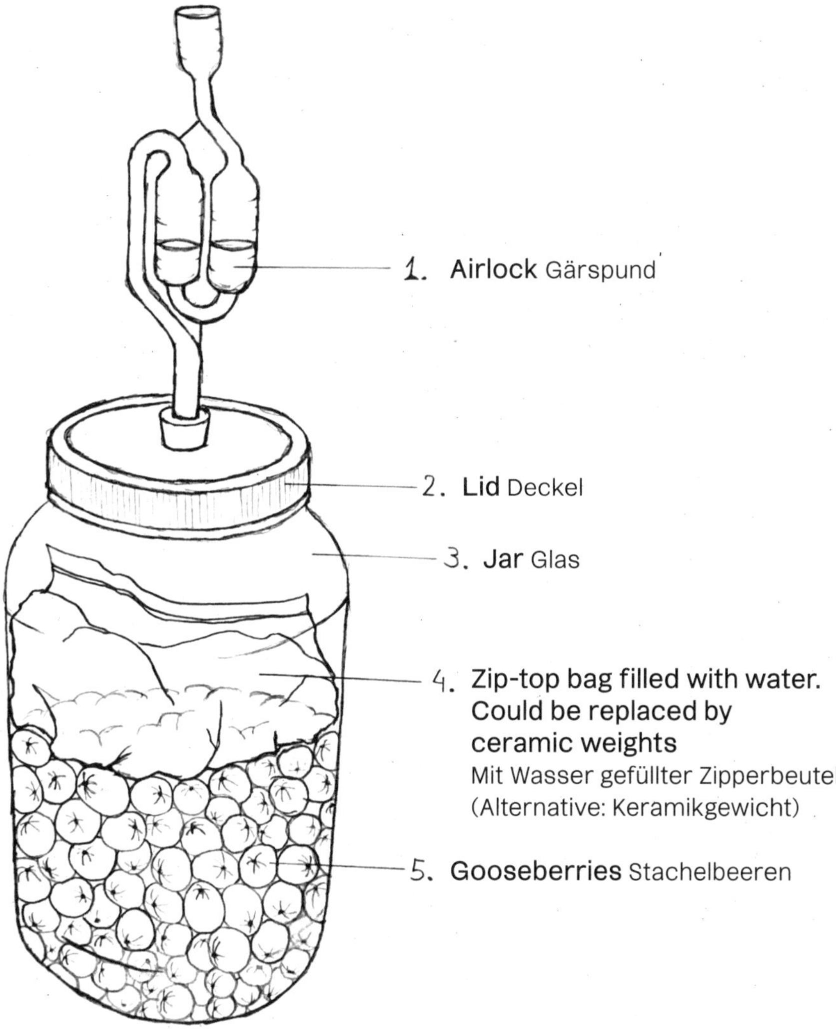
1. Airlock Gärspund
2. Lid Deckel
3. Jar Glas
4. Zip-top bag filled with water. Could be replaced by ceramic weights
Mit Wasser gefüllter Zipperbeutel (Alternative: Keramikgewicht)
5. Gooseberries Stachelbeeren

The Fish/Soil/Tide/Mushroom Knows Everything

Der Fisch|die Erde|die Ebbe|die Flut|der Pilz ist allwissend

Katinka Versendaal

In order to live, we must eat.

Food is the one thing we must consume every day; it is our most reliable source of pleasure and the cause of our greatest demands on the natural world.

It embodies more directly than anything else the struggle between our internal and external needs.[1] Through the simple act of eating, the world around us becomes incorporated into our physical bodies, a daily reinforcement of our intimate bond with the non-human world.

Through time, human appetite has resulted in ecological changes, and ecological change, in turn, will result in humans changing their food habits. The awareness of the need to change is growing. However, it often seems easier to imagine apocalyptic scenarios than the radical systemic changes needed for a more liveable and just future for everyone.

The logic and structures of the global market and of industrial capitalism dominate our thinking and strongly influence the way we perceive and experience the world around us on a daily basis. They are subconsciously intertwined with our ideas about the possibilities for the future, including our relationship to food.

Katinka Versendaal

Um zu leben, müssen wir essen.

Nahrung ist das Einzige, das wir jeden Tag zu uns nehmen müssen; sie ist die verlässlichste Quelle für Genuss und der Grund dafür, dass wir die Natur so sehr belasten.

Nahrung verkörpert direkter als alles andere den Konflikt zwischen unseren inneren und äußeren Bedürfnissen.[1] Durch den einfachen Akt des Essens wird die Welt um uns ein Teil unseres Körpers, täglich stärken wir damit die Verbindung des Menschen mit der nichtmenschlichen Welt.

Im Lauf der Zeit hat der Appetit des Menschen zu Veränderungen der Umwelt geführt, und die Veränderungen der Umwelt wird einen Wandel der menschlichen Essgewohnheiten erforderlich machen. Das Bewusstsein dafür wächst, dass sich etwas ändern muss. Es fällt allerdings oft leichter, sich apokalyptische Szenarien vorzustellen als die radikalen Systemveränderungen, die wir für eine lebenswertere und gerechtere Zukunft für alle brauchen.

Die Logik und Strukturen des globalen Marktes und des industriellen Kapitalismus dominieren unser Denken und beeinflussen massiv, wie wir die Welt wahrnehmen und im Alltag erleben. Sie sind unbewusst mit unseren Vorstellungen über eine mögliche Zukunft verbunden, und dazu gehört auch unser Verhältnis zur Nahrung.

We ought to challenge our collective imaginations to explore urgent questions surrounding food such as: What forms of production and consumption, habits, ingredients, tools, and foodways are needed to not only survive but to thrive? Could food become a transformative tool for imagining alternative futures and adapting to the present environmental crisis? Could creative and material practices like speculative gastronomy and regenerative menus, which see the storytelling potential of the culinary and its metabolic dimensions, influence economic and political discourses at large?

Survival is a matter of the tools that you have at your disposal. In this context, the table becomes a laboratory for understanding and shaping food futures. Eating becomes a method of inquiry, to unveil and explore the impact and various expressions of planetary transformations within the local and present context. Gastronomy becomes a tool for speculation on desirable futures, and for reflection on the present crisis.

Speculative gastronomy offers a unique ability to address the existential challenges of climate change, pollution and toxicity, global warming, and of the mass extinction of non-human species, through the act of eating. While these phenomena are by-products of industrial modernity and human

Wir sollten diese kollektiven Vorstellungen hinterfragen und uns mit drängenden Fragen befassen, die mit Nahrung zu tun haben: Welche Formen von Produktion und Konsum, welche Gewohnheiten, Zutaten, Werkzeuge und Ernährungsweisen sind nötig, um zu überleben – und vor allem zu gedeihen? Kann Essen zum transformativen Werkzeug werden, um alternative Zukünfte zu imaginieren und uns an die aktuelle Umweltkrise anzupassen? Sind die laufenden wirtschaftspolitischen Diskurse durch kreative materielle Praktiken zu beeinflussen, etwa durch spekulative Gastronomie und regenerative Gerichte, die das narrative Potenzial des Kulinarischen und seiner metabolischen Dimensionen würdigen?

Überleben ist auch eine Frage der verfügbaren Werkzeuge. Der Esstisch wird in diesem Sinne zum Labor, um die Ernährung der Zukunft verstehen und gestalten zu lernen. Essen wird zu einer Methode, um die Auswirkungen und unterschiedlichen Ausdrucksformen der planetaren Veränderungen hier und jetzt auf lokaler Ebene zu untersuchen, zu erforschen, zu erkennen. Die Küche wird so zu einem Werkzeug der Spekulation über wünschenswerte Zukünfte und der Reflexion über die gegenwärtige Krise.

Die spekulative Gastronomie eröffnet die besondere Befähigung, durch den Akt des Essens die existenziellen Herausforderungen des Klimawandels, von Umweltverschmutzung und toxischen Abfällen, der globalen Erwärmung und des Massenaussterbens nicht-

activity, their consequences unfold at scales so far beyond our individual comprehension that they remain eerily abstract. But even if we struggle to grasp their full intensity, we co-exist with their impact daily.

Speculative gastronomy projects have been present in spaces of knowledge production and dissemination for a while now. The collective of practitioners that operate under the name Center for Genomic Gastronomy is among the forerunners. According to Shelly Brewster,[2] seminal speculative gastronomy projects like the Center's *Smog Tasting* invite a rethinking of our relationship with the environment by transforming the abstract quality of polluted air into the humanly comprehensible, sensorial realm. For this project, using a combination of scientific techniques and culinary processes, chefs whipped up a number of egg meringues infused with air pollutants such as sulphur, nitric oxide, nitrogen dioxide, and hydrocarbons. Visitors could choose from three smog varieties: different combinations of chemicals replicating the air quality of several global cities, each meringue infused with the taste of Mexico City, Los Angeles, or Beijing. Through this food experience, the performances created by the Center for Genomic Gastronomy enacted ecological thought and revealed the

menschlicher Arten zu thematisieren. Das alles sind Nebenwirkungen der Industrialisierung der modernen Gesellschaften und des menschlichen Handelns, aber die Auswirkungen manifestieren sich in so anderen Kategorien, dass sie für uns als Einzelne in ihrer seltsamen Abstraktheit nicht mehr nachvollziehbar sind. Wir tun uns schwer, ihre volle Wucht zu begreifen, und leben doch täglich mit ihren Folgen.

Die spekulative Gastronomie ist bei Wissensproduktion und -transfer schon länger präsent. Zu ihren Pionieren gehört das Kollektiv Center for Genomic Gastronomy. Shelby Brewster[2] beschreibt, wie wegweisende Projekte der spekulativen Gastronomie, etwa eine „Smogverkostung", es uns möglich machen, die Beziehung zur Umwelt neu zu denken, indem der abstrakte Begriff der Luftverschmutzung auf einer sinnlich greifbaren Ebene erfahrbar wird. Mit wissenschaftlichen Methoden und Küchentechnologien stellte das Kollektiv für dieses Projekt Meringues her und versetzte dafür Eischnee mit Luftschadstoffen wie Schwefel, Stickstoffoxid und -dioxid sowie Kohlenwasserstoffen. Die Besucher*innen konnten aus drei Varianten auswählen: verschiedene Verbindungen der Chemikalien, die die Luftqualität verschiedener Weltstädte kopierten – die Meringues schmeckten wie Mexiko-Stadt, Los Angeles oder Peking. Die Performances des Center for Genomic Gastronomy schafften es, durch Essen ein ökologisches Bewusstsein nachvollziehbar zu machen und das „Hyperobjekt" (wie es Timothy Morton[3] nennt) der Luftverschmut-

'hyperobject' (to use Timothy Morton's definition[3]) of air pollution and volatile toxicity by creating a sensorial understanding of them with their public. This project sparked both ecological awareness and critiques of unsustainable production and consumption patterns, as it posed the question: Can the sense of taste be a catalyst for rethinking our presence with the world differently? Speculative gastronomy could help us bridge this gap in our awareness and create an embodied understanding of these phenomena. It could help to make these intangible problems feel visceral and immediate by translating their potential effects into our very own sensory and metabolic workings.

Understanding the scale of ecological challenges poses another question: How can we shift from extractive food systems to practices of regeneration and healing? Answering this question may require not looking into the future capabilities of agronomy and food production, but rather somewhere else, in places that survive outside of the sphere of Western technoscience. As Robin Wall Kimmerer observes, through food and eating, our lives and bodies are deeply intertwined with the life and bodies of more than human beings:

"That's the way the world works, the exchange of a life for a life, the endless cycling between my body and the body

zung und die Toxizität flüchtiger Substanzen zu veranschaulichen, indem sie in eine für das Publikum sinnliche Erfahrung übersetzt wurden. Es ging dabei sowohl um das ökologische Bewusstsein als auch um die Kritik von Produktion und Konsum, die nicht nachhaltig sind. Die Frage war: Kann der Geschmackssinn dazu beitragen, dass wir unsere Präsenz in der Welt überdenken? Die spekulative Gastronomie könnte uns helfen, diese Lücke in unserer Wahrnehmung zu schließen und ein körperliches Verständnis für diese Phänomene zu gewinnen. Sie könnte helfen, diese schwer fassbaren Probleme drängend und fast intim greifbar zu machen, indem ihre potenziellen Auswirkungen im Körper spürbar und unmittelbar erlebbar werden.

Haben wir das Ausmaß der ökologischen Herausforderungen begriffen, stellt sich die nächste Frage: Wie gelangen wir von extraktiven Ernährungssystemen zu Regeneration und Heilung? Die Antwort finden wir vermutlich nicht in der Agrarwirtschaft und Lebensmittelproduktion der Zukunft, sondern an Orten, die außerhalb des Einflussbereichs der westlichen Technologien und Naturwissenschaft überlebt haben. Robin Wall Kimmerer etwa beschreibt, wie unsere Leben und Körper durch Nahrung und Essen eng mit Leben und Körpern von etwas verbunden ist, das mehr ist als der Menschen:

„So funktioniert die Welt, im Austausch: Leben für Leben, ein unendlicher Kreislauf zwischen meinem Körper und dem Körper der Welt. [...] Wie konsumieren wir so, dass wir dem Leben, das wir

of the world… how do we consume in a way that does justice to the lives we take? … The need to resolve the inescapable tension between honoring life around us and taking it in order to live is part of being human."[4]

The rethinking of our relationship with food should be rooted in a greater awareness of the entanglements of the life systems it depends on. And on a curiosity for what we can learn from the sustainable cycles that thrived long before human dominance. What are the teachings from the beings around us and how can we become better listeners?

While techno-scientific ways of knowing are starting to realize that the collective health of all that is around us has a direct influence on the health of each of us, indigenous and traditional forms of knowledge and practices have often understood these needs for many generations. By sharing a practice of active listening, learning, and storytelling, they have created methods of understanding, learning from, and collaborating with more-than-human beings, practising and reciprocating acts of care and kinship, especially in relation to the more-than-human beings and natural entities of the Earth.

Because, perhaps, the fish, soil, tide, and mushroom do know everything.

nehmen, gerecht werden? […] Wir müssen das unausweichliche Dilemma lösen, das darin liegt, dass wir das Leben um uns herum ehren und es zugleich verbrauchen müssen, um davon zu leben: Das gehört zu unserem Menschsein."[4] Wenn wir unsere Beziehung zum Essen überdenken, sollten wir uns stärker bewusst sein, wie verwoben es mit Lebenssystemen ist, die für dieses Essen notwendig sind. Wir sollten neugierig sein, was wir von den nachhaltigen Kreisläufen lernen können, die lange vor der Dominanz des Homo sapiens die Natur bestimmten. Was lehren uns die Wesen um uns herum, und wie können wir ihnen besser zuhören?

Technisch und wissenschaftlich fundierte Wissensformen erkennen erst allmählich, dass sich die kollektive Gesundheit dessen, was uns umgibt, auch unmittelbar auf die Gesundheit aller auswirkt – indigene oder traditionelle Wissensformen und Praktiken verstehen diese Zusammenhänge und Bedürfnisse meist schon seit vielen Generationen. Durch die gemeinsame Praxis des aktiven Zuhörens, Lernens und Geschichtenerzählens haben sie Methoden entwickelt, um mehr-als-menschliche Lebewesen zu verstehen, von ihnen zu lernen und mit ihnen zu kooperieren, indem sie Fürsorge und Verwandtschaft empfinden und erwidern, besonders im Umgang mit der Tierwelt und der Natur des Planeten.

Denn vielleicht sind Fische, der Boden, die Gezeiten und Pilze tatsächlich allwissend.

Our task is to develop the ambition, skills, and tools to understand their teachings and open ourselves up to the different, unexplored shapes that intelligence and creativity can take, or to the human communities who could speak on behalf of non-human subjects.

The practitioner duo Cooking Sections is perhaps the most influential example of what it means to analyze complex socio-ecological systems through food, in particular within their multi-year project CLIMAVORE. The installation-performance Oyster Readings offers an example of learning from non-human beings, as well as of the role of human communities with a well-developed and deeply rooted sensuous knowledge of the ecosystems they inhabit.

Oysters, like ancient storytellers, record environmental changes across time in the materiality of their very shells. "Similar to tree rings, every season an oyster grows a shell around their lip… encasing the environmental conditions in which they live."[5] As Cooking Sections observes, this growth pattern reveals everything from "storms, hurricanes, and droughts" to the impact of human activity and pollutants. To process this knowledge, projects like Oyster Readings turn to those with deep understanding built through generations of close observation—

Es sollte unser Ehrgeiz sein, die Fertigkeiten und die Werkzeuge zu entwickeln, um dieses Wissen zu begreifen, wir sollten offen werden für die vielfältigen unerforschten Formen, die Intelligenz und Kreativität annehmen können, oder für menschliche Gemeinschaften, die Fürsprecher nichtmenschlicher Subjekte sein können.

Das Künstler-Duo Cooking Sections ist das wohl einflussreichste Beispiel dafür, was die Analyse komplexer sozioökologischer Systeme anhand der Ernährung bedeutet – vor allem durch das mehrjährige Projekt CLIMAVORE. Die Installation und Performance Oyster Readings veranschaulicht, was wir von nichtmenschlichen Lebewesen lernen können und welche Rolle menschliche Gemeinschaften spielen, die ein lebendiges, tief verwurzeltes sensorisches Wissen über die Ökosysteme besitzen, in und mit denen sie leben.

Austern, wie altertümliche Erzähler, berichten von vergangenen Zeiten und den Umweltveränderungen, denen sie ausgesetzt waren, weil sie materielle Spuren in ihren Schalen hinterlassen. „Wie die Jahresringe eines Baums wachsen Austernschalen in jeder Saison am Rand weiter und halten dabei die Umweltbedingungen fest, die auf sie einwirken."[5] Dieses Wachstumsmuster erzählt von „Stürmen, Hurricanes und Dürreperioden", aber auch von den Auswirkungen menschlicher Aktivitäten und Umweltverschmutzung. Um dieses Wissen zu nutzen, wenden sich Projekte wie Oyster Readings an Fischer*innen und lokale Gemeinschaften, die über Generationen hinweg durch genaue

fisherfolk and local communities. These serve as custodians for the waters they tend to; their ways of being support the well-being of the local ecosystem, their knowledge is one built on years of daily, likely multi-generational dialogues with these bodies of water and their inhabitants, an understanding of their evolvements over time and an interdependency of the well-being for both the fisher and the ones who are fished. With daily contact and knowledge passed down, they act as translators and interpreters of the oysters' stories. "Their stories build up to the physical public reading performances that allow us to read into our common oyster futures…" These communities become speakers for the living, advocating on behalf of their more-than-human counterparts.

Following this collaborative spirit, speculative gastronomy could be used as an exercise in radical inclusivity at the dinner table. Because what does it mean for everyone, human and more than human, to "eat well"?

In this context, one of the projects hosted by The School of Survival, Seeding Futures by microbial ecologist Tiff Mak, aims to explore the embodied connections between seeds, fermentation practices, and humans through their physical materialities, ecologies, and the stories that they hold. Crucial

Beobachtung ein tiefes Verständnis ihrer Umwelt erworben haben. Sie sind die Hüter*innen der Gewässer; durch ihre Lebensweise fördern sie das Wohlergehen lokaler Ökosysteme, ihr Wissen basiert auf täglicher und oft generationenübergreifender Beziehung mit dem Wasser und seinen Bewohnern – so haben sie gelernt, wie sich diese mit der Zeit verändern und wie sich die Lebensqualität der Fischervölker und ihres Fangs wechselseitig bedingt. Dank dieser steten Beziehung und der Weitergabe des Wissens verstehen sie die Geschichte der Austern und können sie weitervermitteln. „Ihre Erzählungen werden zu öffentlichen Lesungen, die uns einen Blick in unsere gemeinsame Austernzukunft gewähren." Die Gemeinschaften werden Stimmen alles Lebenden, die sich für ihre mehr-als-menschlichen Mitgeschöpfe einsetzen.

In diesem kollaborativen Sinne könnte die spekulative Gastronomie zu einer radikalen Inklusion am Esstisch führen: Denn was bedeutet es für alle, Menschen und Mehr-als-Menschen, „gut zu essen"?

Das ist auch der Kontext des Projektes von Tiff Mak in der School of Survival, Seeding Futures. Tiff Mak arbeitet mit Mikroben und untersucht dabei körperliche Verbindungen zwischen Saatgut, Fermentationsverfahren und Menschen anhand ihrer physischen Materialitäten, der Ökologie und der Geschichten, die man sich erzählt. Es geht um den Gärprozess von Samen. Im Mittelpunkt steht für Mak dabei die Zeitlichkeit – unser gegenwärtiges Handeln ist durch die Vergangenheit geprägt und zugleich mit der Zukunft verwoben.

to Mak's project are the fermentation processes of seeds. According to Mak, fermentation speaks to the temporality of how our present actions are shaped by our pasts, while simultaneously becoming entangled with our futures.

Fermentation means to foster the conditions for the flourishing or thriving of certain microbial or fungal communities. This is a collaborative project between multiple species, where humans actively ask for the help of microbial forms of life to preserve food and to create better or more accessible nutrients, while creating the conditions for them to thrive. Simultaneously, through fermentation we ask for help in protecting ourselves by following a process which harmful pathogenic microbes are excluded from. In lactic acid fermentations, the addition of salt creates favorable conditions for, in this case, non-pathogenic lactic acid microbes. These bacteria are also present in the intestinal microbiome of humans, and the consumption of these bacteria is considered beneficial to a healthy gut biome, which in turn is associated with physical and mental well-being. These processes serve as a reminder that one cannot create a future on their own, but solely collectively. In this sense, the practice of fermentation could be understood as an exploration of relations and entanglements with the more-than-

1 For the relationship between internal and external needs, food production, and consumption, see: Carolyn Steel, Sitopia: How Food Can Save the World (London: Chatto & Windus 2020).
2 Shelby Brewster, "Food Futures: Speculative Performance in the Anthropocene," in: The Journal of American Drama and Theater 29, no. 2 (Spring 2017).
3 See: Timothy Morton, Hyperobjects: Philosophy and Ecology after the End of the World (Minneapolis: Univeristy of Minnesota Press 2013).

Das Fermentieren fördert das Wachstum bestimmter Mikroben- oder Pilzgemeinschaften. Es ist ein kollaboratives Projekt mehrerer Arten, wobei der Mensch aktiv die Hilfe mikrobieller Lebensformen in Anspruch nimmt, um Lebensmittel zu konservieren und ihre Nährstoffe leichter erschließen oder nutzen zu können. Im Gegenzug schafft er die Voraussetzung für ihr Gedeihen und schützt sich zugleich vor mikrobiellen Krankheitserregern, indem er sie gezielt von der Gärung ausschließt. Bei der Milchsäurevergärung werden durch das Einsalzen günstige Bedingungen für die Vermehrung nichtpathogener Milchsäurebakterien geschaffen. Diese Mikroben sind auch Teil des menschlichen Mikrobioms, und ihr Verzehr gilt als förderlich für eine gesunde Darmflora, die wiederum mit körperlicher und geistiger Gesundheit verbunden ist. Diese Prozesse erinnern uns daran, dass wir die Zukunft nicht allein, sondern nur gemeinsam gestalten können. In diesem Sinne lässt sich das Fermentieren als Erforschung unserer Verbindungen mit der mehr-als-menschlichen Welt verstehen, als Ausweitung der Vorstellungskraft von Nahrungsketten, vom Ackerboden bis zum Esstisch.

Um zu leben, müssen wir essen.

Wir ernähren uns nicht von toten Zutaten, sondern von Lebewesen mit eigenen Formen von Wissen und Wirkmacht.

1 Zum Verhältnis zwischen inneren und äußeren Bedürfnissen sowie zur Produktion und zum Konsum von Nahrungsmitteln siehe Carolyn Steel, Sitopia: How Food Can Save the World, London 2020.
2 Shelby Brewster, „Food Futures: Speculative Performance in the Anthropocene", in: The Journal of American Drama and Theater 29, Nr. 2 (Frühjahr 2017).
3 Siehe Timothy Morton, Hyperobjects: Philosophy and Ecology after the End of the World, Minneapolis 2013.

human world, and as an expansion of the imagination of who is eating, starting from the soil all the way to the dinner table.

In order to live, we must eat.

What we eat is not just inert ingredients, but living beings with their own forms of knowledge and agency.

Speculative gastronomy forces direct encounters with our interconnected world—we taste our impact, hear the voices of ecosystems under stress, and learn from life forms that were here before us and may be here after us.

Art spaces let these ideas come alive, encouraging experimentation and openness to insights rarely encountered elsewhere. The goal is transformation, a shift in mindset. Perhaps this shift, awakened through taste, touch, olfaction, and story, begins by questioning how we eat, but extends far beyond, into how we treat all beings and all the worlds within this world.[6]

4 Robin Wall Kimmerer, *The Democracy of Species: Green Ideas* (London: Penguin Classics 2021).
5 The text describing this project can be found online at: https://www.cooking-sections.com/Oyster-Readings
6 See: Marisol de la Cadena and Mario Blaser, eds., *A World of Many Worlds* (Durham: Duke University Press 2018).

Die spekulative Gastronomie konfrontiert uns unmittelbar mit der Welt, in die wir eingebunden sind: Wir schmecken die Auswirkungen unseres Tuns, hören die Stimmen belasteter Ökosysteme und lernen von Lebensformen, die vor uns da waren und vielleicht auch nach uns noch da sein werden.

Kunsträume regen zu solchen Überlegungen an, indem sie zum Experimentieren einladen und offen sind für Erkenntnisse, die man andernorts kaum finden kann. Das Ziel ist Transformation, ein grundsätzliches Umdenken. Der Wandel, ausgelöst durch Geschmack, Berührung, Geruch und Geschichten, könnte damit beginnen, dass wir unsere Essgewohnheiten hinterfragen, aber er reicht sehr viel weiter und umfasst unseren Umgang mit allen Lebewesen und allen Welten in dieser Welt.[6]

4 Robin Wall Kimmerer, *Die ehrenhafte Ernte*, Übers. Elsbeth Ranke, Berlin 2024
5 Die Projektbeschreibung findet man online unter: https://www.cooking-sections.com/Oyster-Readings.
6 Siehe Marisol de la Cadena, Mario Blaser (Hg.), *A World of Many Worlds*, Durham 2018.

Cooking Is Democracy

Kochen ist Demokratie

Sam Chermayeff
& Georg Diez

Some Basic Assumptions:

Cooking together is a synecdoche for democracy.

This involves everything, from growing and buying food to coming together, communicating, sharing, and eventually eating.

Cooking is a practice, as is democracy; there is only so much that theory can do for us.

Democracy is abstract. But is it?

Cooking comes from abstraction. And memory.

And experience.

Compressed time. Condensed stories.

In a time of shrinking reality (and spaces), cooking is a form of resistance.

Ein paar Grundannahmen:

Gemeinsames Kochen ist eine Form der Demokratie.

Dies umfasst alles: Anbau und Kauf von Nahrungsmitteln, Zusammensein, Kommunizieren, Teilen und schließlich Essen.

Kochen ist Praxis, wie die Demokratie; Theorie hilft beim Kochen nur begrenzt.

Demokratie ist abstrakt. Aber ist sie das wirklich?

Kochen beruht auf Abstraktion. Und Erinnerung. Und Erfahrung.

Verdichtete Zeit. Verdichtete Erzählungen.
In einer Zeit schrumpfender Realität (und Räume) ist Kochen eine Form des Widerstands.

In der Demokratie geht es um Konflikte, Interessen, Macht; Kochen ist das Gegenteil, und natürlich auch nicht.

Democracy is about conflict, interests, power; cooking is the opposite, and of course it is not.

Democracy is about process; cooking is about process.

Democracy is not about ideology; democracy is not politics.

Cooking is class. Cooking is Marx. Cooking is Brecht.

Cooking is politics. Cooking is struggle.

Cooking is connected to the power structure.

Democracy is the power structure.

Power is real. Time is real.

Democracy is time converted into power.

In der Demokratie geht es um Prozesse; beim Kochen geht es um Prozesse.

In der Demokratie geht es nicht um Ideologie; Demokratie ist nicht Politik.

Kochen ist Klassenkampf. Kochen ist Marx. Kochen ist Brecht.

Kochen ist Politik. Kochen ist Kampf.

Kochen ist verbunden mit Machtstrukturen.

Demokratie ist die Machtstruktur.
Macht ist real. Zeit ist real.

Demokratie ist in Macht verwandelte Zeit.

Über Zeit:

Demokratie ist eine Form der Organisation von Macht; Demokratie ist eine Form der Organisation von Zeit.

About Time:

Democracy is a way to organize power; democracy is also a way to organize time.

The explicit rule of time is what divides modernity from the rest, it is the driving force of capitalism, where you have to sell your time (work) on the marketplace—when this period comes to an end, what is left of time?

Cooking is a way to organize produce; cooking is also a way to organize time.

How long does it take to ferment or pickle, to bake or to boil, to prepare, to let it rest and rise? vwhen the division of labor, so essential to both modernity and capitalism, comes to an end with automation and the end of work, what is left of time?

Cooking was for the servants, cooking was for the housewives, cooking was never for "everybody," and industrialization turned

Was die Moderne von allem anderen trennt, ist die explizite Herrschaft der Zeit; sie ist die treibende Kraft des Kapitalismus, in dem man seine Zeit (Arbeit) auf dem Markt verkaufen muss – wenn diese Epoche endet, was bleibt dann übrig von der Zeit?

Kochen ist eine Form der Organisation von Nahrungsmitteln; Kochen ist auch eine Form der Organisation von Zeit.

Wie lange dauert es, etwas zu fermentieren oder einzulegen, zu backen oder zu kochen, zuzubereiten, ruhen und gehen zu lassen – wenn die Arbeitsteilung, die für Moderne wie für Kapitalismus so entscheidend war – mit der Automatisierung und dem Ende der Arbeit irrelevant wird, was bleibt von der Zeit?

Kochen war für Bedienstete, Kochen war Aufgabe der Hausfrauen, Kochen war nie für „jedermann", und die Industrialisierung machte aus Kochen nur eine weitere Industrieproduktion – die Rückkehr des Kochens als gemeinsame Praxis kann im Kontext dieser größeren historischen Prozesse gesehen werden.

cooking into just another factory activity—the return of cooking as a communal practice can be seen in the context of these larger historical processes.

The regime over time is what gives cooking meaning: it structures the day, it connects the treatment of ingredients with the attention to details, to duration, to the effect time has on produce and on people.

Cooking as an individual practice is both pre-modern in the way that you access the source, both of knowledge (about food) and of meaning (in creation)—it is craft, but much more than that, it is essential and spiritual in a world of voids.

About Conversion:

You can convert: time into meaning, time into value.

Representative democracy converts time into power, every four to five years; this seems very weird and random.

Die Herrschaft über Zeit gibt dem Kochen einen Sinn, es strukturiert den Tag, es verbindet die Verarbeitung der Zutaten mit der Aufmerksamkeit für Details, für die Dauer, die Wirkung der Zeit auf Produkte und Menschen.

Kochen als individuelle Praxis ist ein vormoderner Zugang zur Quelle von Wissen (durch die Nahrung) und von Sinn (im Kochen selbst) – es ist ein Handwerk und viel mehr als das, es ist essenziell und spirituell in einer Welt der Vacui.

Über Umtausch:

Man kann Zeit in Sinn, Zeit in Wert eintauschen.

Die repräsentative Demokratie tauscht Zeit in Macht um, alle vier bis fünf Jahre; das erscheint sonderbar und willkürlich.

Das digitale Zeitalter hat die Ordnung von Zeit und Raum grundlegend verändert: Alle sind ständig on.

The digital age changes the regime of time and space: everyone is on all the time.

This means: the conversion of time into power happens continuously, freeing humans to do other things.

Digital democracy takes out the middleman—the politician goes; does the cook go as well?

Cooking is democracy means: more people cook, more people regain control over time.

More people are free to spend their time together; loneliness is an unnecessary affliction.

Cooking is the sensuous and hedonistic management of time; it is inherently antiauthoritarian.

Cooking creates its own realm, a realm of time, meaning, and community.

Das bedeutet: Der Umtausch von Zeit in Macht geschieht ununterbrochen und gewährt den Menschen die Freiheit, andere Dinge zu tun.

Die digitale Demokratie braucht den Mittelmann nicht mehr – die Politiker treten ab; gilt das auch für Köche?

Kochen ist Demokratie, das bedeutet: Mehr Menschen kochen, mehr Menschen haben mehr Macht über ihre Zeit.

Mehr Menschen steht es frei, ihre Zeit gemeinsam zu verbringen; Vereinsamung ist ein unnötiges Problem.

Kochen ist sinnlicher und hedonistischer Umgang mit der Zeit; es ist genuin antiautoritär.

Kochen schafft ein eigenes Reich, ein Reich der Zeit, des Sinns und der Gemeinschaft.

Windmill 03
Windmühle 03

James Bridle

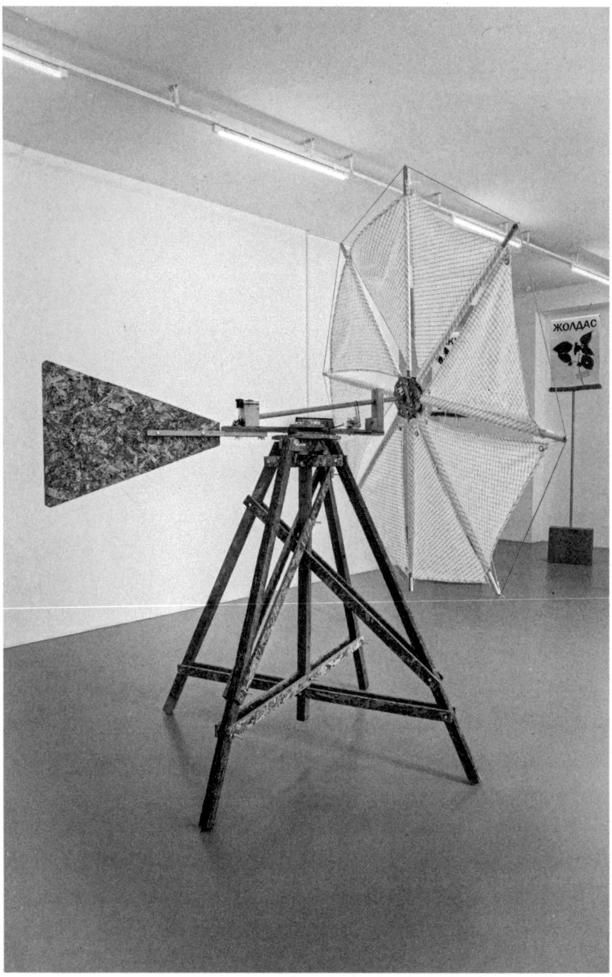

Windmill 03 (for Walter Segal), 2022

3 × 3 × 2,5 m

Wood, canvas, cable, nylon cord, dynamo, fixings | Holz, Leinwand, Kabel, Nylonschnur, Dynamo, Halterungen

The following pages describe the materials and set-up for the installation of WINDMILL 03.

Windmill 03 (for Walter Segal) is a traditional Greek windmill based on examples from the Lasithi Plateau, Crete. The Lasithi windmills notably feature in the film Signs of Life (German: Lebenszeichen, dir. Werner Herzog, 1968). The windmill is designed to pack flat for transport, and is constructed from surplus materials from a self-build housing project. It can be connected to a dynamo to generate electricity.

The following steps should be enough to turn the windmill components into a free-standing installation.

There are 12 steps (ish). Each step consists of a hand-drawn guide.

Auf den folgenden Seiten werden die Materialien und der Aufbau für die Installation von WINDMILL 03 beschrieben.

Windmill 03 (for Walter Segal) ist eine traditionelle griechische Windmühle nach dem Vorbild der Windmühlen auf der Lasithi-Hochebene auf Kreta. Die Windmühlen von Lasithi spielen eine wichtige Rolle in dem Film Lebenszeichen von Werner Herzog (1968). Die Windmühle ist so konzipiert, dass sie für den Transport flach verpackt werden kann, und wurde aus überschüssigen Materialien gebaut. Sie kann an einen Dynamo angeschlossen werden, um Strom zu erzeugen.

Die folgenden Schritte sollten ausreichen, um aus den einzelnen Komponenten ein freistehendes Windrad zu bauen.

Der Aufbau erfolgt in ca. zwölf Schritten. Jeder Schritt besteht aus einer handgezeichneten Anleitung.

STEP ONE : 2 legs and centre pole

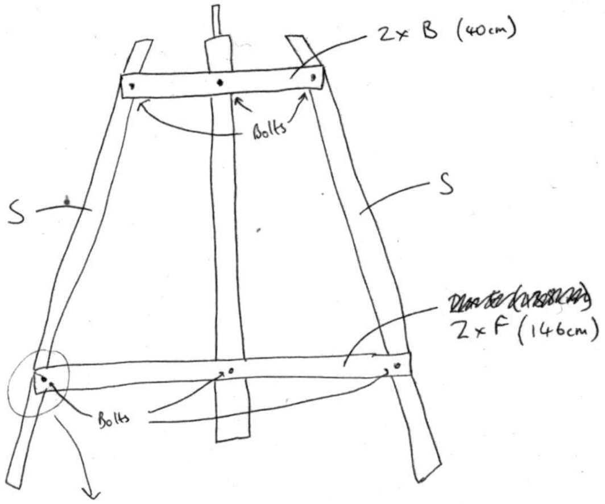

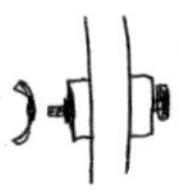

6 of these: wood on both sides
8cm / 8mm bolts, ~~washers~~, wingnuts

All joints are individually marked, and markings face each other; e.g.

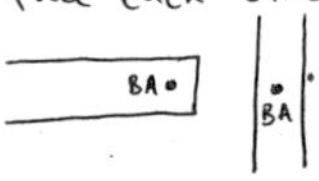

← markings are 'inside' so not visible (mostly) when constructed)

All wingnuts on same side, please!

STEP TWO : Remaining legs

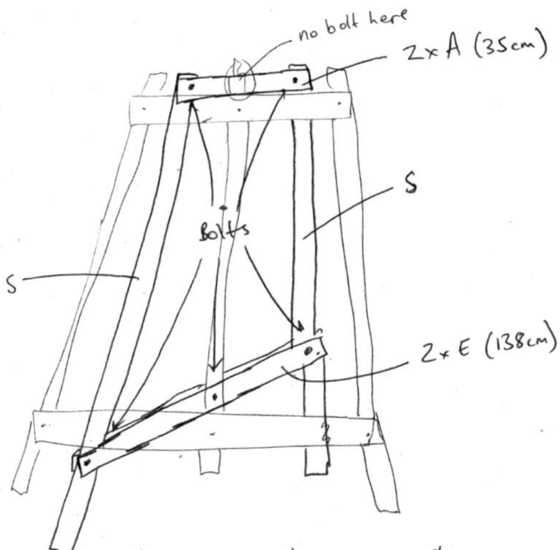

5 of same joints as Step one. Again, all joints marked, all wingnuts on same side.

(The top of the S poles are marked to differentiate them, but I can't remember how, sorry!)

STEP THREE : Cross-bracing

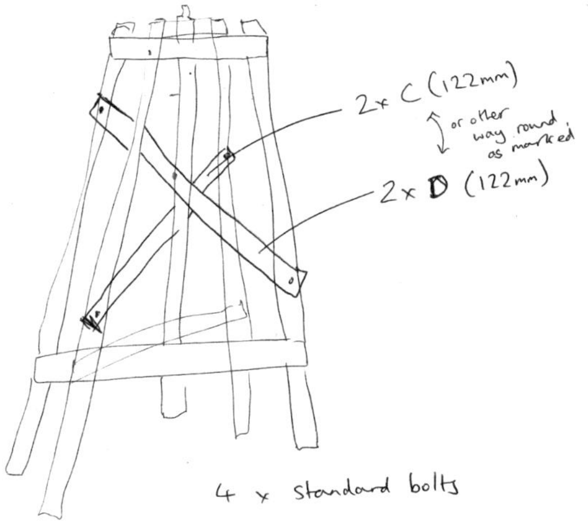

4 x standard bolts

Joints CC to CC, CD to CD etc.

Should be stable now!

STEP FOUR Turntable base

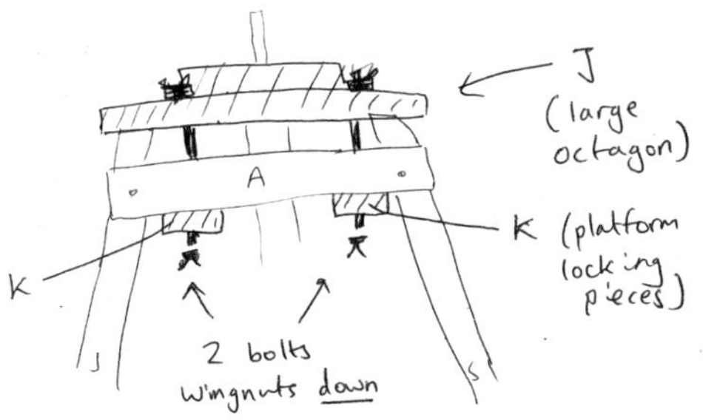

Bolt large octagon piece (J) to top of stand, using small (K) locking pieces underneath A struts. Bolt passes between A struts. (Finger tight only)

Windmill 03

STEP FIVE HEADER + LOCK
(or do six first!)

① Place header onto vertical axis

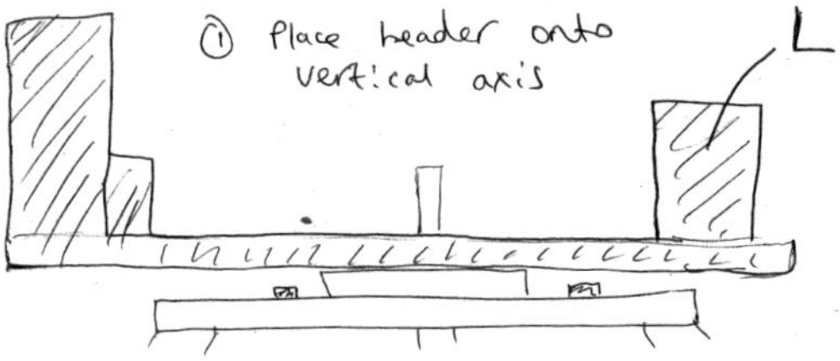

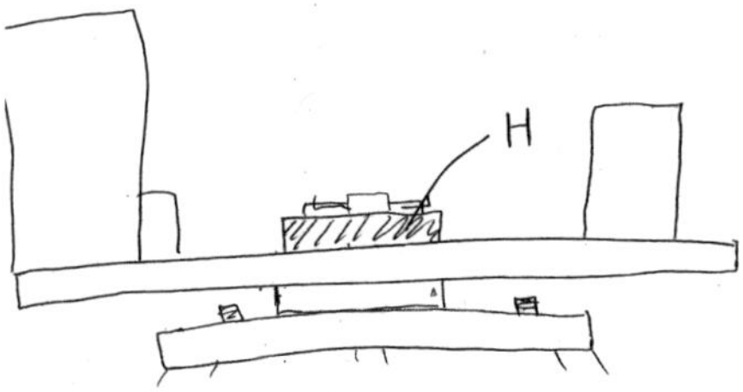

② Lock into place with vertical Axis lock (H: small octagon) Align with holes in vertical axis and close bolts.

STEP SIX TAIL

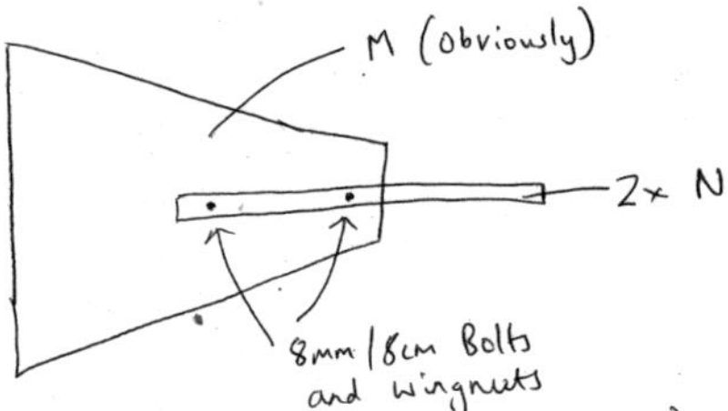

① Attach tail locking pieces (N) to tail (M)

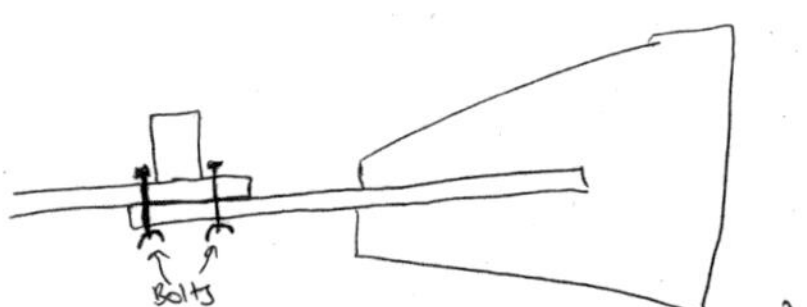

② Attach tail locking pieces (N) to underside of header (L) using 4mm / 5cm bolts, washers, wingnuts down

STEP SEVEN Sail Vanes

1. Loosen all the bolts on Sail Axis Lock (G)

2. Insert all 8 sail vanes (not ring end) (Q) into axis lock (G) as far as they will go.

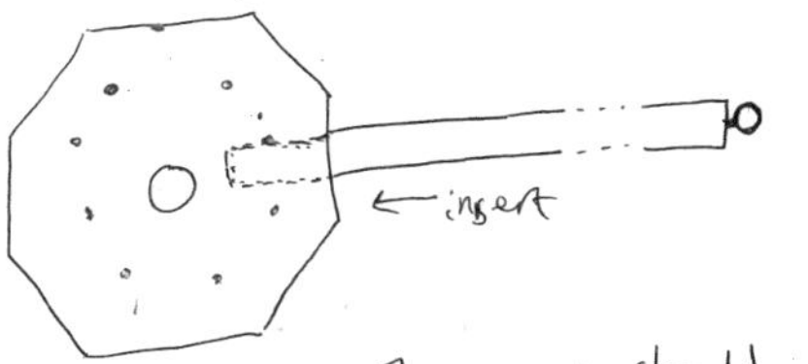

3. Tighten all bolts. The vanes should now be held firmly in place. N.B. Tighten each one a little in turn, ~~until~~ so all are similar tightness.

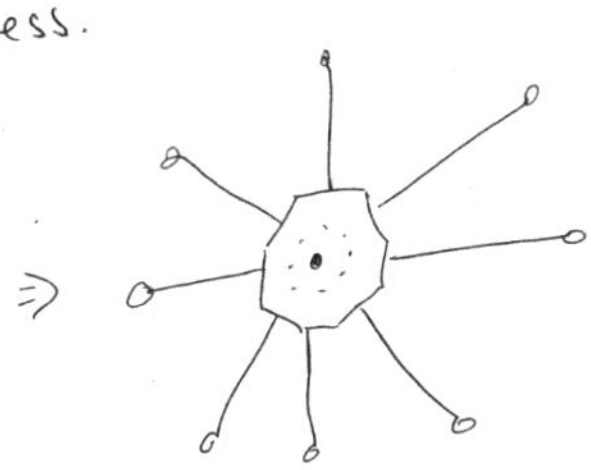

STEP EIGHT SAILS

(Please iron the sails first - simple cotton setting)

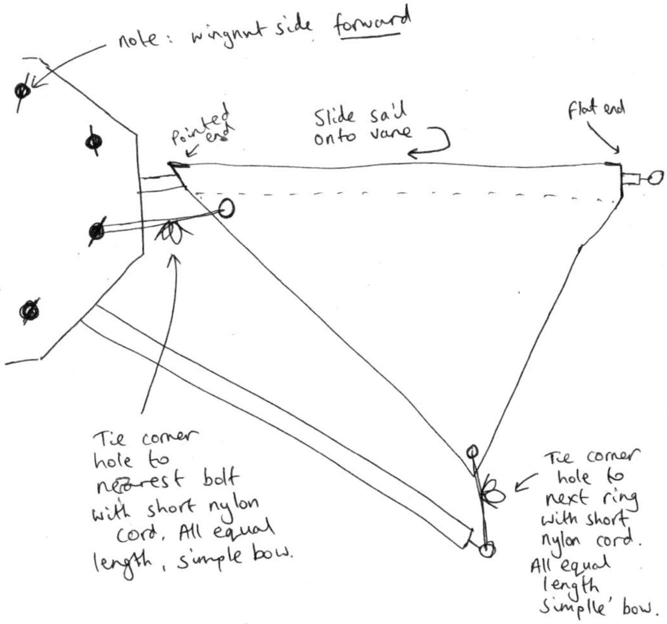

STEP NINE CABLING

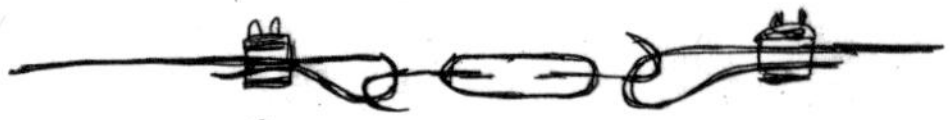

(R) Remove one of the cable hoop fasteners and thread cable through all eight hoops, then reclose and tighten. (Not too tight, just firm, and make sure all vanes equally spaced).

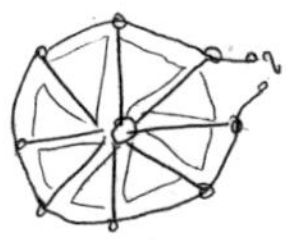

Sail now ready for mounting!

STEP TEN MOUNT SAIL ON AXLE

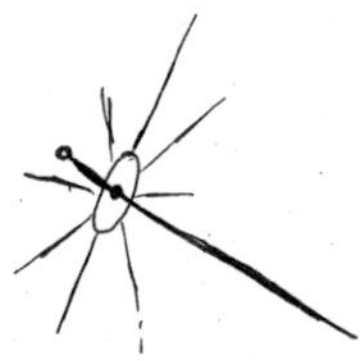

① Insert axle (P) through centre of sails.

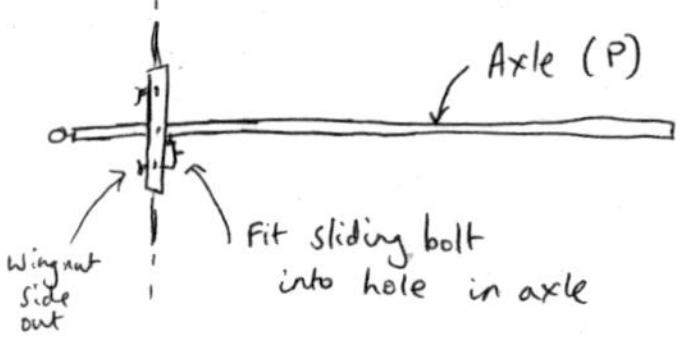

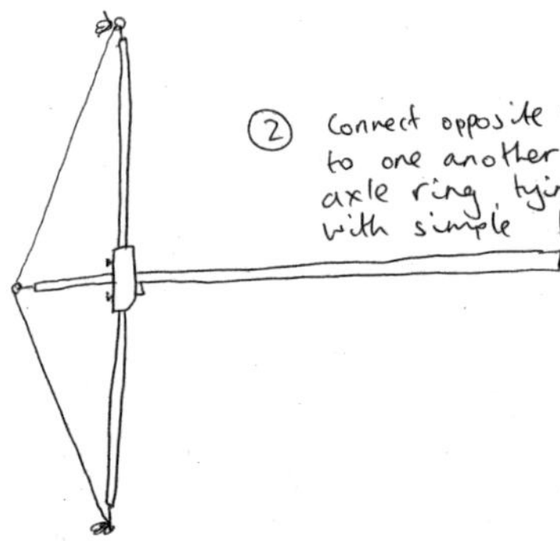

② Connect opposite vane rings to one another via axle ring, tying tight with simple bow.

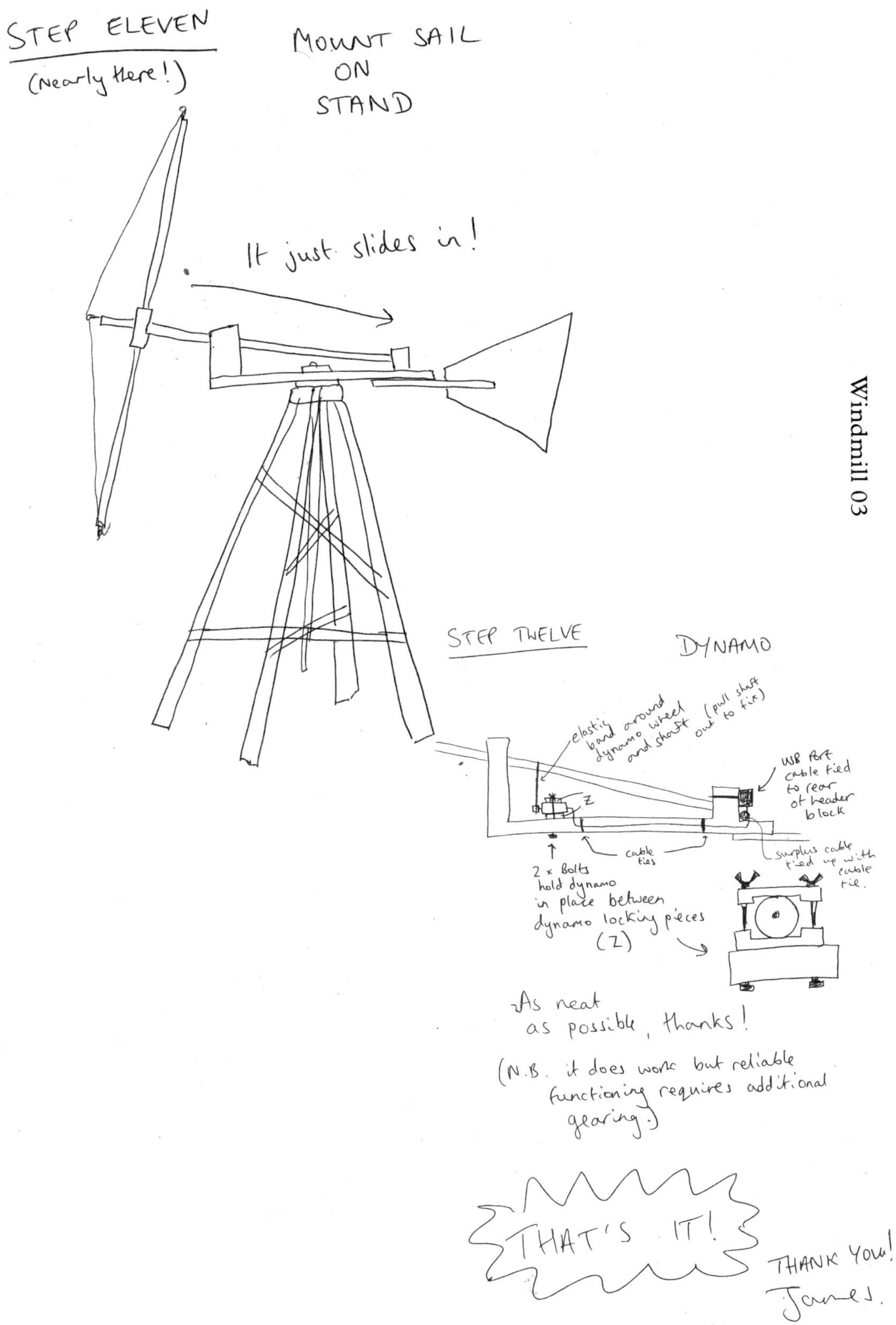
STEP ELEVEN
(Nearly there!)
MOUNT SAIL ON STAND
It just slides in!
STEP TWELVE
DYNAMO
elastic band around dynamo wheel and shaft
(pull shaft out to fix)
USB Port cable tied to rear of header block
Z
cable ties
surplus cable tied up with cable tie.
2 x Bolts hold dynamo in place between dynamo locking pieces (Z)
As neat as possible, thanks!
(N.B. it does work but reliable functioning requires additional gearing.)
THAT'S IT!
THANK YOU!
James.

Frédérique Aït-Touati,
Alexandra Arènes,
Axelle Grégoire

Speculative Maps

Spekulative Karten

We unfold a map. Our eye recognizes lines, orients itself, and constructs the space. To moor ourselves, one finger rests on the paper, transporting the body, causing it to travel into the authorized space of wandering: public space, the landscape. But very quickly it collides with the boundaries of parcels and blocks of construction, restricting it to what is walkable, taking roads, not daring to venture into the blank space that represents a totally different mosaic.

Our visual representations of the Earth are based on ancient cartographic and geological images designed as "a tool of colonization, a way of writing the story of a conquest where the civilized takes possession of so-called 'empty' territories, but that in fact it is always a process of 'emptying', because they are populated," as Jean-Baptiste Vidalou writes.[1] Populated by organisms, commemorative traces, industrial elements, rocks, bacteria, tunnels, water, volcanoes—a conglomeration of living organisms and harbored objects buried beneath our feet.

In this heterogeneous soil, administrative boundaries on the surface no longer determine the map; instead, the moving bodies of living things do. "It's a map that seems to reflect a liquid space ... where routes are marked until they are blown away by the winds. This nomadic space is crisscrossed by vec-

Wir entfalten eine Karte. Unser Auge erkennt Linien, orientiert sich und konstruiert den Raum. Um einen Ankerpunkt zu finden, legen wir einen Finger aufs Papier, verwandeln den Körper und lassen ihn dorthin reisen, wo das Herumwandern erlaubt ist: der öffentliche Raum, die Landschaft. Sehr schnell aber stößt er an die Grenzen von Parzellen und Bebauung, wird beschränkt auf das, was begehbar ist, folgt Straßen, wagt sich aber nicht hinaus in den leeren Raum, der ein völlig anderes Mosaik darstellt.

Unsere visuellen Darstellungen der Erde basieren auf uralten kartografischen und geologischen Bildern, geschaffen als „Werkzeug der Kolonisierung, als Methode, die Geschichte einer Eroberung zu schreiben, in der die Zivilisierten Besitz von sogenannten ‚leeren' Gebieten ergreifen, die jedoch besiedelt sind, sodass es sich tatsächlich stets um einen Prozess der ‚Entleerung' handelt", wie Jean-Baptiste Vidalou schreibt.[1] Bevölkert von Organismen, Spuren der Erinnerung, Industrieteilen, Felsen, Bakterien, Tunneln, Wasser, Vulkanen – einer Ansammlung lebender Organismen und gestrandeter Objekte, die unter unseren Füßen begraben liegen.

Auf diesem heterogenen Boden bestimmen nicht mehr oberflächliche administrative Grenzen die Landkarte; es sind stattdessen die bewegten Körper der Lebewesen. „Es ist eine Karte, die einen flüssigen Raum zu spiegeln scheint [...], wo Routen markiert sind, bis sie vom Wind verweht werden. Dieser nomadische Raum ist durch-

tors rather than paths, unstable arrows which constitute temporary connections," writes Francesco Careri.[2] By imagining a type of documentation in which the paths are not erased but are inscribed and printed, where they accumulate, overlap, and mingle, the models proposed here attempt to capture the contours of a completely different space.

Because entering the Anthropocene forces us to rethink our relationship to the ground, to navigate the "liquid space" described by Francesco Careri—a moving and unpredictable world: the disappearance of islands, the extinction of species, desertification, wars over water, the submersion of seafronts, the flooding of valleys. The ruin of territories brought about by the climate crisis causes a crisis of space which prohibits us from being satisfied with a physical survey based on old parameters and forces us to question our descriptive tools.

In fact, a major source of the skepticism or indifference toward the new climatic regime stems from the lack of a common understanding of what it is to live in these critical zones. The lack of a common image and imagination is a major obstacle to understanding roles and interactions in devastated environments. The new frame of reference offered by the Anthropocene reveals the reality of our situation, encouraging

zogen von Vektoren, von instabilen Pfeilen, die weniger Pfade als vielmehr temporäre Verbindungen anzeigen“, schreibt Francesco Careri.[2] Diese Modelle sind der Vorschlag, die Umrisse eines vollkommen anderen Raums zu fassen, durch den Versuch, sich eine andere Form der Dokumentation vorzustellen, bei der die Wege nicht ausgelöscht, sondern in sie eingeschrieben und gedruckt werden, sich anhäufen, überlagern und vermischen.

Denn der Eintritt ins Anthropozän zwingt uns, die Beziehung zum Boden zu überdenken und uns in dem von Francesco Careri beschriebenen „flüssigen Raum“ zu orientieren – in einer unvorhersehbaren Welt in Bewegung: das Verschwinden von Inseln, das Aussterben von Arten, Wüsten, Wasserkriege, überflutete Meeresküsten, überschwemmte Täler. Die Zerstörung von Landstrichen infolge der Klimakrise führt zu einer Krise des Raums, angesichts derer wir unsere deskriptiven Werkzeuge hinterfragen müssen und uns nicht mit einer physischen Vermessung nach alten Parametern begnügen können.

Eine Hauptursache für die Skepsis oder Gleichgültigkeit gegenüber dem neuen Klimaregime liegt darin, dass es kein gemeinsames Verständnis davon gibt, was es bedeutet, in bedrohten Gebieten zu leben. Dieser Mangel an gemeinsamen Bildern und Vorstellungen steht dem Begreifen von Rollen und Interaktionen in zerstörten Umgebungen im Weg. Der neue Bezugsrahmen, den das Anthropozän bietet, offenbart den Ernst der Lage und bringt uns dazu, die Perspek-

us to change perspective and reread our territories through the prism of habitability.

By working on experimental representations, diagrams, models, and maps, we can make the invisible visible (anthropogenic destruction, ruined ecosystems) and explore other ways of locating ourselves in the world. The map becomes a laboratory and acquires the quality of prototyping since it must make it possible to test the possibilities of social, geological, and climate configuration. These cartographic tools emerged from a desire to overcome the obstacles inherent in the classic practice of land-use planning: discrepancies between temporalities, administrative limits that contradict geographic entities, real estate being considered more important than the its soil substrate, lack of openness between disciplines, bias in memory production, standardization, inability to consider the micro scale whether in reference to biological entities or use of resources, and failure to take into account the conditions necessary for maintaining a functional ecosystem.

A new figure of the cartographer in the digital age emerges, the cartographer-programmer, with the hope that these cartographic and digital tools will also be political tools making it possible to take ownership of the drawing/design of territories

tive zu wechseln und unsere Territorien durch das Prisma der Bewohnbarkeit neu zu lesen.

Durch das Experimentieren mit Darstellungen, Diagrammen, Modellen und Karten können wir das Unsichtbare sichtbar machen (anthropogene Zerstörung, vernichtete Ökosysteme) und andere Möglichkeiten erkunden, uns in der Welt zu verorten. Die Karte wird zum Labor der Prototypisierung, denn sie muss es möglich machen, die soziale, geologische und klimatische Gestalt zu testen. Diese kartografischen Werkzeuge sind aus dem Wunsch erwachsen, die der klassischen Raumplanung inhärenten Hürden zu überwinden: Unterschiede der Zeitebenen, Verwaltungsgrenzen, die geografischen Grenzen widersprechen, Bodenbesitz, der höher bewertet wird als Bodenqualität, mangelnde Interdisziplinarität, verzerrte Erinnerungsproduktion, Standardisierung, die Unfähigkeit, den Mikro-Maßstab bei biologischen Einheiten oder Ressourcenverbrauch anzuwenden, sowie das Versagen, Erfordernisse für die Aufrechterhaltung eines funktionierenden Ökosystems zu berücksichtigen.

Im digitalen Zeitalter tritt ein neuer Typus von Kartograf*in hervor, eine kartografierend programmierende Figur. Mit dieser verbindet sich die Hoffnung, dass kartografisch-digitale Werkzeuge auch politische Werkzeuge sein werden, damit all jene die Gebiete in Besitz nehmen können, die sie zeichnen/gestalten und dadurch formen: gewählte und nicht gewählte Beamt*innen, Aktivist*innen, Bürger*innen,

for all those who shape them—elected and non-elected officials, activists, citizens, architects, landscapers, public and private investors, farmers, forest wardens, associations, communities, ecologists, soil scientists, botanists, and geophysicists.

At the dawn of a global reinvention of relationships with living things, a double redefinition is thus carried out: that of cartography as a mode of potential reading and writing; and that of architecture as an effort to construct tools for connection and sharing rather than a desire to build the world. The mission of the architect-cartographers then becomes to manufacture tools for describing the terrestrial in the process of being redefined.

The Earth is a skin. We have drawn its points, traces, holes, scars, excavations, cracks, frostbite, and sunburn. The Earth is liquid: volatile, fluctuating, and protean, like the living things that constitute it. Living things leave traces and signs. They construct territory by moving through it and inhabiting it. These traces need to be deciphered, retranslated, and narrated, like the territories they outline. As such, they invite us to redirect our interpretative skills toward the ground, to relearn, to see using new images and other artifacts.

To see the Earth as a planet to be explored is to reconnect with the wonder of the Age of Discovery, because

Architekt*innen, Landschaftsplaner*innen, öffentliche und private Investor*innen, Landwirt*innen, Forstwirt*innen, Verbände, Gemeinden, Ökolog*innen, Bodenwissenschaftler*innen, Botaniker*innen und Geophysiker*innen.

An der Schwelle zu einer globalen Neuerfindung unserer Beziehungen zu allem Lebenden vollzieht sich somit eine zweifache Neudefinition: der Kartografie als Form potenziellen Lesens und Schreibens; sowie der Architektur als Bemühung um die Konstruktion von Werkzeugen zum Zweck der Verbindung und des Teilens statt als Wunsch, die Welt zu bauen. Es wird zur Aufgabe der Architekt*innen-Kartograf*innen, Werkzeuge zur Beschreibung des Terrestrischen herzustellen, das einen Prozess der Neubestimmung durchläuft.

Die Erde ist eine Haut. Wir haben ihre Punkte gezeichnet, Spuren, Löcher, Narben, Aushöhlungen, Risse, Erfrierungen und Sonnenbrände. Die Erde ist flüssig: unbeständig, veränderlich und vielgestaltig wie die Lebewesen, die sie bevölkern. Lebewesen hinterlassen Spuren und Zeichen, erschaffen Territorium, indem sie sich in ihm bewegen und es bewohnen. Diese Spuren müssen entschlüsselt, neu übersetzt und erzählt werden, so wie auch die von ihnen markierten Gebiete. Sie fordern uns damit heraus, unsere Deutungsfähigkeiten auf den Boden zu richten, neu zu lernen und mit neuen Bildern und anderen Artefakten zu sehen.

1 Jean-Baptiste Vidalou, Être forêts: Habiter des territoires en lutte (Paris: Éditions La Découverte 2017), [translated].
2 Francesco Careri, Walkscapes: La marche comme practique esthétique (Arles: Actes Sud 2013), [translated].

this world that is endlessly terraformed by living things remains largely unknown. It is a world of amazing beings, surprising assemblages, and new alliances. Unlike our former Earth made up of territories to be conquered and resources to be possessed, this one has no limits. It invites us to undertake a quest that cannot be exhausted or depleted.

Die Erde als einen zu erforschenden Planeten zu sehen, führt uns zurück zum Wunder des Zeitalters der Entdeckungen, denn die unaufhörlich von Lebewesen terraformierte Welt bleibt weitgehend unbekannt, birgt erstaunliche Wesen, überraschende Ansammlungen und neue Bündnisse. Im Gegensatz zu unserer früheren Erde, die aus zu erobernden Territorien und zu besitzenden Ressourcen bestand, hat diese keine Grenzen. Sie lädt uns ein zu einer Suche, die weder erschöpfend noch erschöpft sein kann.

1 Jean-Baptiste Vidalou, Être forêts: Habiter des territoires en lutte, Paris 2017.
2 Francesco Careri, Walkscapes: La marche comme pratique esthétique, Arles 2013.

MODEL VII (RE)COLLECTION

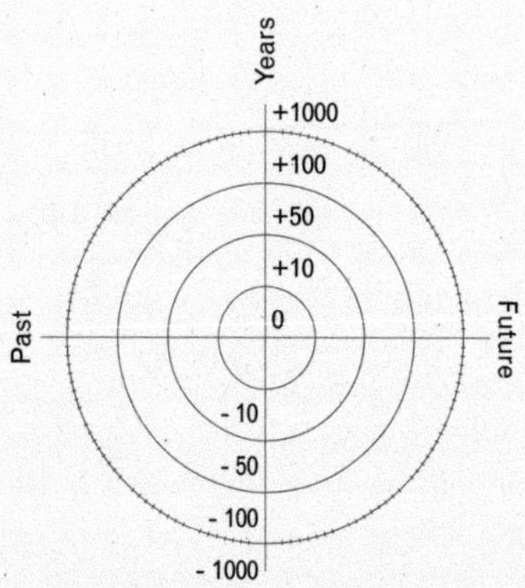

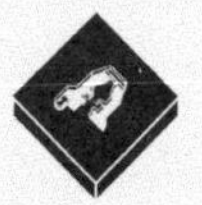

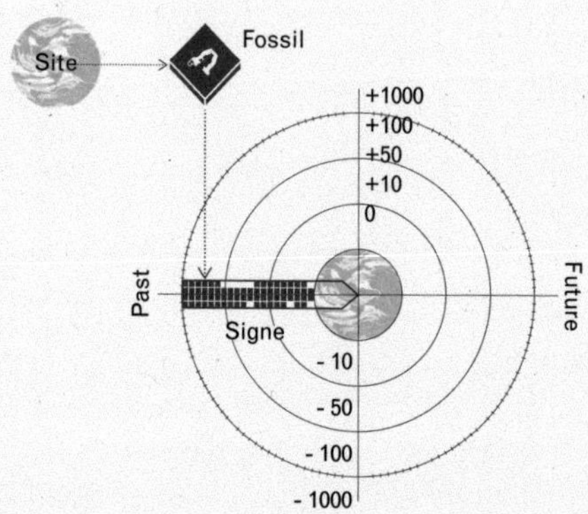

1

Generate the compass. Inset circles form a target. Each circle corresponds to a date in the past or the future calculated from date 0 inscribed in the center. We thus obtain a sort of temporal thermometer. The right half of the target shows future times (+5, +10, +50, +100, +500, +1,000 years), while the left half of the compass shows past times (–5, –10, –50, –100, –500, –1,000 years). Date 0 in the center is the date of manufacture of the map based on this model.

2

Collect traces from the territory. These traces, ruins, or foundations are called "fossils." To establish a repertory of fossils, extract the pertinent elements from the site, future "signs," and turn them into samples. This repertory will be enlarged from sources other than the studied territory and can thus be consulted and activated for other territories.

3

Place the studied territory at the center of the compass by depicting its ground's geological layers. The layers might be natural or artificial, ranging from rock to constructions. Classify the fossils or remains of this territory in the historical timeline based on the compass's time gradient, assigning an age to each fossil.

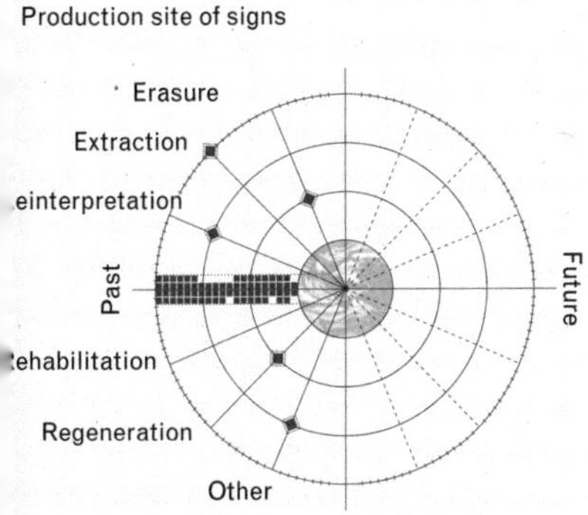

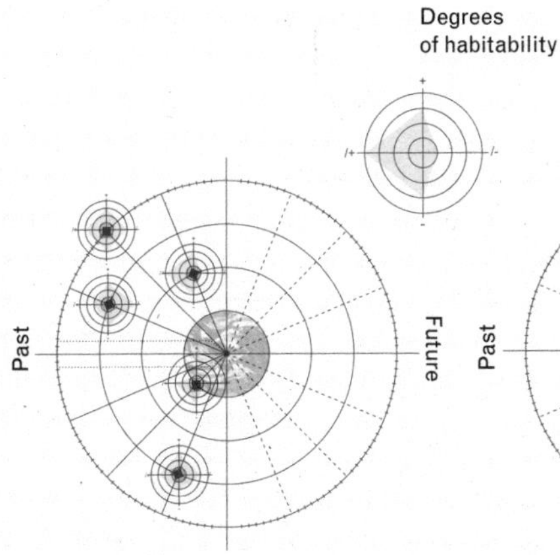

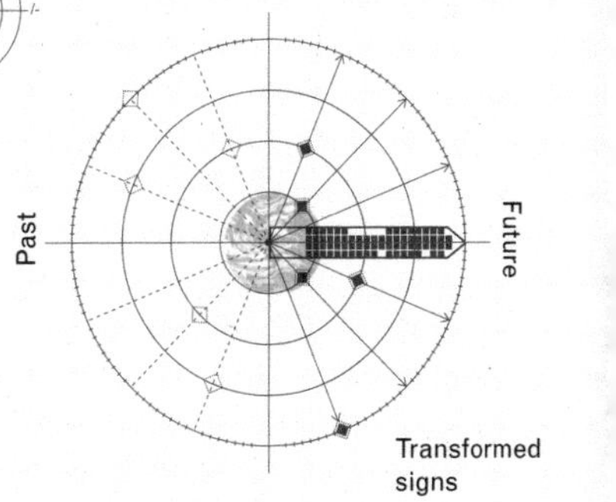

4

Starting from date 0/the current state of the site, draw six rays on either side of the axes of past and future. On the six rays in the past portion of the compass, write down the operations of transformation expected to change the sign into potential for reconversion. These actions correspond to what is called the "production site of signs." Our model contains six of these actions: erasure, rehabilitation, extraction, reinterpretation, regeneration, and other (for special cases). Place each of the territory's signs at the intersection of a ray (an action that causes transformation) and a temporal arc (the age of the sign).

5

Study the territory's degree of habitability based on each sign: does the element have the potential for rapid or slow reconversion? Studying the habitability of the ruin will allow us to determine whether the transformations are feasible and what their timeline for realization might be.

6

Move the transformed signs to the part of the timeline marked with arrows on the right side of the compass: this will be the future timeline. Position each of the signs along the compass rays that are a continuation of their past, according to the planned action and the expected timeline for the transformation of the site. We thus obtain a mirrored structure from which we can create a visual representation of the number of years necessary for the transformation of the fossil into a sign, allowing the site to be habitable again.

MODEL VII (RE)COLLECTION

Production site of signs

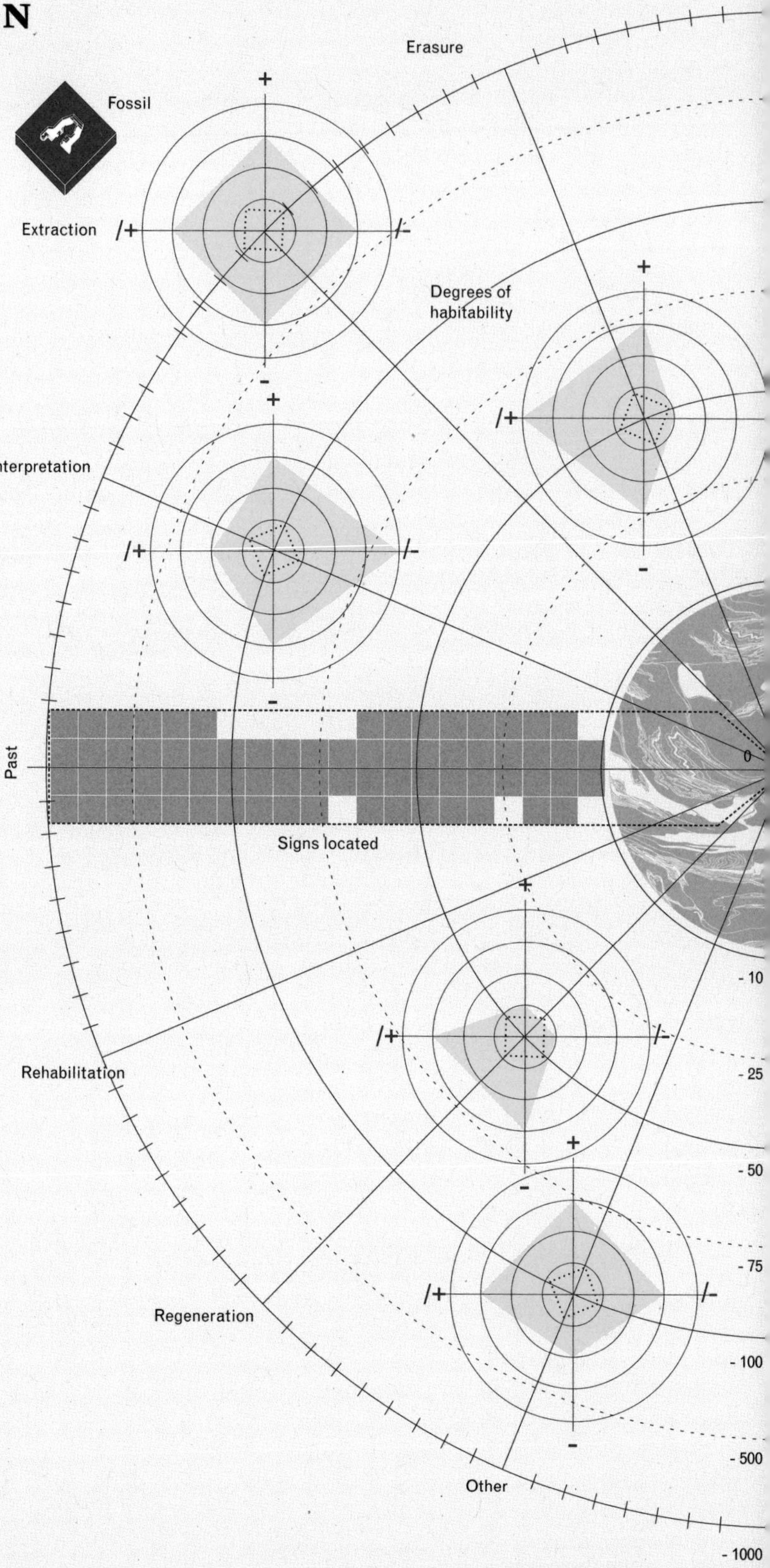

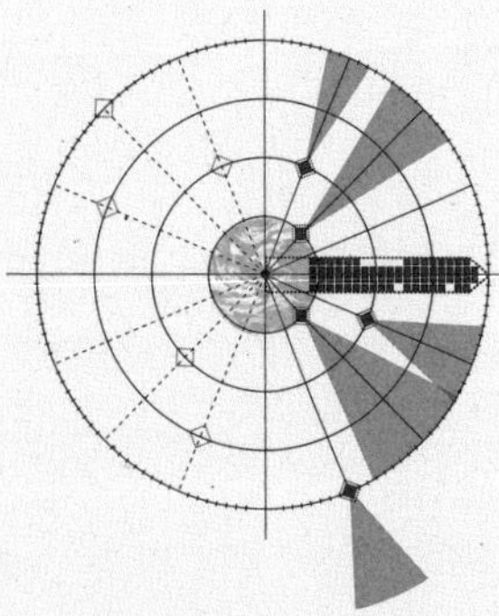

7

Based on these signs, open the ray or window of future potential. Map the transformation of the landscapes within this ray based on the production site of the completed sign (implementation of the project after completing step 5). Taken together, the rays of the compass allow us to understand the necessary actions to make a ruined territory habitable. The compass also allows us to visually represent the different possible scenarios for the same territory, depending on the fossil chosen, its age, and its transformation into a sign based on the planned action.

Speculative Maps

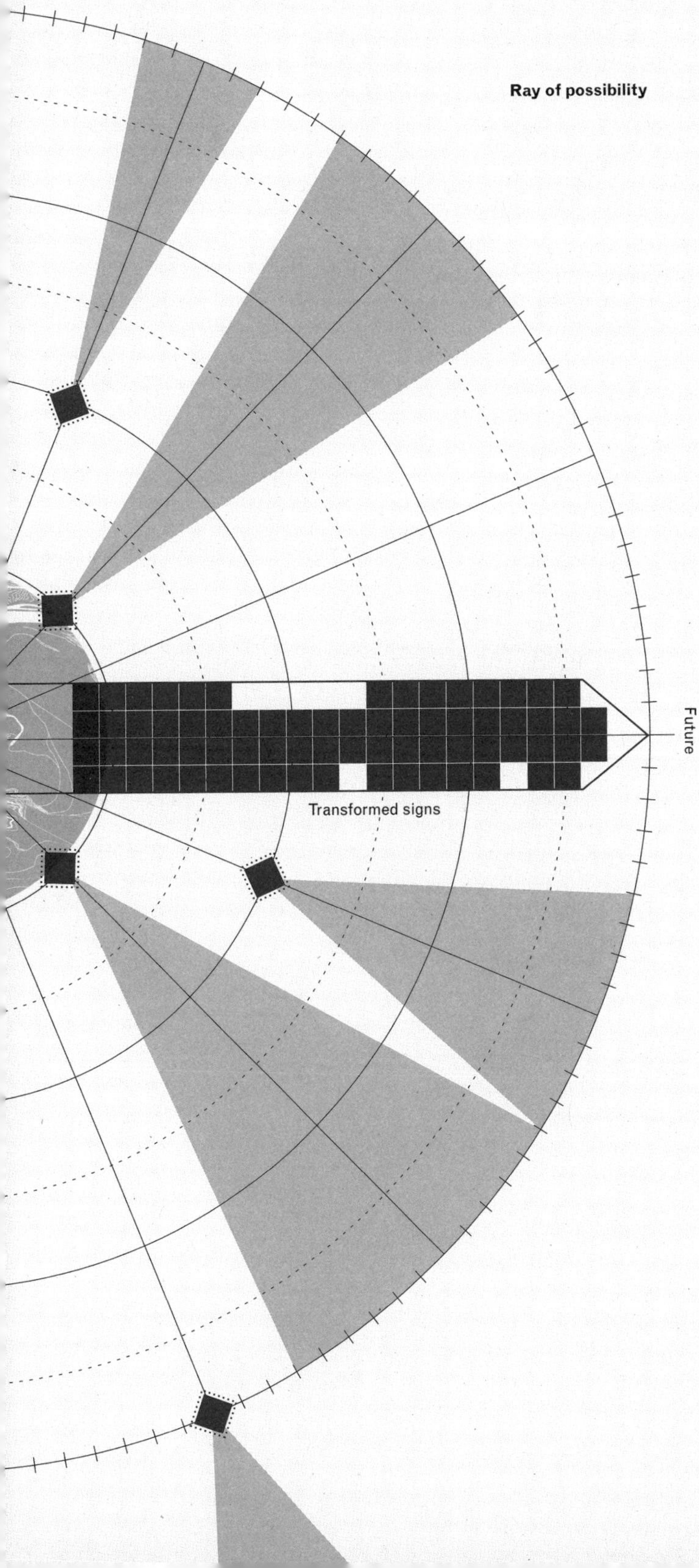

Frédérique Aït-Touati, Alexandra Arènes, Axelle Grégoire

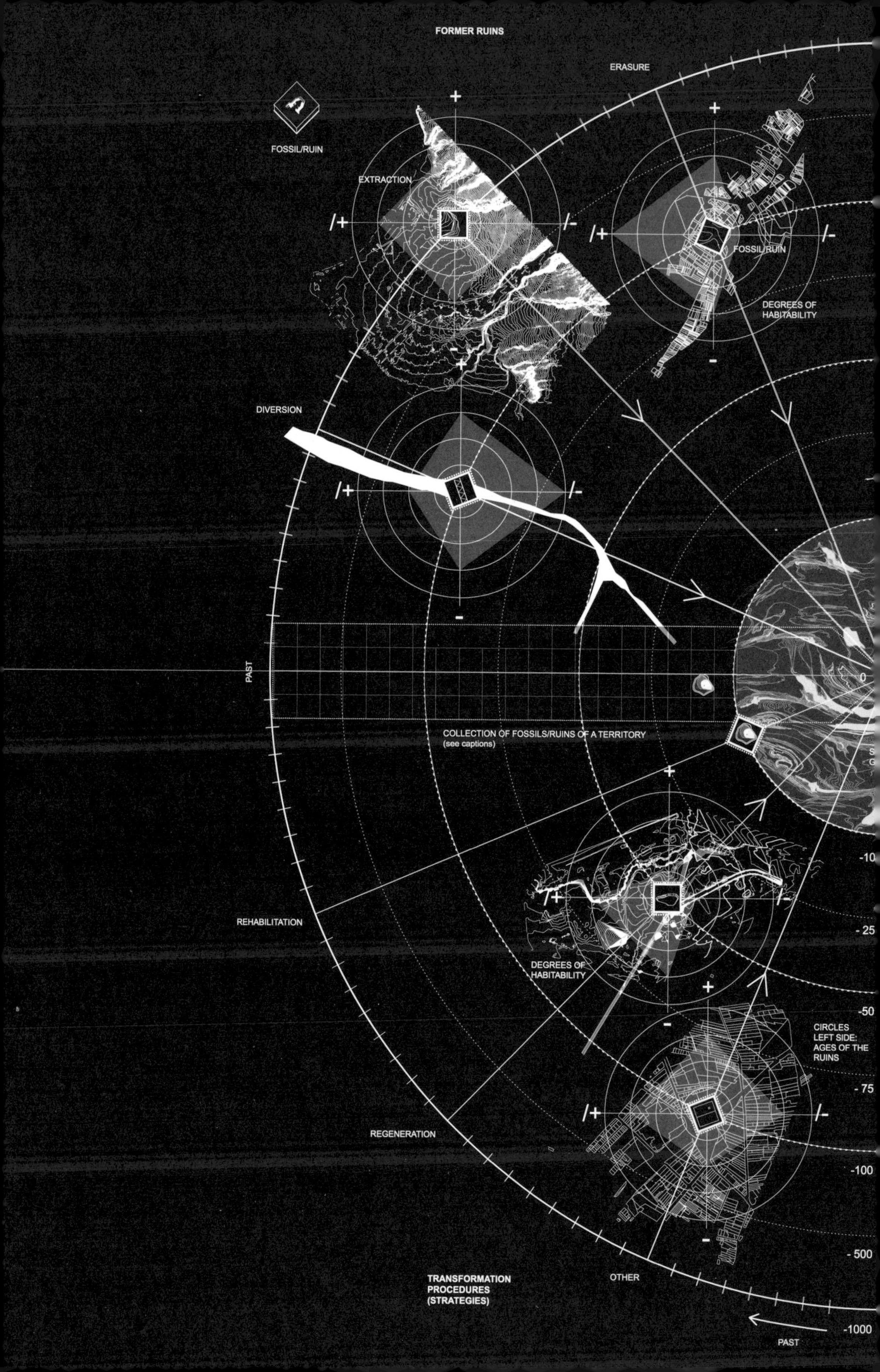
FORMER RUINS
ERASURE
FOSSIL/RUIN
EXTRACTION
FOSSIL/RUIN
DEGREES OF HABITABILITY
DIVERSION
PAST
0
COLLECTION OF FOSSILS/RUINS OF A TERRITORY (see captions)
-10
REHABILITATION
- 25
DEGREES OF HABITABILITY
-50
CIRCLES LEFT SIDE: AGES OF THE RUINS
- 75
REGENERATION
-100
- 500
TRANSFORMATION PROCEDURES (STRATEGIES)
OTHER
-1000
PAST

MAP VII MODEL (RE)COLLECTION

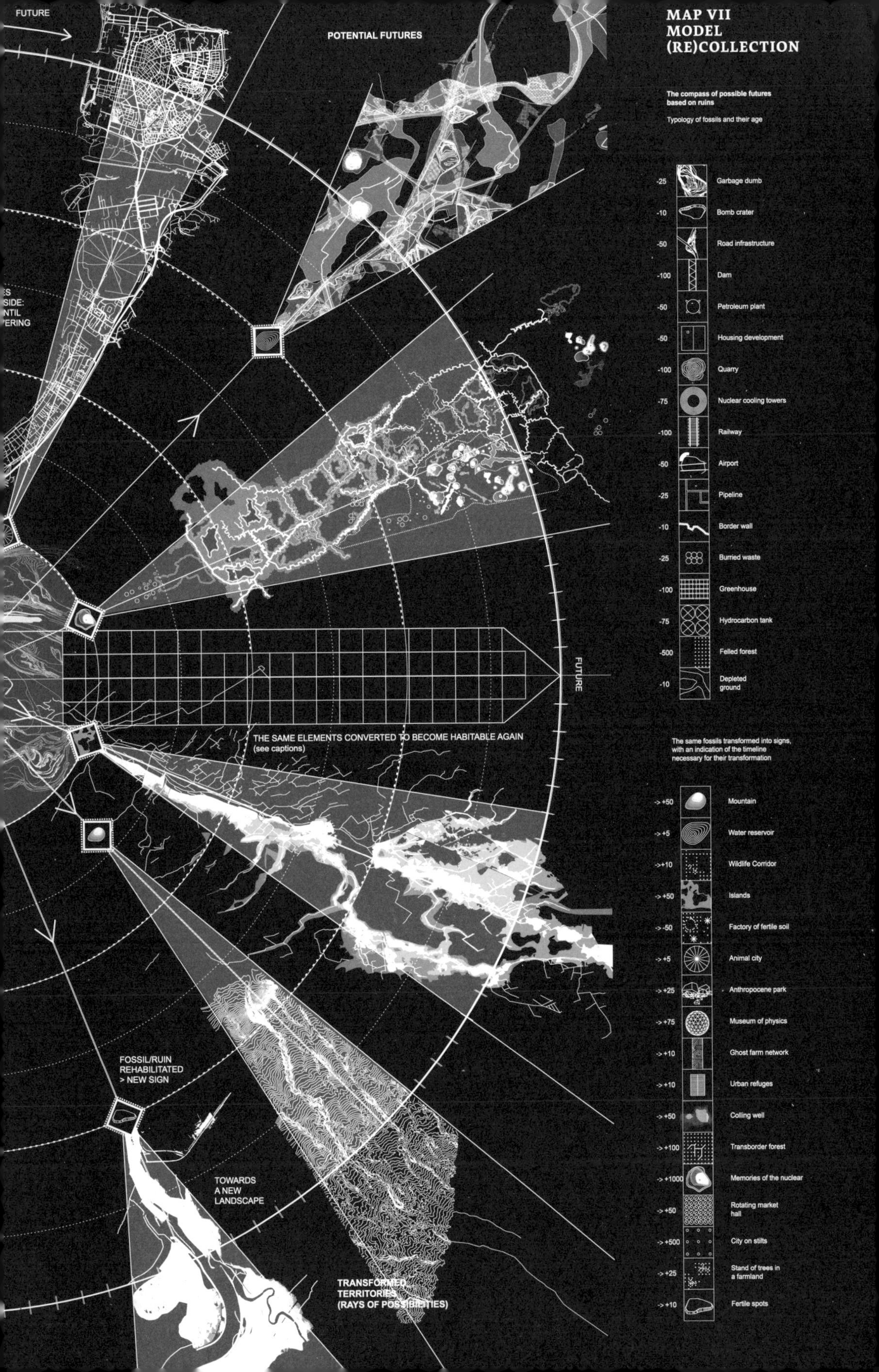

List of Works
Werkverzeichnis

Panteha Abareshi
1999 - Montreal, CAN
Unlearn the Body
2021
Super 8 color negative transferred to video (color, sound) | Auf Video übertragenes Super-8-Farbnegativ (Farbe, Ton)
4:55 min
Courtesy the artist
p. | S. 35

Lawrence Abu Hamdan
1985 - Amman, JO
45th Parallel
2022
Video and two painted backdrops (cotton muslin) | Video und zwei gemalte Bühnenbilder (Baumwollmusselin)
Dimensions variable | Maße variabel
15 min
Courtesy the artist
pp. | S. 36-37

Yalda Afsah
1983 - Berlin, DE
Vidourle
2019
Video
10 min
Courtesy the artist
p. | S. 38

Curro
2023
Video
32 min
Courtesy the artist
p. | S. 38

Abbas Akhavan
1977 - Tehran, IR
curtain call, variations on a folly (2021–)
2021
Barley straw, subsoil, lightweight leca, sharp sand, puddle clay, wood, Chromakey Green 1080, Genelec 8020C active monitor, pink noise | Gerstenstroh, Baugrund, Leichtlehm, scharfer Sand, Pfützenlehm, Holz, Chroma-Key-Grün 1080, Genelec 8020C Aktivmonitor, rosa Rauschen
330 × 650 × 1230 cm
Installation view at | Ausstellungsansicht von curtain call, Copenhagen Contemporary, Denmark
Courtesy the artist
pp. | S. 40-41

Assemble & AAU Anastas
London, UK
Sculpture Garden Bethlehem
5000BC, 2021, 2023, 2025tbc
Installation
p. | S. 44

Mohamed Bourouissa
1978 - Blida, DZ
9.14.10, 10.03.09, 10.12.09, 12.11.12, Unknown #2, Unknown #4, Unknown #6, Unknown #12
32 × 24 cm

11.28.07, Unknown #1, Unknown #5, Unknown #7, Unknown #13, Unknown #14, Unknown #15, Unknown #16, Unknown #17, Unknown #18
32 × 32 cm

From the series | aus der Serie Shoplifters
2014/15
Inkjet prints | Inkjetdrucke
Courtesy the artist
p. | S. 46

Andrea Bowers
1965 - Wilmington, OH
Love and Joy and Power, Trans Youth Prom, Washington, D.C., May 22, 2023
2023
Single-channel video (color, sound) | Einkanal-Video (Farbe, Ton) 47:26 min
Courtesy the artist and Andrew Kreps Gallery, New York
p. | S. 48

Deep Green
2023
Neon, MDO, paint | Neon, MDO, Farbe
106,7 × 170,2 cm
Courtesy the artist and Andrew Kreps Gallery, New York
p. | S. 48

Femme Trans-corporeal Fantasy (Entities flow through each other, influencing and modifying each other in all sorts of ways)
2023
Acrylic on cardboard | Acryl auf Karton
213 × 99 × 12,7 cm
Courtesy the artist and Andrew Kreps Gallery, New York

Trans Bills
2023
Paper, plastic binders, text | Papier, Kunststoffordner, Text
Dimensions variable, 54 Binders | Maße variabel, 54 Ordner
Courtesy the artist and Andrew Kreps Gallery, New York

James Bridle
1980 - UK
Windmill 03 (for Walter Segal)
2022
Wood, canvas, cable, nylon cord, dynamo, fixings | Holz, Leinwand, Kabel, Nylonschnur, Dynamo, Halterungen
250 × 200 × 200 cm
Courtesy the artist and NOME, Berlin
p. | S. 238

Aegina Battery
2022
72 lemons, electrical connectors, zinc nails, copper wire, fixings, wood, voltmeter, chip wood | 72 Zitronen, elektrische Steckverbinder, Zinknägel, Kupferdraht, Dübel, Holz, Voltmeter, Holzspäne
h 12.5 cm, Ø 4.5 cm
Courtesy the artist and NOME, Berlin
p. | S. 51

Julian Charrière
1987 - Morges, CH
Coconut Lead Fondue – First Light
2016
Large-format color photograph, double-exposed through radioactive material, archival pigment print on Hahnemühle Photo Rag Ultra Smooth, mounted on aluminium Dibond, Red Palmira veneered frame, Mirogard anti-reflective glass | Großformat-Farbfotografie, doppelt belichtet durch radioaktives Material, Archiv-Pigmentdruck auf Hahnemühle Photo Rag Ultra Smooth, aufgezogen auf Aluminium-Dibond, Rahmen mit rotem Palmira-Furnier, Mirogard-Antireflexionsglas
Dimensions variable | Maße variabel
187,7 × 150,2 cm
Courtesy the artist
p. | S. 52

Pacific Fiction – Study for Monument
2016
79 coconuts encased in lead, steel frame | 79 Kokosnüsse in Blei eingeschlossen, Stahlrahmen
128 × 330 × 440 cm

Installation view | Ausstellungsansicht Musée des Beaux-Arts Lausanne
Courtesy the artist

Sam Chermayeff Office
Survival Kitchen
2024
Mixed Media
Dimensions variable | Maße variabel
Courtesy the artist
p. | S. 55

Edith Dekyndt
1960 - Ypres, BE
Easy Come, Easy Go
2020
Light projection, sound | Lichtprojektion, Ton
Dimensions variable | Maße variabel
Courtesy the artist

Underground (Le Val St Germain)
2022
Tapestry | Wandteppich
Installation view / Installationsansicht „Aria of Inertia", Kering, Chapelle Laennec, Paris
630 × 700 cm
Pinault Collection
p. | S. 56

Simon Denny
1982 - Auckland, NZ
Transmin semi-autonomous rock breaking boomer HD-100 RockLogic Extractor pop display
2019
UV print on honeycomb cardboard, shrink-wrapped Extractor board games | UV-Druck auf Wabenpappe, eingeschweißte Extractor-Brettspiele
438 × 348 × 92 cm
Courtesy the artist, Galerie Buchholz, Berlin/Cologne/New York and Petzel Gallery, New York

Digital Globe ESRI Earth observation World-View-4 satellite Extractor pop display
2019
UV print on honeycomb cardboard, shrink-wrapped Extractor Board games | UV-Druck auf Wabenpappe, eingeschweißte Extractor-Brettspiele
347 × 343 × 92 cm
Courtesy the artist, Galerie Buchholz, Berlin/Cologne/New York and Petzel Gallery, New York
p. | S. 59

Metaverse Landscape 27: Somnium Space Extra Large #3625 (XL)
2023
Oil on canvas, UV print, Ethereum paper wallet, dynamic ERC-721 NFT | Öl auf Leinwand, UV-Druck, Ethereum-Brieftasche aus Papier, dynamischer ERC-721 NFT
200 × 300 × 4,5 cm
Courtesy the artist and Petzel Gallery, New York

Metaverse Landscape 37: The Sandbox LAND (-135, -34)
2023
Oil on canvas, UV print, Ethereum paper wallet, dynamic ERC-721 NFT | Öl auf Leinwand, UV-Druck, Ethereum-Brieftasche aus Papier, dynamischer ERC-721 NFT
100 × 100 × 4,5 cm
Courtesy the artist

Metaverse Landscape 40: The Sandbox LAND (156, -119)
2023
Oil on canvas, UV print, Ethereum paper wallet, dynamic ERC-721 NFT | Öl auf Leinwand, UV-Druck, Ethereum-Brieftasche aus Papier, dynamischer ERC-721 NFT
100 × 100 × 4,5 cm
Courtesy the artist

Cao Fei
1978 - Guangzhou, CN
Asia One
2018
Video
63:20 min
Courtesy Vitamin Creative Space and Sprüth Magers
pp. | S. 60-61

Liam Gillick
1964 - Aylesbury, UK
Ship Building on the High Seas
2023
Dimensions variable | Maße variabel
Vinyl
Courtesy the artist
p. | S. 62

Lubaina Himid
1954 - Zanzibar, TZ
How Do You Spell Change?
2018
Double-sided prints on seven Decorlite flags with inter-liner, rope and pulleys | Doppelseitige Drucke auf sieben Decorlite-Fahnen mit Interlinern, Seilen und Umlenkrollen
Each | je 175 × 243 cm
Installation view / Ausstellungsansicht Baltic Centre for Contemporary Art
Courtesy the artist and Hollybush-Gardens, London
p. | S. 64-65

Kablusiak
1993 - Somba K'e (Yellowknife, CAN)
Doll 1, Doll 2, Doll 3, Doll 4
2024
Cowhide, Black rabbit fur, Pink rabbit fur, Purple rabbit fur | Kuhleder, Schwarzes Kaninchenfell, Pinkes Kaninchenfell, Lila Kaninchenfell.
each | je ca. 30 x 25 x 13 cm
Courtesy the artist and Norberg Hall

Leon Kahane
1985 - Berlin, DE
Frontex #1 (Room), Frontex #2 (Flowers), Frontex #3 (Camera), Frontex #4 (Jacket), Frontex #5 (Flipchart), Frontex #9 (Flags left), Frontex #10 (Office right), Frontex #11 (Office left), Frontex #12 (Xerox)
From the series | aus der Serie FRONTEX
2009
Inkjet prints | Inkjetdrucke
200 × 160 cm
Courtesy the artist
p. | S. 68

Paul Kolling
1993 - Kandel, DE
Westbound-190621 (Panel 1–5)
2020
5 Lightboxes with 5 cardboards (printed, DIN A4) | 5 Leuchtkästen mit 5 Kartons (bedruckt, DIN A4)
Installation view / Installationsansicht MARKK, Hamburg
Each | je 127,8 × 180,6 × 9 cm
Courtesy the artist
p. | S. 70

Sharon Lockhart
1964 - Norwood, MA
Eventide
2022
Video
4K video (color, sound) | 4k-Video (Farbe, Ton)
30 min
Courtesy the artist, neugerriemschneider, Berlin
pp. | S. 72-73

Goshka Macuga
1967 - Warsaw, PL
Who Gave Us a Sponge to Erase the Horizon?
2023/24
Tapestry | Wandteppich
290 × 460 cm
Courtesy the artist
p. | S. 74

In time or space or state
2023
6 metal detectors, books | 6 Metalldetektoren, Bücher
Installation view / Installationsansicht
Fondazione Prada, Milan
Dimensions variable | Maße variabel
Courtesy Fondazione Prada
p. | S. 74

Taus Makhacheva
1983 - Moscow, RU
Tightrope
2015
Color video, ambient sound | Video in Farbe, Hintergrundgeräusche
58:10 min
Tightrope walker | Seiltänzer: Rasul Abakarov
Executive producer | Produktion: Malika Alieva
Director of photography | Kamera: Alexander Sinyagin
The work is based on the collection of the P. S. Gamzatova Dagestan Museum of Fine Arts. The selection of artworks is loosely based on an unpublished article on the collection of the P. S. Gamzatova Dagestan Museum of Fine Arts by Dzhamilya Dagirova | Die Arbeit basiert auf der Sammlung des P. S. Gamzatova Dagestan Museum of Fine Arts. Die Auswahl der Kunstwerke basiert lose auf einem unveröffentlichten Artikel von Dzhamilya Dagirova über die Sammlung des P. S. Gamzatova Dagestan Museum of Fine Arts. Production supported by Cosmoscow Artists' Patron Programme (2015).
Courtesy the artist
pp. | S. 76-77

Mining Serendipity
2020
Chain (brass, glass, gold, black porcelain) | Kette (Messing, Glas, Gold, schwarzes Porzellan)
Dimensions variable | Maße variabel
Design: Mineral Weather | Alexander Olkhovsky, Anna Pavlova
Commissioned by | Im Auftrag des Frans Masereel Centrum, Kasterlee
Courtesy the artist and Frans Masereel Centrum

Sabih Ahmed, Taus Makhacheva
Superhero Sighting Society
2019
Mixed media installation
Scenography: Super Taus
Texts: Jessica Saxby
Dimensions variable | Maße variabel
Commissioned by KADIST Foundation, production supported by narrative projects, London (2019), The Tetley, Leeds (2020), Edith-Russ-Haus für Medienkunst, Oldenburg (2020), Jameel Arts Centre, Dubai (2022) | Im Auftrag der KADIST Foundation, unterstützt von narrative projects, London (2019), The Tetley, Leeds (2020), Edith-Russ-Haus für Medienkunst, Oldenburg (2020), Jameel Arts Centre, Dubai (2022)
Courtesy the artist
p. | S. 79

Jota Mombaça
1991 - Natal, BR
Can you sound like two thousand?
2020
Cacophonic reading program, immersive installation | Kakophonisches Leseprogramm, immersive Installation
5 × chair, microphone, music stand |
5 × Stuhl, Mikrofon, Notenständer
Dimensions variable | Maße variabel
p. | S. 80

Shaun Motsi
1989 - Harare, ZW
Masters
2023
4K video (color, sound) | 4k-Video (Farbe, Ton)
40 min
And | und 7 photographs | Fotografien
Each | je 60 × 40 cm
Courtesy the artist
p. | S. 82

New Red Order (NRO)
Dexter and Sinister
2023
Mixed media installation
Dimensions variable | Maße variabel
Installation view at | Installationsansicht von
Commissioned by Creative Time in 2023 for New Red Order's The World's UnFair in New York City
New Red Order: The World's UnFair
Courtesy New Red Order and Creative Time
p. | S. 85

Olaf Nicolai
1962 - Halle (Saale), DE
Un mondo che muore
2022
Manual screenprint | Handsiebdruck
Installation view | Installationsansicht Pier Paolo Pasolini ed Ezra Pound.
A Pact ,MACRO, Rome
Dimensions variable | Maße variabel
Courtesy the artist and Galerie EIGEN+ART, Leipzig/Berlin. Courtesy Knust Kunz Gallery Editions, Munich | München
pp. | S. 86-87

Christelle Oyiri
1992 - Nogent-sur-Marne, FR
Collective Amnesia: In memory of Logobi
2018–2022
Video
14:42 min
Courtesy the artist
p. | S. 89

Céline Pagès & Christine Marchal
1997, 1971
La Valse des Méduses
2023
Mixed media installation
Dimensions variable | Maße variabel
Installation view / Installationsansicht
Boghossian Foundation - Villa Empain, Brussels
Courtesy the artists
pp. | S. 90-91

Trevor Paglen
1974 - Camp Springs, MD
UNKNOWN #87991 (Unclassified object near The 13th Pearl)
2023
Silver gelatin LE print | Silbergelatine-LE-Druck
203 × 137 cm
Courtesy the artist and Pace Gallery

Trinity Cube
2015
Irradiated glass from Fukushima Exclusion Zone, Trinite | Verstrahltes Glas aus der Sperrzone von Fukushima, Trinit
20 × 20 × 20 cm
Courtesy the artist and Pace Gallery
p. | S. 92

UNKNOWN #85237 (Unclassified object near The Eastern Veil)
2023
Silver gelatin LE print |Silbergelatine-LE-Druck
203 × 137 cm
Courtesy the artist and Pace Gallery

UNKNOWN #83975 (Unclassified object near The Scutum Supershell)
2023
Silver gelatin LE print |Silbergelatine-LE-Druck
203 × 137 cm
Courtesy the artist and Pace Gallery

Grayson Perry
1960 - Chelmsford, UK

Battle of Britain
2017
Tapestry | Wandteppich
293 × 675 cm
Courtesy the artist, Paragon / Contemporary Editions Ltd and Victoria Miro
pp. | S. 94-95

Shlomo Pozner
1996
Shabbes
2024
Photographic series of 17 inkjet prints | Fotografie-Serie mit 17 Inkjetdrucken
Each | je 29 × 43 cm
Courtesy the artist
p. | S. 96

Bruno Serralongue
1968 - Chatellerault, FR
LA VIE ICI, FOYER ADEF, 82 RUE DE SAINT-DENIS, SAINT-OUEN, 07 JANVIER 2020 – 06 NOVEMBRE 2021 (DANS LES MOIS QUI PRÉCÈDENT SA DESTRUCTION POUR LAISSER PLACE AU VILLAGE DES ATHLÈTES DES JEUX OLYMPIQUES PARIS 2024)
2020–21
50 inkjet prints behind glass | 50 Inkjetdrucke hinter Glas
Dimensions variable | Maße variabel
Courtesy Sammlung Migros Museum für Gegenwartskunst
p. | S. 99

Jeremy Shaw
1977 - North Vancouver, CAN
Cathartic Illustration (Following Signs, L|2)
2023
Screenprint in silver-plated frame | Siebdruck in versilbertem Rahmen
79,5 × 54,5 × 3 cm
Courtesy the artist
p. | S. 100

Cathartic Illustration (Trancelike State, L|1)
2021
Screenprint in silver-plated frame | Siebdruck in versilbertem Rahmen
79,5 × 54,5 × 3 cm
Courtesy the artist

Cathartic Illustration (Floating, L|2)
2023
Screenprint in silver-plated frame | Siebdruck in versilbertem Rahmen
79,5 × 54,5 × 3 cm
Courtesy the artist
p. | S. 100
Cathartic Illustration (3D Club, L|1)
2023
Screenprint in silver-plated frame | Siebdruck in versilbertem Rahmen
79,5 × 54,5 × 3 cm
Courtesy the artist

Cathartic Illustration (Beneficial Effect, L|2)
2024
Screenprint in silver-plated frame | Siebdruck in versilbertem Rahmen
79,5 × 54,5 × 3 cm
Courtesy the artist
p. | S. 101

Unseen Potential (San Pedro, a.7–a.9)
2024
Triptych, Kirilian Photograph | Triptychon, Kirlianfotografie
129 × 300 × 6 cm
Courtesy the artist

Charles Stankievech
1978 - Okotoks, CAN
Desert Turned to Glass
2012/2023
Floating meteorite sculpture, volcanic sand | Schwebende Meteoritenskulptur, Vulkansand
Courtesy of Studio Stankievech

The Eye of Silence
2022
Video
30 min
Courtesy of Studio Stankievech
pp. | S. 102-103

Thomas Struth
1954 - Geldern, DE
Magnet 1, COMPASS, CERN, Prévessin-Moens
2019
Inkjet print | Inkjetdruck
228,7 × 155 cm
Courtesy the artist and Galerie Max Hetzler, Berlin / Paris / London
p. | S. 105

Decay Station, ISOLDE, CERN, Meyrin
2019
Inkjet print | Inkjetdruck
152 × 312,2 cm
Courtesy the artist and Galerie Max Hetzler, Berlin / Paris / London

ALICE, CERN
2019
Inkjet print, front-mounted to acrylic | Inkjetdruck, auf Acryl montiert
270,2 × 230 cm
Courtesy the artist and Galerie Max Hetzler, Berlin / Paris / London

Ron Terada
1969 - Vancouver, CAN
Black Rifles Matter
2023
Acrylic on canvas | Acryl auf Leinwand
152,4 × 101,6 cm
Courtesy Catriona Jeffries, Vancouver
p. | S. 106

Finish That Fucking Wall
2023
Acrylic on canvas | Acryl auf Leinwand
137,1 × 91,4 cm
Courtesy Catriona Jeffries, Vancouver

Jesus Guns Babies
2023
Acrylic on canvas | Acryl auf Leinwand
167,6 × 111,7 cm
Courtesy Catriona Jeffries, Vancouver
p. | S. 106

Fuck Your Feelings
2023
Acrylic on canvas | Acryl auf Leinwand
121,9 × 81,2 cm
Courtesy Catriona Jeffries, Vancouver
p. | S. 106

Talking To You Reminds Me to Clean My Gun
2023
Acrylic on canvas | Acryl auf Leinwand
137,1 × 91,4 cm
Courtesy Catriona Jeffries, Vancouver
p. | S. 106

Emmanuel Van der Auwera
1982 - Brussels, BE
White Cloud
2023
Video (color, sound) | Video (Farbe, Ton)
18:50 min
Installation view at | Installationsansicht von „A Thousand Pictures of Nothing", Harlan Levey Projects, Brussels, 2023
Courtesy Harlan Levy Projects
p. | S. 109

Syrus Marcus Ware
1977 - Montreal, CA
Activist Love Letters
2012–
35 letters with envelopes | 35 Briefe mit Umschlägen
Installation view / Installationsansicht University of Lethbridge Art Gallery
Dimensions variable | Maße variabel
Courtesy the artist
p. | S. 111

Authors
Autor*innen

Sabih Ahmed is Associate Director and Curator at Ishara Art Foundation in Dubai. Ahmed focuses on modern and contemporary South Asian art. Previously at Asia Art Archive, he helped establish AAA in India. Ahmed also served as Visiting Faculty at Ambedkar University, Delhi and is on the Advisory Board of Sher-Gil Sundaram Arts Foundation, Delhi. His writing has been widely published.

Frédérique Aït-Touati is a historian, director, and author. Her research focuses on the connections between literature and science in the Baroque era. Aït-Touati studied at the École Normale Supérieure in Paris and currently works as a professor of history at the University of Amsterdam. She is renowned for her pioneering work in historical climate research and has published several significant works on this topic.

Holly Jean Buck works as an author and scientist. She studied Environmental Science at the University of California, Berkeley, specializing in climate change, energy policy, and sustainable development. Buck is known for her work in the field of climate justice and her research on geoengineering. Her publication *After Geoengineering: Climate Tragedy, Repair, and Restoration* has received international acclaim. She actively advocates for a fairer and more sustainable world.

Sabih Ahmed ist stellvertretender Direktor und Kurator der Ishara Art Foundation in Dubai. Ahmed konzentriert sich auf moderne und zeitgenössische südasiatische Kunst. Zuvor war er beim Asia Art Archive tätig und half beim Aufbau des AAA in Indien. Ahmed war außerdem Gastdozent an der Ambedkar-Universität in Delhi und ist Mitglied des Beirats der Sher-Gil Sundaram Arts Foundation in Delhi. Seine Schriften wurden vielfach veröffentlicht.

Frédérique Aït-Touati ist Historikerin, Regisseurin und Autorin. Ihr Forschungsschwerpunkt liegt auf den Verbindungen zwischen Literatur und Wissenschaft in der Barockzeit. Aït-Touati hat an der École Normale Supérieure in Paris studiert und arbeitet derzeit als Professorin für Geschichte an der Universität von Amsterdam. Sie ist bekannt für ihre Pionierarbeit in der historischen Klimaforschung und hat mehrere bedeutende Arbeiten zu diesem Thema veröffentlicht.

Holly Jean Buck ist Autorin und Wissenschaftlerin. Sie hat an der University of California, Berkeley, Umweltwissenschaften studiert und sich auf Klimawandel, Energiepolitik und nachhaltige Entwicklung spezialisiert. Buck ist bekannt für ihre Arbeit im Bereich Klimagerechtigkeit und ihre Forschung zu Geoengineering. Internationale Anerkennung erhielt sie für ihre Publikation *After Geoengineering: Climate Tragedy, Repair, and Restoration*. Sie setzt sich aktiv für eine gerechtere und nachhaltigere Welt ein.

James Bridle ist Schriftsteller*in, Künstler*in und Technolog*in. Bridles Kunstwerke entstehen im Auftrag von Galerien und Institutionen und werden weltweit ausgestellt, sowohl physisch als auch im Internet. Ihre Texte wurden in Zeitschriften und Zeitungen wie *Wired*, *The Atlantic*, *New Statesman*, *The Guardian* und *Financial Times* veröffentlicht. Bridle ist Autor*in von *New Dark Age* (2018) und *Ways of Being* (2022), 2019 haben sie *New Ways of Seeing* für BBC Radio 4 geschrieben und präsentiert.

Sam Chermayeff ist international als Architekt, Designer und Dozent tätig. Ausgebildet an der University of Texas, Austin, und der Architectural Association in London, ist Chermayeff Mitbegründer und Direktor des Architekturbüros June 14 Meyer-Grohbrügge & Chermayeff sowie des Sam Chermayeff Office. Mit Büros in New York und Berlin umfasst sein Arbeitsfeld eine Vielzahl von Designprojekten. Er unterrichtet an Institutionen wie der Columbia GSAAP, MSA Münster und der Cornell University.

James Bridle is a writer, artist, and technologist. Their artworks have been commissioned by galleries and institutions and exhibited worldwide and on the internet. Their writing has appeared in magazines and newspapers including *Wired*, *The Atlantic*, *New Statesman*, *The Guardian*, and the *Financial Times*. They are the author of *New Dark Age* (2018) and *Ways of Being* (2022), and wrote and presented "New Ways of Seeing" for BBC Radio 4 in 2019.

Sam Chermayeff is an internationally active architect, designer, and educator. Trained at the University of Texas, Austin and the Architectural Association, London, he co-directs June 14 Meyer-Grohbrügge & Chermayeff and Sam Chermayeff Office. With offices in New York and Berlin, his work spans a wide range of design projects. Chermayeff teaches at institutions including Columbia GSAAP, MSA Münster, and *Cornell University*.

Georg Diez is a writer, journalist, and curator. He studied history and philosophy in Munich, Hamburg, Berlin, and Paris, was a Nieman Fellow at Harvard University and worked as a cultural critic for all the relevant German media outlets. In his books he investigated among other things the right-ward shift in Germany, the opportunities of digitality for democracy, Martin Luther, and the shift in history in the years 1980 and 1981. At the moment, he is a fellow at ProjectTogether and Max-Planck-Gesellschaft.

Ece Temelkuran is a writer, lawyer, and journalist. She studied journalism at Ankara University and advocates for a critical stance towards the current government policies in her homeland, Turkey, advocating for freedom of expression and democracy. Temelkuran's work has been published in various international media outlets such as *The Guardian*, the *New York Times*, *Le Monde*, *La Stampa*, *New Statesman*, and *Der Spiegel*.

Georg Diez ist Autor, Journalist und Kurator. Er studierte Geschichte und Philosophie in München, Hamburg, Berlin und Paris, war Nieman Fellow an der Harvard University und arbeitete als Kritiker für die wesentlichen deutschen Feuilletons. In seinen Büchern befasste er sich unter anderem mit dem Rechtsruck in Deutschland, den Chancen der Digitalität für die Demokratie, Martin Luther und der Zeitenwende der Jahre 1980 und 1981. Zurzeit ist er Fellow bei ProjectTogether und der Max-Planck-Gesellschaft.

Ece Temelkuran ist Schriftstellerin, Juristin und Journalistin. Sie hat an der Universität Ankara Journalismus studiert und vertritt eine kritische Haltung gegenüber der aktuellen Regierungspolitik in ihrem Geburtsland, der Türkei. Sie setzt sich seit vielen Jahren für Meinungsfreiheit und Demokratie ein. Temelkurans Texte sind in zahlreichen internationalen Medien erschienen, darunter *The Guardian*, *The New York Times*, *Le Monde*, *La Stampa*, *New Statesman* und *Der Spiegel*.

Srećko Horvat, ist Philosoph und Autor sowie politischer Aktivist. Er hat zahlreiche Bücher veröffentlicht, darunter *After the Apocalypse* oder *What does Europe want*, die sich mit Kapitalismuskritik, der Entwicklung Europas und anderen politischen Visionen befassen. Er gehört zu den zentralen Figuren der neuen Linken Kroatiens und beteiligt sich regelmäßig an internationalen Diskussionen. Horvat ist Mitbegründer unter anderem des Subversive Festivals in Zagreb und der DIEM25.

Aris Komporozos-Athanasiou befasst sich als Autor und Soziologe mit kritischer Sozialtheorie, Migration und Psychoanalyse. Er ist Direktor des Fachbereichs Soziologie am University College London (UCL) sowie des UCL Centre for Capitalism Studies. In seinem Buch *Speculative Communities: Living with Uncertainty in a Financialized World* (2022) untersucht er den Einfluss der Finanzwelt und ihre Auswirkungen auf unser privates und politisches Leben.

Dirk Luckow ist Kunsthistoriker und seit 2009 Intendant der Deichtorhallen Hamburg sowie Herausgeber zahlreicher Ausstellungskataloge. Er arbeitete unter anderem in der Kunstsammlung Nordrhein-Westfalen, Düsseldorf, im Solomon R. Guggenheim Museum New York, dem Württembergischen Kunstverein Stuttgart und dem Siemens Arts Programme München. Von 2002 bis 2009 leitete er die Kunsthalle Kiel.

Srećko Horvat is a philosopher and author, as well as a political activist. He has published numerous books, such as *After the Apocalypse* (2021) or *What Does Europe Want?* (2013), which deal with critiques of capitalism, the development of Europe, and other political visions. He is one of the central figures of the new left in Croatia and regularly participates in international discussions. Horvat is a co-founder, among other initiatives, of the Subversive Festival in Zagreb and of DIEM25.

Aris Komporozos-Athanasiou is an author and sociologist whose work engages with critical social theory, migration, and psychoanalysis. He is the Director of the Sociology Program at University College London (UCL) as well as the UCL Centre for Capitalism Studies. His book *Speculative Communities: Living with Uncertainty in a Financialized World* (2022) examines the influence of the financial world and its impacts on our personal and political lives.

Dirk Luckow is an art historian and editor of numerous artist publications and has served as the director of the Deichtorhallen Hamburg since 2009. He has worked at the Kunstsammlung Nordrhein-Westfalen, Düsseldorf; the Solomon R. Guggenheim Museum, New York; the Württembergischer Kunstverein Stuttgart, and the Siemens Arts Program, Munich, among others. From 2002 to 2009 he was director of the Kunsthalle Kiel.

Taus Makhacheva is an artist e xploring the connections between historical narratives and fictions of cultural authenticity. Often playful and humorous, the works reflect on everyday rituals, the unexpected confluence of cultures and traditions, and the extraordinary within the ordinary.

Jota Mombaça is an artist whose work unfolds in a variety of media. The sonic and visual matter of the word plays an important role in their practice, which often relates to anti-colonial critique and gender disobedience. Their work explores forms of sensing, anti-colonial imagination, and the relation between opacity and self-preservation in the experience of racialized trans artists in the Global Art World.

Taus Makhacheva beschäftigt sich als Künstlerin mit den Verbindungen zwischen historischen Erzählungen und Fiktionen kultureller Authentizität. Oft spielerisch und humorvoll, reflektieren die Arbeiten alltägliche Rituale, das unerwartete Zusammentreffen von Kulturen und Traditionen und das Außergewöhnliche im Gewöhnlichen.

Jota Mombaça arbeitet als Künstler*in in einer Vielzahl von Medien. Die klangliche und visuelle Materie des Wortes spielt eine wichtige Rolle in ihrer Praxis, die häufig um antikoloniale Kritik und geschlechtlichen Ungehorsam kreist. Ihre Arbeiten erforschen das Fühlen, antikoloniale Konzepte und die Beziehung von Intransparenz und Selbsterhaltung von diskriminierten trans* Künstler*innen.

Trevor Paglen befasst sich als Künstler, Autor und Aktivist mit Themen wie Überwachung, Geheimhaltung und den Auswirkungen von Technologie auf die Gesellschaft. Seine Praxis reicht von Fotografie über Skulptur bis hin zu Installationen und Datenvisualisierung. Paglen ist bekannt für seine künstlerischen Untersuchungen von Geheimdienstaktivitäten und dem Überwachungsstaat, die er oft durch die Erkundung von Militärstützpunkten, geheimen Standorten und Satellitenbildern veranschaulicht.

Jessica Saxby ist Schriftstellerin, Forscherin und Übersetzerin und lebt in Paris. Sie hat die „Superhero Sightings" für die Superhero Sighting Society recherchiert und geschrieben. Derzeit promoviert sie an der Goldsmiths University of London über die Verdrängung der kolonialen Erinnerung in Frankreich und die Art und Weise, wie Pflanzen, Samen und die Umwelt uns helfen können, diese Geschichte zu erforschen.

Nicolaus Schafhausen ist Kurator, Kunstmanager und Herausgeber zahlreicher Publikationen zur zeitgenössischen Kunst. Seit 2011 ist er Strategic Director von Fogo Island Arts in Kanada, der Initiative von Shorefast, einer gemeinnützigen Stiftung, die sich für die Wiederbelebung von durch Abwanderung bedrohten Gebieten einsetzt. Im Jahr 2023 gründete er die Galerie KIN in Brüssel, die sich auf künstlerische Positionen jenseits gängiger Kategorisierungen konzentriert.

Authors

Trevor Paglen is an artist, author, and activist who engages with topics such as surveillance, secrecy, and the societal impacts of technology. His practice spans photography to sculpture, installations, and data visualization. Paglen is renowned for his artistic investigations into Secret Service activities and the surveillance state, often depicted through the exploration of military bases, clandestine locations, and satellite imagery.

Jessica Saxby is a writer, researcher and translator living in Paris. She has researched and written the Superhero Sightings for Superhero Sighting Society. She is currently completing a PhD at Goldsmiths University of London about the repression of colonial memory in France and the way plants, seeds and the environment can help us explore these histories.

Nicolaus Schafhausen is a curator, director, author, and editor of numerous publications on contemporary art. Since 2011 he has been the Strategic Director of Fogo Island Arts, Canada, an initiative of Shorefast, a charitable foundation dedicated to finding alternative solutions for the revitalization of areas prone to emigration. In 2023 Schafhausen founded KIN, a new commercial gallery in Brussels with a focus on artistic positions that defy easy categorization.

Superhero Sighting Society was formed in the spring of 2019 after the resurfacing of a rare photograph taken in 1979 of Aydamir Aydamirov just as he was about to take flight in the mountains near Makhachkala (Republic of Dagestan, Russia). Maintaining anonymity of its members, the Society raises awareness and promotes conversations around new figurations of power that have emerged amidst the seismic planetary and geopolitical shifts of the 21st century. Superhero Sighting Society gathers witness accounts of superhero sightings from all around the world and presents a scenography by Super Taus. It is conceived by the Society's Founding Secretary Members, Sabih Ahmed and Taus Makhacheva, in collaboration with the Society's Records Clerk, Jessica Saxby.

Superhero Sighting Society wurde im Frühjahr 2019 gegründet, nachdem ein außergewöhnliches Foto von Aydamir Aydamirov aus dem Jahr 1979 wieder aufgetaucht war, das ihn in den Bergen bei Makhachkala (Republik Dagestan, Russland) zeigt, als er gerade im Begriff ist, in die Lüfte zu steigen. Unter Wahrung der Anonymität ihrer Mitglieder schärft die Superhero Sighting Society das Bewusstsein und fördert Gespräche über neue Figurationen der Macht, die inmitten der seismischen planetarischen und geopolitischen Veränderungen des 21. Jahrhunderts entstanden sind. Die Superhero Sighting Society sammelt Zeug*innenberichte von Superheld*innen-Sichtungen aus der ganzen Welt und präsentiert eine Szenografie von Super Taus. Sie wurde von den Gründungsmitgliedern der Gesellschaft, Sabih Ahmed und Taus Makhacheva, in Zusammenarbeit mit der Protokollantin der Superhero Sighting Society, Jessica Saxby, konzipiert.

Dieser Katalog erscheint anlässlich der Ausstellung |
This book is published on the occasion of the exhibition

~~SURVIVAL~~ IN THE 21st CENTURY

Deichtorhallen Hamburg
Halle für aktuelle Kunst |
Hall for Contemporary Art

18. Mai bis 5. November 2024
May 18 to November 5, 2024

Kuratoren | **Curators**
Georg Diez, Nicolaus Schafhausen

Research curators
Lena Baumgartner, Frances Fürst

School of Survival
Georg Diez, Valerie Ludwig, Katinka Versendaal

Architektur | **Architecture**
Bundschuh Architekten

Gestaltung | **Design**
Recent Practice

Deichtorstraße 1–2
20095 Hamburg
www.deichtorhallen.de

Publikation | **Catalog**

Herausgeber | **Editors**
Georg Diez, Dirk Luckow, Nicolaus Schafhausen
Redaktion | **Editorial management**
Lena Baumgartner, Georg Diez, Zoë Dix, Frances Fürst
Bildredaktion | **Image editing**
Lena Baumgartner, Zoë Dix
Projektmanagement |
Project management Deichtorhallen
Annette Sievert
Projektleitung |
Project supervision Hirmer
Kerstin Ludolph
Projektmanagement |
Project management Hirmer
Karen Angne, Katja Durchholz
Übersetzung | **Translation**
Ursula Fethke, Birgit Lamerz-Beckschäfer
Lektorat | **Copy-editing**
Barbara Delius, Silke Körber (Deutsch | **German**)
Olivia Parkes (Englisch | **English**)
Gestaltung und Satz |
Graphic design and typesetting
Recent Practice i.c.w. Studio Bramesfeld
Cover
vorne | **front: Design Recent Practice**
hinten | **back: Design by Recent Practice**
Lithographie | **Lithography**
Repromayer GmbH, Reutlingen
Papier | **Paper**
Dieses Buch wurde produziert auf dem Premium-Recyclingpapier **enviro**®polar in 135 und 300 g/m² aus 100% Altpapier; exklusiv erhältlich bei der Inapa Deutschland.
Das Papier erfüllt die strengen Anforderungen an eine umweltgerechte Papierproduktion und bietet ökologische Einspareffekte beim Holz-, Energie- und Wasserverbrauch sowie CO_2-Ausstoß.
Zusätzlich ist **enviro**®polar von Lenzing Papier mit dem C2C Certified® Zertifikat auf Silver Level ausgezeichnet.
Cradle to Cradle Certified® ist ein weltweit anerkannter Standard für sichere und kreislauffähige Produkte.
This book was produced on the premium recycled paper enviro®polar in 135 and 300 g/m² made from 100% recycled paper; exclusively available from Inapa Germany.
The paper meets the strict requirements for environmentally friendly paper production and offers ecological savings in wood, energy, and water consumption as well as CO_2 emissions.
The paper used for this book, enviro®polar by Lenzing Papier, has been awarded the C2C Certified® certificate at Silver level.
Cradle to Cradle Certified® is a globally recognized standard for safe and circular products.

FSC www.fsc.org
RECYCLED
Papier aus Recyclingmaterial
Paper made from recycled material
FSC® C043106

Schriften | **Fonts**
DTH Sans, Specula
entwickelt von | **developed by**
Recent Practice

Produktion | **Production**
Katja Durchholz, Edgar Endl (booklab)

Druck und Bindung |
Printed and bound by
Grafisches Centrum Cuno GmbH & Co. KG, Calbe

Printed in Germany

Bibliografische Information
der Deutschen Nationalbibliothek
Die Deutsche Nationalbibliothek verzeichnet diese Publikation in der Deutschen Nationalbibliografie; detaillierte bibliografische Daten sind im Internet über https://www.dnb.de abrufbar.

Bibliographic information published
by the Deutsche Nationalbibliothek
The Deutsche Nationalbibliothek lists this publication in the Deutsche Nationalbibliografie; detailed bibliographic data are available online at https://www.dnb.de.

ISBN 978-3-7774-4369-0

www.hirmerverlag.de
www.hirmerpublishers.com

Bildnachweis | Photo credits:

Wenn nicht anders angegeben, für die abgebildeten Werke | Unless otherwise stated for the works illustrated

Blaise Adilon, S. | pp. 36-37 / Nick Ash, S. | p. 59 / Stephan Baumann, http://bild-raum.com, S. | p. 70 / Robyn Caspare, S. | pp. 90-91 / Billie Clarken, S. | p. 51; 239 / Peter Clough, S. | p. 92 / Colin Davison, S. | p. 64 / def image, S. | p. 105 / Kunning Huang, S. | p. 48 / Cesarin Mateo, S. | p. 85 / Aurélien Mole, S. | p. 79 / Musée cantonal des Beaux-Arts de Lausanne, Nora Rupp, S. | p. 52 / Norberg Hall, S. | p. 66 / Cedric Mussano, S. | p. 99 / Tiago Paes, Courtesy Konrad Fischer Galerie, S. | p. 56 / Piercarlo Quecchia - DSL Studio, S. | pp. 86-87 / Delfino Sisto Legnani and Alessandro Saletta - DSL Studio, Courtesy Fondazione Prada, S. | p. 74 / David Stjernholm, S. | pp. 40-41 / Rachel Topham Photography, S. | p. 106 / Stephen White, S. | pp. 94-95.

DEICHTORHALLEN HAMBURG

Geschäftsführung | **Management**

Intendant | **General director**
Dirk Luckow

Kaufmännischer Direktor |
Commercial director
Bert Antonius Kaufmann

Assistenz der Geschäftsführung |
Management assistance
Sabine Seidel, Maren Willenbrock

HALLE FÜR AKTUELLE KUNST |
HALL FOR CONTEMPORARY ART

Ausstellungsmanagement |
Exhibition manager
Annette Sievert

Volontariat | **Assistant**
Frances Fürst

Registrarin | **Registrar**
Lydia Jung

Projektassistenz | **Project Assistent**
Zoë Dix, Willi Mend

Buchhandlung in der Halle
für aktuelle Kunst |
Bookshop, Hall for Contemporary Art
Tania-Maria Goos, Tobias Theen

Kommunikation | **Communications**

Leitung Kommunikation |
Head of communications
Angelika Leu-Barthel

Volontariat | **Assistant**
Caroline Huzel

Digitale Projekte | **Digital projects**
Matthias Schönebäumer,
Priska Dolling

Werkstudierende | **Working student**
Gabriela Basso

Kulturelle Bildung | **Education**

Leitung Kulturelle Bildung |
Head of education
Birgit Hübner

Volontariat | **Assistant**
Valerie Ludwig

Werkstudierende | **Working student**
Nele Schmidt

Sponsoring, Marketing und Vermietung |
Sponsoring, marketing and event spaces

Leitung Sponsoring, Marketing
und Vermietung | **Head of sponsoring,**
marketing and event spaces
Sonja Ostendorf-Rupp

Verwaltung | **Administration**

Leitung Verwaltung, Finanzen und
Controlling | **Head of administration,**
finances and controlling
Ole Stark

Assistenz Finanzen & Personal |
Finance & Human resources
Hendrik Günther

Leitung Personal |
Head of human resources
Claudia Herzer-Hendrischke

Besucher*innenservice, Ticketshop |
Visitor Service, ticketing
Pedram Ranjkardar

Aufsichtsdienste | **Custodial staff**
René-Martin Kellmann

Technik | **Technical staff**

Technische Leitung | **Head of technical staff**
Henning Best

Architektur und Grafik |
Architecture and graphics
Jutta Wasser

Haus- und Medientechnik |
Building services and media technology
Nils Handschuh

Haus- und Betriebstechnik |
Building services and operations maintenance
Karsten Chmielewski

NOTES | NOTIZEN

NOTES | NOTIZEN